高等院校**通识教育**系列教材

U0688904

大学 体育与 HEALTH 健康

SPORTS

邓卫权 徐浩 葛仁锴／主编

贺天津 王剑 林志文／副主编

人民邮电出版社

北 京

图书在版编目（CIP）数据

大学体育与健康 / 邓卫权，徐浩，葛仁锴主编.
北京：人民邮电出版社，2025. --（高等院校通识教育
系列教材）. -- ISBN 978-7-115-67879-9

Ⅰ. G807.4；G647.9

中国国家版本馆 CIP 数据核字第 2025F23T92 号

内 容 提 要

本书通过系统的知识讲解和丰富的图示，详细介绍了适合全国高等学校体育课程教学的各种体育运动。本书分为五部分：第一部分讲解体育与健康概述、体育锻炼与健康、科学健身的理论基础等体育理论；第二部分讲解篮球运动、排球运动、足球运动、乒乓球运动、羽毛球运动、网球运动、游泳运动、形体运动等常规体育运动；第三部分讲解传统武术、民俗运动等传统体育运动；第四部分讲解休闲体育运动；第五部分讲解大学生体质健康标准及锻炼方法。

本书可作为普通高等学校各专业的体育课程的教材，还可供有志于提高个人身体素质、积极参与健身运动的体育爱好者参考。

◆ 主　　编　邓卫权　徐　浩　葛仁锴
　　副主编　贺天津　王　剑　林志文
　　责任编辑　徐柏杨
　　责任印制　胡　南

◆ 人民邮电出版社出版发行　　北京市丰台区成寿寺路 11 号
　　邮编　100164　　电子邮件　315@ptpress.com.cn
　　网址　https://www.ptpress.com.cn
　　固安县铭成印刷有限公司印刷

◆ 开本：787×1092　1/16
　　印张：14.25　　　　　　　　2025 年 8 月第 1 版
　　字数：343 千字　　　　　　2025 年 9 月河北第 2 次印刷

定价：49.80 元

读者服务热线：(010)81055256　印装质量热线：(010)81055316
反盗版热线：(010)81055315

前　言

在当今时代，健康与体育素养的重要性日益凸显。对于大学生而言，这不仅关乎个人的成长与发展，更是实现全面发展和终身幸福的关键。

为贯彻落实党的二十大精神，以及《关于全面加强和改进新时代学校体育工作的意见》《〈体育与健康〉教学改革指导纲要（试行）》等文件精神，落实立德树人根本任务，我们以《全国普通高等学校体育课程教学指导纲要》为编写依据，特编写本书，旨在为大学生提供系统、科学、实用的体育与健康知识和技能指导。

本书以现代教育理念为引领，紧密结合大学生的身心发展特点和实际需求，全面涵盖了体育与健康的各个领域。

体育理论部分深入探讨了体育与健康的基本概念、体育的产生与发展及大学体育目标，使大学生对体育与健康有全面而深入的认识。同时，本部分详细阐述了体育锻炼与身体健康、心理健康、社会健康的关系，以及科学健身的原则、运动处方和效果评价，帮助大学生树立正确的体育与健康观念，掌握科学的健身方法。

常规体育运动部分系统介绍了篮球运动、排球运动、足球运动、乒乓球运动、羽毛球运动、网球运动、游泳运动、形体运动等常见运动项目的基本技术、基本战术和比赛规则，使大学生熟练掌握这些运动项目的技能，享受运动的乐趣。

传统体育运动部分深入挖掘了传统武术、民俗运动的精髓，让大学生领略中华民族传统文化的博大精深，增强民族自豪感和文化自信心。

休闲体育运动部分介绍了走跑类健身运动、格斗类运动、户外休闲等多种休闲运动项目，满足大学生多样化的运动需求，培养大学生的运动兴趣和爱好。

本书还特别关注大学生的体质健康，详细介绍了大学生体质健康标准测试的项目和锻炼方法，帮助大学生了解自己的体质健康状况，有针对性地进行体育锻炼，提高身体素质。

本书在编写过程中，注重理论与实践相结合，内容丰富、图文并茂、通俗易懂，具有很强的实用性和可操作性。华东交通大学的邓卫权、徐浩、葛仁锴、贺天津、王剑、林志文、罗小平、马征、李启娥、胡昕、周丽英、李政、王格、吕大伟、符木红、张金荣、罗赤平、林敏、曾志强、余振东、简鹏等众多专业人员参加编写，在此表示感谢。同时，本书还参考了相关专家、学者的研究成果，在此表示诚挚的谢意。

希望本书能够成为大学生学习体育与健康的良师益友，帮助大学生树立正确的体育与健康观念，掌握科学的健身方法，提高身体素质和健康水平，为实现自己的人生目标奠定坚实的基础。

由于编写时间和水平有限，本书难免存在不足之处，恳请广大读者提出宝贵意见和建议，以便我们在今后的修订中不断完善。

编者

2025 年春于江西南昌

目 录

第一部分 体育理论

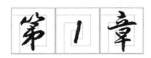

体育与健康概述

当今社会，体育与健康的重要性日益凸显。本章详细讲解体育的概念、产生与发展，及大学体育目标；同时，深入探讨健康的概念、影响健康的因素及健康素养。让我们一起在本章中开启探索之旅，为追求更美好的生活奠定坚实基础。

学习目标	深入理解体育与健康的基本概念、产生与发展历程。
能力目标	能够分析体育与健康的相关问题，养成良好的健康生活方式。
素养目标	培养对体育活动的热爱，提升健康意识，形成积极向上的生活态度，为个人的全面发展和良好生活品质奠定基础。

1.1 体育概述

体育运动是人类社会发展中一项重要的活动，具有丰富的内涵和广泛的形式。体育运动以身体练习为基本手段，结合日光、空气、水等自然因素和健康卫生措施，旨在增强体质、增进健康、丰富社会文化生活。它是人类文化的重要组成部分，体现了人类对自身身体机能的探索、挑战和提升。体育运动对身体有诸多益处。它能增强体质，提高人体的心肺功能；适度的体育运动可以调节人体免疫系统，经常运动的人身体免疫细胞活性较高，能够更好地抵御疾病的入侵，减少感冒、流感等常见疾病的发生频率。体育运动对心理也有积极影响，能缓解压力。在现代社会，人们面临各种各样的压力，体育运动为人们提供了一个释放压力的出口。体育运动能够促使身体分泌内啡肽等神经递质，这些物质能使人产生愉悦感，有助于改善焦虑、抑郁等不良情绪。

1.1.1 体育的概念

从广义上来看，体育是指以身体运动为基本手段，以增强体质、促进身心健康、提高运动技术水平、丰富社会文化生活为目的的一种有意识、有组织的社会活动，它涵盖了社会生活的多个方面，包括竞技体育、大众体育、学校体育等不同领域，涉及身体锻炼、运动竞赛、体育教育、体育科研、体育产业等诸多内容。从狭义角度来看，在学校教育中，体育是全面教育的重要组成部分，是通过体育课、课外体育活动、课余体育训练与竞赛等形式，向学生传授体育知识、技术和技能，增强学生体质，培养学生体育能力和良好思想品德的教育过程。体育是以身体练习为手段，以谋求个体身心健康、全面发展为直接目的，并以培养完善的社会公民为终极目标的一种教育过程或社会文化现象。

1.1.2 体育的产生与发展

原始人的身体活动大致有以下几种：一种是为了谋生而进行的身体活动，如狩猎、捕鱼、农业劳作等；一种是为了防卫而进行的武力活动，如攻防、格斗、摔跤等；一种是日常生活所需要的技能，如走、跑、跳、投、攀等。体育作为一种社会活动，其产生和发展是人类为了适应社会的需要，其中包括生产的需要和生活的需要；另一方面也是人本身的需要，比如生理方面和心理方面。

体育作为人类社会发展进程中的独特文化现象，其产生与发展和人类的生存、社会的演进紧密相连，蕴含着丰富的历史内涵与社会价值。

1. 体育的起源

（1）生产劳动的推动：在远古时代，人类为了获取食物、抵御野兽侵袭，必须掌握如跑、跳、投、攀等技能。这些生存技能在不断重复与强化中逐渐演变成了体育的雏形。例如原始人在狩猎时需要精准地投掷石块或标枪，这便是现代投掷项目的起源。长时间追逐猎物锻炼了耐力和奔跑能力，与如今的田径长跑项目有千丝万缕的联系。

（2）军事活动的需求：部落之间的冲突甚至战争促使人们重视战斗技能的训练。射箭、骑马、格斗等技能不仅是战场上克敌制胜的关键，也是早期体育的重要组成部分。为了提高士兵的战斗力，军事训练中逐渐形成了有组织、有规则的竞赛形式，这些竞赛活动随着时间推移，成为独立的体育项目。

（3）宗教祭祀与娱乐活动：在原始社会，人们对自然现象和未知世界充满敬畏，宗教祭祀活动频繁。在这些活动中，人们通过舞蹈、竞技等形式表达对神灵的敬意和祈求。这些带有表演性质的活动既满足了精神层面的需求，又具备了体育活动的元素，为后来的艺术体操等项目奠定了基础。同时，日常的娱乐活动如儿童游戏，也在嬉戏玩耍中培养了身体的协调性和灵活性，推动了体育的萌芽。

2. 古代体育的发展

（1）中国古代体育：中国古代体育历史悠久，丰富多彩。早在西周时期，"六艺"中的"射"（射箭）和"御"（驾车）就是重要的体育内容，体现了当时对贵族子弟军事技能和身体素质的培养。春秋战国时期，社会动荡，武术得到了极大发展，成为人们防身自卫和战争的重要手段。蹴鞠这一古老的足球运动在产生后不断流行，深受各阶层喜爱。到了唐朝，国力强盛，体育活动达到了鼎盛，马球成为贵族间盛行的运动，其激烈的对抗和高超的骑术展示，体现了当时的尚武精神；围棋则在文人雅士中广泛流传，成为智力较量的重要方式。

（2）西方古代体育：古希腊的体育发展对现代体育有深远影响。奥林匹克运动会（奥运会）起源于古希腊，每4年举办一次，包含赛跑、跳远、掷铁饼、摔跤等项目。奥运会不仅是体育竞技的舞台，更是希腊各城邦之间和平交流的盛会，体现了古希腊人对人体美和竞技精神的崇尚。古罗马时期，体育活动在继承古希腊传统的基础上，更加注重军事训练和娱乐性。角斗场中的角斗表演虽然残酷，但吸引了大量观众，成为当时社会重要的娱乐活动。

3. 近代体育的发展

（1）西方体育的变革与传播：工业革命改变了人们的生产与生活方式，也为体育的发展带来了新的契机。随着城市化进程的加快，人们有了更多的闲暇时间和对健康娱乐的需求。学校体育逐渐兴起，成为培养学生身体素质和品德的重要途径。同时，现代体育项目如田径、游泳、篮球、足球等不断完善规则，形成了规范化的竞赛体系。1896年，第一届现代奥运会在雅典举办，标志着体育进入了国际化、规范化的发展阶段。此后，奥运会规模不断扩大，影响力日益增强，成为全球体育的盛会。

（2）中国近代体育的觉醒与发展：近代中国在列强的侵略下，面临民族危机。一些有识之士认识到体育对强国的重要性，开始倡导和推广西方体育。学校陆续开设了体育课，引入了西方的体育项目和教学方法。同时，各种体育社团和运动会也纷纷涌现，如 1910 年举办的第一届全国运动会，促进了体育在国内的传播和发展。体育不仅成为强身健体的手段，更承载着振兴民族精神的使命。

4. 现代体育的多元化发展

（1）体育全球化进程加速：二战后，世界各国之间的交流与合作日益频繁，体育作为一种无国界的"语言"，在全球范围内得到了更广泛的传播。奥运会、世界杯等国际大型体育赛事吸引了全球目光，各国运动员在赛场上相互竞争、交流，促进了体育文化的融合与发展。体育明星的影响力不再局限于体育领域，还推动了体育产业和相关文化的传播。

（2）体育项目的多元化创新：除了传统的体育项目，现代社会涌现出了许多新的体育项目。例如，极限运动如攀岩、蹦极等，以其惊险刺激的特点吸引了众多年轻人参与，挑战人类身体和心理的极限；电子竞技作为新兴的体育项目，借助互联网技术迅速发展，电子竞技比赛吸引了大量观众和赞助商，成为体育产业的新增长点；此外，一些融合了多种元素的体育项目如普拉提等，注重身体的柔韧性和身心的平衡，受到了不同年龄段人群的喜爱。

（3）体育与科技、社会深度融合：现代科技的发展为体育带来了革命性的变化。例如在训练方面，借助先进的运动监测设备、数据分析技术和虚拟现实技术，运动员能够进行更科学、高效的训练，提高竞技水平；在赛事转播方面，高清摄像、慢动作回放、3D 直播等技术，为观众带来了更加震撼的观赛体验。同时，体育在社会发展中的作用日益凸显，它不仅是一种竞技活动，更是促进社会和谐、推动经济发展、提升国家形象的重要力量。体育产业蓬勃发展，涵盖了体育用品制造、体育赛事运营、体育旅游等多个领域，成为国民经济的重要组成部分。

1.1.3　大学体育目标

大学体育目标是高校体育工作的导向与核心，对大学生的身心成长和全面发展意义重大，主要涵盖以下维度。

（1）增强体质与健康。这是大学体育最基础的目标。大学科学设计体育课程，鼓励学生参与慢跑、游泳，能提升心肺功能；借助力量训练课程，指导学生进行器械锻炼，增强肌肉力量。最终让大学生掌握运动技能，养成规律运动习惯，有效提升身体素质，为学习和生活筑牢健 康根基。

（2）掌握运动技能与方法。大学体育致力于让大学生熟练掌握几项运动技能，如网球、羽毛球、武术等；通过专业教师指导、专项训练，让大学生从基础动作到战术运用都能深入理解；传授运动损伤预防和康复知识，教会大学生科学运动，为终身体育奠定技能基础。

（3）促进心理健康与社会适应。运动能促使大学生大脑分泌内啡肽，有效缓解压力、焦虑和抑郁情绪，还能帮助大学生提升人际交往能力，在社团活动、体育运动中结识朋友，学会沟通协作，增强社会适应能力，以更积极心态融入社会。

1.2　健康概述

在人们的日常生活中，健康是一个备受关注的话题。健康不仅关乎个人的生活质量和幸福感，更是实现人生目标和社会价值的基础，健康是人类重要的财富，也是创造社会物质财富和精神文明最基本的条件。对于大学生而言，健康的身心状态对于学业、社交及未来的职业发展都有深远影响。

1.2.1　健康的概念

健康是一个不断演变且内涵丰富的概念。早期，受限于认知水平和医学发展程度，人们普遍认为健康就是没有疾病和身体不虚弱，这种观点较为片面，仅关注了身体的生理层面。1948 年，世界卫生组织（WHO）提出了具有里程碑意义的三维健康观，指出"健康不仅是没有疾病或身体不虚弱，而且是身体的、心理的和社会适应性方面的完美状态"。这一概念的提出，将健康的范畴从单纯的生理健康拓展到了心理和社会适应领域。1978 年，世界卫生组织进一步完善了健康定义，将道德健康纳入其中，即"健康不仅是没有疾病，而且包括生理健康、心理健康、社会适应性良好和道德健康"。

（1）生理健康是指人体结构完整，生理功能正常，各器官系统的功能处于良好状态，能有效地进行各种活动，抵御各种疾病的侵袭。包括身体各部分发育正常、体型匀称、体重适中、体力充沛、运动能力良好等。

（2）心理健康表现为个体具有良好的心理状态，涵盖情绪、认知和人格等方面。表现为情绪稳定，能保持积极乐观的心态，能正确认识自己和周围的世界，有良好的自我控制能力，能够应对生活中的各种压力和挑战，在面对困难和挫折时能保持冷静并积极寻求解决办法，人格完整和谐。

（3）社会适应性良好意味着个体能够与社会环境保持良好的互动，在社会生活中能与他人和谐相处，适应社会角色的要求，能够积极参与社会活动，在不同的社会环境中都能迅速调整自己，保持良好的适应状态。

（4）道德健康体现为个体具有正确的道德观念和行为准则，承担社会责任，遵守社会规范、公德、职业道德和家庭美德，诚实守信、友善互助。

1.2.2　影响健康的因素

健康受到多种因素的综合影响，了解这些因素，对于人们维护和促进健康具有重要意义。

（1）行为和生活方式因素。行为和生活方式对健康有直接且深远的影响。不良的行为和生活方式，如不合理的饮食结构、缺乏运动、长期熬夜、吸烟、酗酒、滥用药物等，都可能成为健康的"隐形杀手"。例如，长期高热量饮食且运动量不足，易导致肥胖；吸烟会损害呼吸系统，增加患肺癌、慢性阻塞性肺疾病等疾病的风险；酗酒会对肝脏、神经系统等造成严重损伤。

（2）环境因素。环境因素涵盖自然环境和社会环境。自然环境是人类赖以生存的基础，保持自然环境与人类的和谐至关重要。清新的空气、洁净的水源、适宜的气候等良好的自然环境条件，有利于人体健康；而环境污染，如空气污染、水污染、土壤污染、噪声污染等，会对人体健康造成极大威胁。例如，长期暴露在污染的空气中，易引发呼吸道疾病，如哮喘、支气管炎等；水污染可能导致消化系统疾病和重金属中毒。社会环境包括社会制度、法律、经济、文化、教育、人口、民族、职业等多个方面。例如，稳定的社会制度、完善的法律法规能够保障公民的健康权益；经济发展水平影响人们的生活条件和医疗资源的可及性；文化和教育水平影响人们的健康观念和健康行为；职业环境中的物理、化学和生物因素，可能对从业者的健康产生影响，如长期从事粉尘作业的工人易患尘肺病。

（3）生物学因素。遗传是生物学因素中影响健康的重要方面。遗传基因影响个体的生物学特征和易感性，一些遗传性疾病，如血友病、白化病、先天性心脏病等，会直接影响个体的健康状况。遗传还与一些慢性疾病的发生密切相关，如高血压、糖尿病、肿瘤等。家族中有这些疾病遗传史的人，患病风险相对较高。此外，年龄、性别等生理因素也会影响健康，不同年龄段和性别的人群，具有不同的生理特点和健康需求，例如老年人更容易患慢性疾病，女性在生理期、孕期等特殊时期需要特殊的健康呵护。

（4）卫生医疗服务因素。卫生医疗服务体系的完善程度对健康起关键的保障作用。健全的医疗卫生设施，包括医院、诊所、急救中心等的合理布局和充足配备，能够确保人们在患病时及时得到有效的医疗救治。高素质的医疗卫生专业人员，具备扎实的医学知识和丰富的临床经验，能够准确诊断疾病并制定科学的治疗方案。完善的医疗保障制度，如医疗保险、医疗救助等，能够减轻患者的经济负担，提高医疗服务的可及性，使更多人能够享受到必要的医疗服务。

1.2.3　健康素养

健康素养是指个人获取和理解基本健康信息和服务，并运用这些信息和服务做出正确决策，以维护和促进自身健康的能力。健康素养由健康知识素养、健康技能素养、健康意识与态度素养组成。

（1）健康知识素养涵盖医学基础知识、疾病预防知识、营养知识、心理健康知识等。例如了解不同食物的营养成分，知晓常见传染病的传播途径和预防方法。

（2）健康技能素养包括运动技能、自我保健技能、急救技能等。例如掌握心肺复苏术、正确的运动拉伸方法，以及能根据自身需求进行简单的身体锻炼。

（3）健康意识与态度素养体现为对健康的重视程度、积极主动追求健康的态度和健康的生活价值观等。例如有定期体检的意识，自觉摒弃吸烟、酗酒等不良生活习惯。

本章小结

本章围绕体育与健康进行了概述。首先阐释了体育的概念、产生与发展及大学体育目标。接着对健康的概念、影响健康的因素和健康素养展开论述。本章为读者构建了初步的认知框架，使读者对体育与健康的基本内涵和重要性有一定的了解，为后续更深入的学习打下基础。

思考与练习

1. 简述体育的基本概念、体育的产生与发展。
2. 简述健康的基本概念，影响健康的因素。
3. 结合自身具体情况，谈谈自己如何通过体育运动实现身体健康目标。
4. 简述体育与促进身体健康的关系。
5. 结合实际，讨论如何在大学生活中养成良好的健康生活。

第2章

体育锻炼与健康

随着全民健身国家战略的深入推进，体育锻炼在促进个体健康、提升生活质量方面的重要性日益凸显。体育锻炼不仅关乎身体健康，还与心理健康、社会健康及运动卫生密切相关。本章将从多个维度探讨体育锻炼与健康的关系，涵盖身体健康、心理健康、社会健康、运动卫生及常见运动伤病的预防与处置。本章旨在为大学生提供全面的理论指导和实践建议，帮助他们更好地理解体育锻炼对健康的综合影响，并掌握科学的锻炼方法与运动伤病的预防与处置措施。

学习目标	理解体育锻炼对身体健康、心理健康和社会健康的积极影响。
能力目标	掌握科学的锻炼方法、运动伤病的预防与处置技能等。
素养目标	培养学生健康的生活方式、提升心理健康和社会健康素养等。

2.1 体育锻炼与身体健康

2.1.1 人体生长发育过程与健身

1. 人体发展的过程与特点

从出生到成熟，再到衰老和死亡，人体经历一个复杂过程。人体发展分为 3 个阶段：生长发育期、成熟期和衰退期。

（1）生长发育期：生长发育期从出生持续到 25 岁，其间人体经历复杂的生长变化。尽管受遗传、环境等因素影响，个体间存在差异，但总体上遵循共同规律：①生长模式相同，身体指标随年龄增长而增加，但存在个体差异；②生长比例一致，头颅、躯干、上肢、下肢增长比例分别为 1∶2∶3∶4；③生长程序一致，从妊娠到青春期，身体各部分生长有特定顺序；④性别差异明显，女性青春期早于男性，男性体型通常较大，形态指标有两次交叉。

（2）成熟期：25～40 岁称为成熟期。成熟期人体各器官功能发育完全，身体形态稳定，但机能仍有提升空间。此阶段是提高身体素质的关键时期，系统锻炼可增强肌肉力量、耐力、速度、灵敏性和协调性，维持高水平身体机能。

（3）衰退期：40 岁后，器官系统开始衰退，功能下降。个体差异变大，受遗传、营养、锻炼和生活方式影响。衰退特征有代谢减慢、肌肉力量和耐力减弱、关节灵活性降低、骨密度减少、心脏功能减弱、视力和听力减退等。这一阶段锻炼目标是延缓衰退，延长职业生涯和寿命，提高生活质量。

2. 影响人体发展的基本因素

影响人体发展最主要的是遗传因素与后天因素。遗传因素是先天获得的，由遗传基因决定。后天因素包括生态环境、社会环境、体育锻炼等。

（1）遗传因素对人体发展的影响

遗传因素是指生物体在生长、发育、繁殖等过程中，后代继承亲代的特征。遗传因素在人体发展中扮演关键角色，尤其在生长发育期，影响身高、体重、肺活量和身体素质的自然增长。

（2）后天的环境因素对人体发展的影响

后天因素包括饮食营养、环境生态、社会环境和体育锻炼等。饮食营养是生长的基础，特别是在快速成长期，需摄取足够的营养素，如高质量蛋白质、热量、铁、钙和适量微量元素。生态环境包括阳光、空气、水等自然条件，以及气候、季节和生态平衡。社会环境影响人们的日常生活，如衣食住行等物质条件。体育锻炼显著影响人的发展，促进身体成长和机能提升。

3．人体发展与体育健身

（1）体育健身与后天塑造：人体功能、活动、行为与身体结构密切相关。体格受遗传影响，但后天锻炼同样重要。身高主要由遗传决定，但有约25%的可塑性。健身运动可以促进儿童发育，培养其识别正确体姿的能力，帮助儿童克服不良习惯。

（2）体育健身与青春发育期

青春期是儿童向成人过渡的快速发育阶段，以生长突增开始，性成熟结束。在 10～14 岁期间，适量运动有助于提升心功能和神经系统，促进骨骼生长。青春期是影响身体的关键时期，体育锻炼能显著促进身高增长和身体素质，对形体发育和身心健全有重要作用。

（3）体育健身与成年人强身固本

成年时期是事业成就和社会贡献的高峰期，同时生理机能开始衰退，体质经历转折。25～40 岁期间，骨骼和肌肉成熟，体力和力量达到高峰。40 岁后，身体机能衰退，包括心肌、血管、肌肉、骨骼和神经系统。这一时期建议选择中小负荷运动，运动后微汗。

（4）体育健身防止衰老

人的衰老由遗传和环境因素引起，包括基因、空气、污染等。适当的体育锻炼有助于健康和延缓衰老。

2.1.2　运动与肌肉

1．肌肉的一般知识

肌肉分为骨骼肌、心肌和平滑肌。肌肉由可收缩的肌腹和抵抗张力的肌腱构成。由运动神经、感觉神经和交感神经控制，其中运动神经负责肌肉运动。运动单位由运动神经元和肌纤维组成，是肌肉功能的基本单位。

2．影响肌肉力量的因素

（1）肌肉的生理横断面：肌肉力量的大小取决于肌肉的发达程度，生理横断面越大，表示肌纤维数量多且粗，肌肉越发达，力量也越大。

（2）肌肉的初长度：肌肉收缩前的长度称为肌肉的初长度。肌肉的初长度越长，收缩时产生的力量越大。

（3）肌纤维类型：快肌纤维收缩力量比慢肌纤维大，因此快肌纤维百分比大的肌肉，收缩力量更大。

（4）大脑皮层运动中枢兴奋过程的强度：适度增强运动中枢兴奋过程的强度可提升肌肉力量。

（5）中枢神经系统调节机能的协调性：完成运动动作时，肌肉群共同作用。中枢神经系统若调节机能的协调性佳，可促进更多运动肌肉收缩，增加原动肌参与，调节对抗肌放松，从而提升肌肉收缩力量。

2.1.3　运动与氧运输系统

1.　氧运输系统概述

人体的正常生理活动依赖细胞内能源物质氧化产生的能量。这个氧化过程需要持续消耗氧气并产生二氧化碳，持续的氧气供应对于维持人体正常生理活动至关重要。人体通过呼吸摄取氧气，并与肺泡毛细血管内的静脉血进行气体交换，使静脉血动脉化后返回左心室。接着，通过体循环动脉系统将血液分配至全身组织，进行第二次气体交换，供给组织细胞氧气并排出二氧化碳。静脉血随后通过静脉系统返回右心房，再由右心室泵入肺部，完成循环。

2.　心血管在氧运输系统中的地位

心血管是氧运输系统的核心，心脏通过泵血维持血液循环，血管负责血液运输和物质交换。血压是血液流动产生的侧压力，包括收缩压和舒张压，脉压是两者之差。

3.　体育锻炼对氧运输系统的良好影响

（1）体育锻炼对心脏功能的影响。心血管系统的功能受运动影响，并能适应长期运动刺激。持续锻炼可改善包括心血管在内的生理机能，使之更高效。

（2）体育锻炼能显著提升呼吸系统的功能。有效锻炼呼吸器官。定期锻炼还能增强呼吸肌，提升胸廓活动度和肺泡弹性。

2.1.4　运动与新陈代谢

新陈代谢是生物体自我更新的过程，包括物质和能量的交换与转变。物质代谢涉及体内物质的交换和转变，能量代谢涉及能量的释放、储存、转移和利用。

（1）人体运动时的能量主要来自 ATP 分解。肌肉活动时，ATP 在酶作用下分解为 ADP 和磷酸，释放能量，支持肌肉收缩。肌肉中 ATP 存量有限，仅能支持短暂运动，持续运动需不断补充 ATP，主要是糖、脂肪和蛋白质。

（2）运动时的三大供能系统在生理学上分为磷酸原系统、乳酸能供能系统和有氧供能系统。ATP-CP 系统供能时间短，维持 6～8 秒，与绝对速度相关，可通过 10 秒内全速跑重复练习，间歇休息超过 30 秒来增强；乳酸能供能系统在长时间剧烈运动中起作用，限制无氧运动时间约 33 秒，与速度耐力相关；中距离跑项目需增强此能力；有氧供能系统在充足氧气条件下提供能量，与心肺功能紧密相关，是耐力素质的关键，可通过持续中等强度匀速跑或中速间歇训练来提升。

2.2　体育锻炼与心理健康

体育锻炼与心理健康密切相关，是促进个体全面发展的重要途径。在素质教育背景下，大学生的心理健康问题备受关注。如何提升大学生的心理素质，培养高素质人才，是高校师生共同面临的课题。本节探讨体育锻炼与心理健康的关系。

2.2.1　心理与健康

心理健康是指个体在生理、心理和社会适应方面处于良好状态，具备积极心理品质。心理健康的人能在面对挑战时保持情绪稳定、思维清晰、行为适当，具备良好的社会适应能力和自我实现能力。

心理健康是社会适应的基础，与生理健康紧密相连，直接影响智力发展。心理健康的人能调节心理活动，适应社会生活；心理不健康的人可能无法调节内心冲突，甚至危害他人和社会。

心理变化可引起生理功能变化，不良情绪可能导致生理功能紊乱甚至病理变化。保持良好的心理状态是维持身体健康的重要前提。

2.2.2　心理健康的标准

心理健康与生理健康一样，是健康的重要组成部分。然而，心理健康的标准不像生理健康那样具体和绝对，心理健康与否的界限是相对的，正常与异常是一个连续体的两端。

1. 大学生心理健康的标准

（1）智力与情绪健康。智力正常，拥有强烈的求知欲和乐于学习；情绪稳定，心理愉快，情绪反应与情境相符，不过分压抑或过度表达。

（2）意志与人格健全。意志健全，具有较高的自觉性、果断性、顽强性和自制力，能够合理应对困难；人格健全统一，具备完整的个性结构和积极的人生观。

（3）自我评价正确与人际关系自洽。能够正确评价自我，客观认识优点和不足，既不妄自尊大，也不自暴自弃；人际关系和谐，乐于交往，客观评价他人，宽以待人。

（4）适应能力与行为表现恰当。适应能力强，能根据社会要求调整思想和行为；心理行为符合年龄和角色特征，表现为精力充沛、勤学好问，不暮气沉沉或过度依赖他人。

2. 运动锻炼时心理健康的标准

（1）积极动机与情绪体验。运动动机积极健康，如追求健康、增强体质或缓解压力，而非出于强迫或逃避现实。运动过程中保持愉悦、兴奋、放松等积极情绪，利用内啡肽释放缓解负面情绪。

（2）适度强度与自我认知。运动强度需根据个体的身体状况和心理承受能力调整，适度强度有助于提升心理素质和身体机能。同时，个体应保持稳定的自我认知，清晰了解自身运动能力和身体状况，避免高估或低估。

（3）社会支持与合理目标。良好的社会支持对心理健康至关重要，来自教练、同伴、家人的支持和鼓励可增强自信心和归属感。同时，运动目标应明确、具体且可实现，以激发积极性和主动性。

（4）良好习惯与心理恢复。良好的运动习惯有助于维持心理健康，须定期参与运动，形成规律节奏。运动后应注重心理恢复，通过深呼吸、冥想或社交等方式缓解疲劳和压力。

（5）自我调节与生活平衡。个体应具备良好的自我调节能力，根据自身情况和运动环境变化，及时调整运动强度、方式和心态。同时，运动是生活的一部分，须保持运动与生活的平衡，合理安排时间，避免过度运动影响其他生活领域。

2.2.3　增进心理健康

体育锻炼与心理健康密切相关。研究表明，科学的体育锻炼可以改善心境、降低焦虑和抑郁水平。运动能够调节神经递质水平，增强免疫系统功能，转移消极情绪，提升自我价值感，改善社交焦虑。

2.3　体育锻炼与社会健康

社会适应能力是衡量大学生健康的重要维度，本节探讨如何让大学生在体育锻炼中培养良好品质，养成健康的生活和行为方式。

2.3.1 体育锻炼与社会健康的关系

社会健康指个体能良好适应社会环境，具备良好社会适应能力和人际关系。体育锻炼不仅有益于身体健康和心理健康，还能促进社会健康，帮助个体增强社会适应能力，提高人际交往能力，培养团队合作精神，更好融入社会。

2.3.2 体育锻炼与竞争

1. 竞争的功能

竞争在自然界和人类社会普遍存在。从个体层面看，竞争是获得自我价值肯定的重要途径，能激发潜能，提高智力水平，推动个人进步。从社会角度看，竞争是社会发展的强大动力，可提升社会行动效率。

2. 如何正确面对竞争

大学生群体中竞争无处不在，过度强调竞争可能产生负面影响。大学生正确面对竞争的具体方法包括借助竞争激发潜力；找到适合自己的目标；学会与自己竞争；抱着合作的态度参与竞争；适时进行心理调整。

3. 体育锻炼对竞争意识和竞争心态的促进

体育锻炼是培养大学生竞争意识和良好竞争心态的有效方式。体育锻炼中充满竞争，大学生在体育锻炼时需遵守体育道德和规则，通过竞争培养积极进取、顽强拼搏的精神。

2.3.3 体育锻炼与人际关系

人际关系是个体在社会交往中形成的心理倾向及相应行为，其质量影响身心健康和生活质量。大学生人际关系具有交往愿望迫切、交往内容丰富、交往关系开放、交往观念自主的特点。良好的人际关系带来归属感和安全感，不良的人际关系会引发孤独感和恐惧。

2.3.4 体育锻炼对人际关系的维护和促进

体育活动具有实践性和技能性，大多需要协作完成，是人们情感交流的良好方式。从社会学角度看，体育活动不受年龄、尊卑限制，是平等的情感交流形式，在知识经济时代愈发受重视。

社会学研究指出，沟通能力等因素影响人际关系，体育锻炼活动的动态性、目标共同性和群聚性，有助于把握这些因素，促进良好人际关系的形成。体育锻炼能增加人际交往机会，帮助人们忘却烦恼、消除孤独感，培养交往意识和习惯。因此，体育锻炼能促进社会交往活动，其社交特性又会吸引人们参与和坚持体育锻炼。

2.3.5 体育锻炼与现代生活方式

1. 生活方式概述

生活方式是社会结构与运行状况的微观体现，是人们在客观条件约束下活动的典型特征总和，涵盖社会生活的各个领域。

2. 良好生活方式的基本原则

良好生活方式应遵循三大原则：科学性、针对性和可操作性。科学性确保方法合理，针对性满足个体需求，可操作性保障实践可行。

3. 良好生活方式的基本内容

（1）生活制度：规范工作、学习、运动、休闲和饮食等活动，摒弃不良嗜好，养成健康习惯。

（2）精神卫生：学会自尊自重，调控情绪，改善环境，保持积极心态，维护身心健康。

（3）饮食营养：合理搭配饮食，注重营养均衡，避免营养过剩，科学烹饪，保存营养。

（4）环境优化：保护大环境，优化小环境，保持居室通风良好，营造优雅氛围。

（5）卫生保健：身体不适及时就医，重视健康检查。

（6）劳逸结合：根据年龄、生理和心理特点制定合理作息，确保休息与活动有机结合。

4. 不良生活方式的表现

（1）吸烟：烟草燃烧释放有害物质，增加患癌症、呼吸系统疾病和心血管疾病风险。

（2）酗酒：无节制过量饮酒会导致酒精中毒，损害神经系统、消化系统和心血管系统，引发多种疾病。

（3）不良饮食习惯：高能量饮食、低纤维饮食、偏食挑食等会导致肥胖、高胆固醇血症、营养不均衡等问题。

5. 生活方式对健康的影响

生活方式与健康紧密相连，其变化对个人和社会健康均有影响。医学调查显示，生活方式是影响健康的首要因素。为解决生活方式方面的问题，体育运动被纳入医学范畴，成为改善生活方式的重要手段。

6. 体育锻炼对生活方式的影响

体育锻炼是现代生活主要的休闲方式之一。生理学研究发现，轻松的体育锻炼能促进新陈代谢，帮助消除体力疲劳。运动心理学研究表明，体育锻炼可缓解焦虑、紧张情绪，让人平静。体育锻炼在减轻生活压力方面作用显著。

（1）释放不良情绪：压力会使不良情绪在体内堆积，体育锻炼能转移注意力，释放这些不良情绪，帮助人们忘却失意和压抑。

（2）提高社会适应能力：体育锻炼内容丰富、形式多样，适合不同社会阶层、职业、性别和年龄的人群。人们可根据自身情况选择合适的锻炼方式，与其他休闲方式相比，体育运动的社会适应性更强。

2.4　体育锻炼与运动卫生

体育锻炼是促进健康的重要手段，但在运动过程中，运动卫生的规范与实践同样不可忽视。科学的运动卫生不仅能提高锻炼效果，还能有效预防运动损伤和疾病的发生。本节讲述运动卫生的基本知识，帮助大学生在锻炼过程中养成良好的卫生习惯，确保体育锻炼的安全性和有效性，从而更好地实现健康目标。

2.4.1　体育锻炼的医务监督

1. 医务监督

体育锻炼的医务监督是通过对锻炼者生理机能和健康状况的观察与评定，保障运动安全、预防损伤、促进效果及管理健康的重要措施。它通过评估心血管功能、肌肉骨骼状态等，及时发现潜在健康问题，如通过心电图检查预防心脑血管意外。医务监督还通过监测生理指标

（如心率变异性、血乳酸）和主观感受，防止过度训练导致的损伤。个性化运动指导和科学营养建议帮助锻炼者根据健康状况和运动目标制定合理方案。此外，医务监督通过定期健康检查早期发现疾病（如高血压、高血脂），并调整运动和治疗方案，同时在集体运动中实施感染防控措施，保障锻炼人群健康。

2. 自我监督

自我监督主要包括主观感觉和客观检查两个方面。

主观感觉：①精力状态：运动后精力充沛为正常，若软弱无力、精神萎靡，可能为过度训练或不适信号。②运动心情：对运动兴趣下降或厌烦，可能因运动方法不当或过度疲劳。③睡眠情况：运动后失眠、多梦或早醒，需调整运动量或检查睡眠环境。④食欲情况：食欲减退或厌食，可能为过度运动或身体不适。⑤不良感觉：运动后头晕、恶心、心慌等，可能因运动方式不当或量过大。⑥出汗量：突然大量出汗，可能为过度运动信号。

客观检查：①脉搏：晨脉频率加快或保持较高水平，可能为过度运动迹象。②体重：体重变化反映运动效果，长期锻炼者体重趋于稳定或健康增加。③肺活量：过度运动可能导致肺活量降低。

2.4.2　生活制度与卫生

合理的生活制度和个人卫生习惯是维持健康、提高生活质量的重要保障。

合理的生活制度包括：睡眠（成年人建议每晚8小时，青少年9小时，儿童10小时）、饮食（三餐营养均衡，保证糖、脂肪、蛋白质及微量元素的摄入，维持酸碱平衡）、工作与学习（合理安排时间，合理休息）、体育锻炼（每天安排适当运动）等。

个人卫生习惯包括：预防疾病（运动后及时清洁皮肤，防止细菌滋生；保持身体卫生）、提升运动表现（穿着干净、透气的运动服装可提高运动舒适度）、促进身体恢复（运动后保证充足睡眠、合理饮食可促进身体恢复）、培养健康生活方式。

2.4.3　体育卫生

1. 体育卫生的重要性

体育卫生是体育锻炼中不可或缺的一部分，它不仅能够增强体质、促进健康，还能有效预防运动损伤和疾病的发生。科学合理的运动安排和卫生措施可以最大限度地发挥体育锻炼的积极作用，同时减少潜在的健康风险。

2. 体育卫生的关键要点

（1）正确选择体育锻炼的时间和地点：①避免饭后立即运动。②避免生病期间剧烈运动。③避免在污染环境中运动。④避免危险地点运动。

（2）科学安排体育锻炼的负荷：①运动强度的安排。②运动时间与频率的安排。

（3）合理补充饮料和营养：①运动中饮料的补充。②运动后水分和营养的补充。

（4）重视体育锻炼后的恢复：运动后的恢复环节对消除疲劳、促进身体恢复和提升运动表现至关重要。首先，运动结束后应进行整理活动，如慢跑5~10分钟，帮助身体平稳过渡到休息状态，促进血液循环和代谢废物的清除。接着进行拉伸，针对主要肌肉群（如股四头肌、腘绳肌、肩部肌肉）拉伸15~30秒，放松肌肉，减少酸痛和受伤风险。此外，物理恢复手段如热水浴（水温40~45℃，15~20分钟）和按摩也能加速恢复。热水浴促进血液循环，带走代谢废物；按摩可通过专业手法或工具（如泡沫轴）放松肌肉，缓解紧张感。最后，充足的睡眠是恢复的关键。运动者应保证睡眠时间，以促进相关激素分泌，修复肌肉组织。睡眠不足会延缓恢复，降低免疫力，影响运动表现和生活质量。总之，科学的恢复措施是锻炼过程中不可或缺的一部分。

2.4.4　女性的体育卫生

1. 女性的解剖生理特点及体育卫生要求

女性进行体育锻炼时，深入了解自身独特的解剖生理特点及对应的体育卫生要求十分关键，这不仅左右运动成绩，更与身体健康息息相关。

（1）体形特点：女性肩窄、骨盆宽、下肢短，重心低，适合平衡类项目（如体操），但在短跑、跳高等依赖步幅和爆发力的项目中处于劣势。可通过深蹲、蛙跳等训练增强腿部力量和爆发力。

（2）肌力特点：女性肌肉力量较弱，尤其是上肢。攀岩、吊环等运动需强化上肢力量，如俯卧撑、引体向上等，注意专业指导和保护措施。

（3）脂肪分布：女性脂肪比例较高，皮下脂肪丰富，在游泳中具有浮力优势，但下腹部对冷刺激敏感，月经期需注意保暖，避免受寒引发痛经。

（4）骨盆特点：女性骨盆较大且轻，应避免频繁从高处跳下，落地时屈膝缓冲，分散冲击力。可通过仰卧起坐、凯格尔运动等增强腹壁和骨盆底肌，维持子宫正常位置。

（5）关节韧带特点：女性柔韧性和关节灵活性优于男性，适合舞蹈、瑜伽等运动。但随着年龄增长，柔韧性下降，可通过瑜伽、拉伸等训练保持灵活性。

（6）心血管和呼吸系统：女性心脏和肺容积较小，血容量和摄氧能力较低，耐力运动时易疲劳。运动量应适度，采用深呼吸、腹式呼吸提高效率。

女性应根据自身特点科学锻炼，避免不当运动造成伤害，充分发挥运动对健康的促进作用。

2. 月经期的体育卫生要求

月经期是女性生理周期的关键阶段，需特别注意体育卫生要求，以确保安全、健康地参与体育活动。

月经期体育卫生要求如下。

保持清洁：每天用温水清洗外生殖器，勤换卫生巾和内裤，避免使用刺激性清洁用品，防止感染。

避免剧烈运动：跨跳、疾跑、跳高等大强度跑跳动作可能加剧盆腔充血，引发痛经或月经量异常。

避免增加腹内压：憋气、静力性动作（后倒作桥、慢起倒立等）可能压迫子宫，影响经血排出，甚至导致经血逆流。

避免游泳：游泳易使细菌进入阴道和子宫，引发感染。

适当运动：可进行散步、做操、打乒乓球、羽毛球等低强度运动，促进血液循环，缓解不适。但需控制运动量和时间，避免过度疲劳。一般不建议参加比赛。

特殊情况处理：月经紊乱、经期腹痛或有病理型反应的女性应暂停运动，及时就医检查治疗。

加强医务监督：养成记录的习惯，便于及时发现问题并采取相应措施。

2.5　常见运动伤病的预防与处置

体育运动是增强体质、培养意志的重要途径，但在运动过程中，因技术动作失误、防护不足或身体超负荷等因素导致的运动伤病屡见不鲜。本节以科学性与实践性为导向，阐述运动损伤的分类产生原理、预防原则，并重点解析大学生群体中高发的运动损伤的类型及处置方法，以及预防策略，为体育运动奠定安全基础。

2.5.1 运动损伤概述

运动损伤是指在体育运动中，由于不当的运动方式、过度运动、意外事故或其他原因导致的身体组织损伤。

1. 运动损伤的分类

根据损伤的程度、部位和性质，运动损伤可分为以下类型。

（1）按损伤程度：轻度损伤、中度损伤、重度损伤。

（2）按损伤部位：肌肉损伤、关节损伤、骨骼损伤、韧带损伤等。

（3）按损伤性质：急性损伤、慢性损伤。

2. 运动损伤的产生原因

产生运动损伤的原因是多方面的，主要有以下几点原因。

（1）准备活动不充分：缺乏针对性热身，运动器官未进入状态。

（2）心理因素与经验不足：情绪紧张或缺乏经验导致损伤。

（3）力量不足与动作不当：力量不足或动作不当引发肌肉拉伤或关节挫伤。

（4）负荷失衡：局部运动过度（如上肢连续运动）导致疲劳性损伤。

（5）教学失当：忽视个体差异与循序渐进原则，统一化运动安排。

（6）环境隐患：场地器械不安全、人员密集引发碰撞事故。

3. 运动损伤的预防原则

（1）加强运动损伤方面知识的掌握，提高防治意识。

（2）加强身体全面训练，提高机体对运动的适应能力。

（3）认真做好准备活动。根据项目、体质、环境等定制动态热身。

（4）合理安排运动量，注意运动器官的局部负担和伤后的训练安排。

（5）严格执行赛事规范，限制过度参赛。

（6）加强运动中的保护。使用护具并实施保护措施，降低意外风险。

（7）加强医务监督，建立和健全自我监督制度。

2.5.2 常见的运动损伤与处置

1. 软组织损伤

运动造成的软组织损伤在处理时通常遵循"PRICE"原则。

（1）保护（Protect）：避免负重，避免有害动作，防止进一步损伤。

（2）休息（Rest）：停止运动，避免任何可能加重损伤的运动。

（3）冰敷（Ice）：减少血管渗出和炎症反应，缓解肿胀和疼痛。

（4）加压包扎（Compression）：通过加压包扎，减少局部渗出和肿胀。

（5）抬高患肢（Elevation）：利用重力作用，促进静脉血回流，减轻肿胀。

2. 关节脱位

关节脱位是指组成关节的各骨的关节面失去正常的对合关系，也称为脱臼。主要症状有受伤关节疼痛、压痛和肿胀，关节功能丧失，畸形；关节脱位时伴有软组织损伤、出血或周围神经受牵扯等。

对伤者应立即用夹板和绷带在脱位所形成的姿势下固定伤肢，保持适当的体位，如果没有夹板，可将伤肢固定在躯干或健肢上，避免不必要的活动，防止震动，并尽快送医处理。

3．骨折

骨的完整性的连续性遭到破坏性损伤，称为骨折，可分闭合性骨折和开放性骨折。发生骨折时患处立即出现肿胀、皮下淤血，有剧烈疼痛。

在处理骨折患者时，确保现场安全，避免随意移动患者，对于开放性骨折患者，应先进行伤口清理和包扎，再进行骨折固定。在转运骨折患者时，应注意保持患者稳定，暂勿移动伤肢，避免加重骨折部位的疼痛和损伤。尽快送医检查和治疗。

4．脑震荡

在运动过程中，头部受到暴力、直接的打击或撞击，引起意识和功能的一时性障碍。

对伤者立刻急救，让其平卧、安静、头部冷敷、身体保暖。若发生呼吸障碍，立即施行人工呼吸。损伤较严重时，应当立即送医，运输途中要保持患者平卧、固定头部、避免颠簸。

2.5.3　其他运动损伤的预防和处置

1．肌肉酸痛

当运动量超过身体的承受能力时，肌肉会产生大量乳酸，乳酸堆积在肌肉中，导致酸痛。这种肌肉酸痛不是在运动结束后即刻出现的，而是发生在运动结束后 1～2 天，因此称为延迟性的肌肉酸痛。

在运动前进行充分的热身活动，可以减少肌肉拉伤和酸痛的风险。运动后要进行适当的放松活动，如拉伸、深呼吸等，帮助肌肉恢复。

2．运动中腹痛

运动中腹痛多数在中长跑时产生。主要因准备活动不充分，内脏器官功能尚未达到运动状态，致使脏腑功能失调，引起腹痛。

运动前应合理安排饮食，避免过饱或过饥；在运动过程中感到腹痛时，适当降低运动强度，减速或停止运动，避免加剧疼痛。必要时应当及时就医。

3．运动性昏厥

运动性昏厥是指在运动中或运动后由于脑部一时性供血不足或血液中化学物质变化引起的突发性、短暂性意识丧失。在运动前应合理判断身体状况，避免在身体不适时进行剧烈活动。

4．肌肉痉挛

肌肉痉挛俗称抽筋，表现为骨骼肌突发的不自主强直收缩。常伴有剧烈疼痛及活动受限。

运动前做好准备活动，对容易发生痉挛的部位事先应适当按摩。发生痉挛时，应立即停止运动，对痉挛部位的肌肉做牵引。

5．运动性中暑

中暑是在高温环境中运动，体内热量难以散出而引起的一种急性病。

在高温炎热季节应适当减少运动量和运动时间，避免在烈日下长时间运动；出现中暑症状时，立即停止运动，进行降温处理。严重中暑时，立即送往医院进行治疗。

6．运动性贫血

运动性贫血是指运动训练过程中生理负荷过大，导致血液中红细胞数或血红蛋白量低于正常值范围的现象。

应当合理安排运动量和强度，必要时暂停运动，补充富含蛋白质和铁的食物，合理安排生活和膳食制度，保持营养均衡。

7. 运动性血尿

在肉眼或显微镜下见到尿中有血色或血红细胞，称为血尿。单纯剧烈运动后而引起的，称为运动性血尿。在长跑、三级跳区、球类和拳击项目中较多见。

血尿通常在运动后即刻出现，其明显程度与运动量和运动强度的大小有关。出现血尿后若停止运动，则血尿迅速消失，一般不超过 3 天。

8. 运动性低血糖症

运动性低血糖症是指在运动过程中或运动后，由于血糖水平急剧下降导致的一系列不适症状。常见于长时间、高强度的运动项目，如马拉松、长距离骑行、长跑等。

平时缺乏锻炼、患病未愈（或初愈）及饥饿者，应避免参加长时间的剧烈运动；运动中还要适量地补充含糖饮料。

本章小结

本章全面探讨了体育锻炼与健康的关系，涵盖身体健康、心理健康、社会健康、运动卫生及常见运动伤病的预防与处置。本章旨在为大学生提供全面的理论指导和实践建议，帮助其掌握科学锻炼方法，提升健康素养，促进身心全面发展。

思考与练习

1. 简要说明身体健康与心理健康的关系。
2. 简要说明运动损伤的预防与处置方法。
3. 简要说明体育锻炼与社会健康的关系。

第3章

科学健身的理论基础

本章分别对科学健身的基本原则、科学健身的运动处方、科学健身的效果评价进行了阐述，为大学生的健身和健康需求提供理论基础，促进全民健身更高水平发展。

学习目标	了解科学健身的原则；了解运动处方的概念，掌握制定运动处方的原则和步骤；掌握科学健身的效果评价方法。
能力目标	通过学习本章，学会制订适合自身的健身计划。

3.1 科学健身的原则

科学健身的原则是健身过程客观规律的反映，是人类从远古至今所积累的身体锻炼和养生经验的概括和总结，是人们科学从事健身所必须遵循的准则，是对体育健身活动进行科学指导的依据。

（1）个性化运动原则：指根据不同个体的体质水平、健康状况、运动能力、兴趣爱好等方面制定个性化的健身方案。

（2）专门性原则：指根据体育健身的目的，选择专门的练习内容，制定健身方案。如要提高力量，就选择力量练习；如果要提高有氧运动能力，就选择跑步、游泳等有氧运动。

（3）积极性原则：积极性原则又称目的性原则或意识性原则，指运用宣传和其他手段，动员广大群众在充分理解健身目的、意义的基础上，自愿、主动、积极地进行健身活动。

（4）全面性原则：指健身过程中，运用多种内容、方法和手段，统筹兼顾，使身体各部位、各器官的机能，各种身体素质和活动能力及心理品质都得到全面均衡发展。

（5）循序渐进原则：指健身的内容、方法和运动负荷等，必须根据人对事物的认识规律、动作技能形成规律和生理机能的负荷规律，由小到大、由易到难、由简到繁、由低级到高级逐步进行。因此在制订健身计划时，不可寄望健身目的一蹴而就，应该根据人体机能变化规律逐渐增加负荷量和运动强度，并确保运动中身体消耗的能量得到恢复，身体疲劳得到消除，身体机能完全恢复。

（6）经常性原则：指健身必须持之以恒，使之成为日常生活中的重要内容。经常性原则要求养成健身习惯，养成健身习惯是循序渐进的基础。

（7）运动适量原则：指在健身过程中，恰当合理地安排运动负荷，使之既能满足增强体质的需要，又符合身体的实际接受能力。

3.2 科学健身的运动处方

科学研究表明，运动有益于身体健康，并且对于大多数人来说，运动所带来的收益往往大于它的风险。一份理想的运动处方应该能够满足运动者对健康和体适能的要求。本节所介绍的运动处方适用于改善体能和健康状况为目的的健康人群或某些特殊情况人群。

3.2.1 运动处方概述

运动处方是指针对个人的身体状况，根据其健康、体力及心血管功能状况，结合生活环境条件和运动爱好等个体特点，用处方的形式规定适当的运动种类、时间及频率，并指出运动中的注意事项，以达到科学、有计划地进行改善体能和健康状况的目的。

随着运动处方应用范围的扩大，运动处方的种类也不断增加。最常见的是根据运动处方的功能进行分类，可分为锻炼性运动处方、预防性运动处方和治疗性运动处方。其中，锻炼性运动处方以提高身体素质、身体机能及运动能力为主要目的；预防性运动处方以增强体质、预防疾病及提高健康水平为主要目的；治疗性运动处方常用于某些疾病或外伤的治疗和康复。

3.2.2 运动处方的制定原则

正确制定运动处方方案必须遵循 FITT-VP 的基本原则，即包括运动频率（Frequency，多久一次）、运动强度（Intensity，费力程度）、运动时间（Time，持续时间或多久）、运动方式（Type，模式或类型）、运动总量（Volume，总和）和运动进阶（Progression，进展）六个方面基本内容。其中，运动频率、运动强度、运动时间和运动方式是运动处方的四个基本要素。

（1）运动频率指每周执行运动计划的天数。体力活动的频率在运动促进健康/中有重要的作用。

（2）运动强度与获得的健康/体适能益处有明确的量效反应关系。运动强度是健身运动处方的核心部分，反映机体运动时用力的大小和机体紧张度，它既影响机体的承受能力，又直接关系运动效果。制定适合运动者特点的量化强度指标，是制定运动处方的精髓。

（3）运动时间是指机体在一段时间内进行体力活动的总时间。运动时间的长短，要根据个人资料、医学检查情况来确定。推荐的运动时间可以是连续完成的，也可以是分数次累计完成的。

（4）运动方式根据改善身体运动能力的不同，可分为有氧运动、抗阻运动、柔韧性运动和平衡、协调性运动等。不同的运动方式对身体形态、身体机能和身体素质的发展是不相同的，其基本原则是只有"对准"相应的身体部位和器官系统施加影响，才能有针对性地发展相关的身体形态和机能，如为增大上肢横径和改善上肢力量，就要以上肢为主要活动部位，去完成抗阻练习，这时就可选用引体向上、俯卧撑、抛实心球、哑铃、杠铃等练习。

3.2.3 运动处方的制定步骤

1. 健康检查与评估

（1）收集个人的基本健康信息，包括年龄、性别、身高、体重、身体成分、既往病史、家族病史等。

（2）进行身体机能测试，如心肺功能、肌肉力量、耐力、柔韧性、平衡能力等。

2. 确定运动目标

明确是为了增强心肺功能、减肥、增肌、提高柔韧性还是改善某种疾病的症状等。

3. 选择运动类型

根据运动目标和个人身体状况，选择合适的运动项目，如有氧运动（跑步、游泳、骑自行车）、力量训练（举重、俯卧撑、深蹲）、柔韧性训练（瑜伽、伸展运动）等。

4．设定运动强度

通常可以通过心率、代谢当量（METs）、最大摄氧量百分比等指标来确定运动强度。对于健康人群，一般建议中等强度的运动；对于患有疾病或特殊情况的人群，运动强度需根据具体情况调整。

5．确定运动时间

包括每次运动的持续时间和运动的频率。例如，有氧运动一般每次持续 30 分钟以上，每周至少 150 分钟；力量训练可以每周进行 2～3 次，每次每个部位进行 2～3 组练习。

6．安排运动进度

逐渐增加运动的强度、时间和频率，避免一开始就过度运动。

7．注意事项

提醒运动过程中的安全事项，如正确的姿势、热身和放松的重要性。并告知可能出现的不适症状及应对方法。

8．定期评估与调整

按照一定的周期对运动效果进行评估，根据评估结果调整运动处方。

总之，制定运动处方需要综合考虑个人的健康状况、运动目标和能力，以确保运动的安全性和有效性。

3.3　科学健身的效果评价

科学健身离不开对其效果的测定和评判。体育健身的终极目标是使身体发生由弱趋强、由病转康的变化，但体育健身是由每个健身单元（若干个健身日）逐渐积累而成的，只有各个单元都能取得良好的健身效果，健身的积累效果才有保证。因此健身效果评价有助于克服健身的盲目性，对获得最佳健身效果、克服伤病等不良反应，更好地进行下一阶段的健身计划等方面均具有重要的意义。

3.3.1　健身效果形态学常用评价指标

1．体重

体重是描述人体横向发育的指标，它在一定程度上能够反映人体骨骼、肌肉、皮下脂肪及内脏器官综合发育状况。一般而言，体重与身体横断面积的发育成正相关，与肌肉量成正相关。体重的增加，表示肌肉量、肌力的增长和营养状况的改善。因此，人类形态学把体重作为反映人体长、围、宽、厚度发育状况的重要整体指标。

2．身高

身高是人体生长发育过程中一个反映人体骨骼发育状况、身体纵向发育水平的重要指标。

3．派生指标

（1）BMI

BMI 也称为体重指数或身体质量指数，反映了体重与身高之间的关系，也是衡量体重是否超重的常用指标，计算公式为：

$$BMI = 体重/身高^2$$

体重的单位为千克，身高的单位为米，BMI 单位为千克/米^2。

我国正常成人 BMI 具体标准为：①低体重，BMI < 18.5；②正常体重，BMI 为 18.5～23.9；③超重，BMI 为 24.0～27.9；④肥胖，BMI≥28.0。

（2）身高标准体重

衡量身高标准体重采用"标准值百分数法"。先确定标准值——标准体重。标准体重 $W=H-R$，其中 H 为身高。当 $H<165$ 时，$R=100$；当 $165≤H≤175$ 时，$R=105$；当 $H>175$ 时，$R=110$。再确定评价等级。实际体重大于 $120\%W$ 者为"肥胖"，为 $110\%W～120\%W$ 者为"超重"，为 $89\%W～109\%W$ 者为"正常"，为 $80\%W～90\%W$ 者为"偏轻"，小于 $80\%W$ 者为"瘦弱"。

（3）身体成分

身体成分评价人体的胖瘦程度。同样体重的人，由于身体内肌肉、脂肪的含量不同，肥胖程度不同。体重的大小并不能真正反映一个人是否肥胖。体脂百分比是评价一个人是否真正肥胖的主要依据。身体成分的测量结果，将成为确定是否需要减肥的依据。

体脂百分比是评价身体成分的主要指标，目前尚未有具体的关于健康体脂百分比的区间，但较多学者认为男性和女性的体脂百分比分别在 10%～22% 和 20%～32% 范围时较为健康。

3.3.2　健身效果生理学常用评价指标

1. 心率

心率是指心脏每分钟跳动的次数，正常成年人心率为 60～100 次/分，心率可用听诊器在心脏表面直接测定，也可用其他仪器测定，在体育活动中，心率也可用脉搏次数表示，脉搏可用手在桡动脉、颈动脉和足背动脉处直接测定。心率的测试主要有基础心率、安静时心率、运动中心率及运动后心率测试几种类型。用心率监测运动强度是一项比较灵敏的指标，而评定健身的效果却不太敏感。只有长期取得较明显的效果时，心率的良好变化才能显示出来。

2. 血压

血压是流动的血液对血管壁的侧压力，一般常指动脉血压。血压值随心动周期的变化而有所不同。心室收缩时，血液对动脉管壁的最大压强值称为收缩压，心室舒张时血液对动脉管壁的最小压强值为舒张压。正常成年人安静时的动脉血压收缩压为 90～140 毫米汞柱，舒张压为 60～90 毫米汞柱；我国健康青年人安静状态收缩压为 100～120 毫米汞柱，舒张压为 60～80 毫米汞柱。体育锻炼时血压的变化较大。体育锻炼对血压变化的良好影响要经过长时间的锻炼才能表现出来。对一般体育锻炼者，一般在定量荷后测定血压，以便对心血管机能进行综合评定。

3. 肺活量

肺活量是指在不限时间的情况下，一次最大吸气后再尽最大力量所呼出的气体量，其大小反映了肺的容积和肺的扩张能力，反映出呼吸机能的潜力。

肺活量的绝对值不能全面地反映人的呼吸功能，一般采用肺活量体重指数进行评价，肺活量体重指数是人体自身的肺活量与体重的比值，即用每千克体重肺活量的相对值来反映肺活量与体重的相关程度，主要用来对不同年龄、性别的个体与群体进行客观的定量比较分析。具体计算公式为：

肺活量体重指数=肺活量（毫升）/体重（千克）

大学男生：大于等于为 78 优秀，68～77 为良好，55～66 为及格，小于等于 54 为不及格。

大学女生：大于等于为 64 优秀，54～63 为良好，43～53 为及格，小于等于 42 为不及格。

4. 台阶试验

台阶试验是以一定的频率上下一定高度的平台，并持续一定的时间，根据登台结束后恢复期的脉搏变化评定心脏功能。最早的台阶实验是由美国哈佛大学研究设计的，称为哈佛台阶试验，之后又有不少改良和发展。

在《中国成年人体质测定标准》中，所有年龄组均设有台阶试验这一测定项目，它在调查研究的基础上作了若干改良。它规定男子的台高为 30 厘米，女子台高为 25 厘米。以每分钟 30 次的频率上下台阶，持续 3 分钟。负荷结束后，受试者立刻坐在椅子上，测量运动后第二、第三、第四分钟前 30 秒的脉搏数。如果运动中坚持不下去或上下慢了 3 次，要立即停止运动，并以秒为单位计下此刻的运动时间，同样测量运动后第二、第三、第四分钟前 30 秒的脉搏数。计算公式为：

$$台阶指数 = 100D / \left[2 \times (P_1 + P_2 + P_3) \right]$$

其中 D 为持续时间，P_1、P_2、P_3 为 3 次脉搏数。

通过台阶试验可以计算出受试者的台阶指数，进而可以评价受测者心脏功能的优劣。

5. 闭眼单脚站立

闭眼单脚站立测量人体在没有任何可视参照物的情况下，仅依靠大脑前庭器官的平衡感受器和全身肌肉的协调运动，来维持身体重心在单脚支撑面上的时间，以反映人体的静态平衡能力，也可以评价受试者在不依赖视觉的情况下，位置感觉和本体感觉间的协调能力。

测试时，受试者自然站立，当听到"开始"口令后，抬起任意一只脚，同时测试员计时，当受试者支撑脚移动或抬起脚着地时，测试员停止计时。测试两次，取最好成绩，记录以秒为单位，保留小数点后一位，小数点后第二位数按"非零进一"的原则进位。

男性（正常）标准不倒时间：30～39 岁，9 秒；40～49 岁，8 秒；50～59 岁，7 秒；60～69 岁，5 秒。女性较男性推迟 10 年计算，即：40～49 岁，9 秒；50～59 岁，8 秒；60～69 岁，7 秒；70～79 岁，5 秒。

3.3.3　健身效果运动学常用评价指标

1. 力量的测定与评价

（1）握力

握力可用以评价上肢和手指屈肌力量。测定时使用弹簧式或电子式握力计。受测者两脚自然分开约一脚距离，身体直立，手心向内持握力计，握力计指针朝外。先将指针调整至零位，然后转动握距调节钮，使食指第二关节屈指成直角，用最大力紧握上下两个把柄。以用力手测两次，取最大值。

握力一般采用握力体重指数进行评价，公式为：

$$握力体重指数 = 握力（千克）\times 100 / 体重（千克）$$

男生：大于 86 为优秀，72～86 为良好，54～71 为及格，小于 54 为不及格。

女生：大于 67 为优秀，55～67 为良好，40～54 为及格，小于 40 为不及格。

（2）俯卧撑

用以锻炼和评价上肢肌与肩带肌力和耐力。测试使用普通平坦场地，要求受试者手掌与脚尖在同一平面上。受试者双手按地，手指向前，两手距离与肩同宽，两腿向后伸直，身体挺直，然后屈臂使身体平直下降，至肩与肘成平面，此时两肘和头的投影线呈正三角形，躯干、臀部和下肢要挺直，然后再撑起，两臂伸直为一次。下卧撑起时，身体必须保持挺直，不能塌腰凸臀，身体下移后不能有间歇时间，违例不予计数。一分钟内完成的次数越多，受试者的上肢肌与肩带肌力和耐力就越强。

（3）引体向上

用以锻炼和评价上肢肌肉力量和耐力的发展水平。受试者跳起，双手正握杠，两手与肩同宽成直臂悬垂。静止后两臂同时用力引体（身体不能有附加动作），上拉到下颌超过横杠上面为完成一次。受试者应双手正握单杠，待身体静止后开始测试；测试时身体不得做大的摆动，也不得借助其他附加动作撑起；两次引体向上的间隔时间超过 10 秒终止测试。引体向上做的次数越多，则受试者上肢肌肉力量和耐力就越强。

（4）仰卧起坐

用以锻炼和评价腹肌力量和腹肌耐力。受测者仰卧于垫上，两腿稍分开，屈膝成 90°，两手交叉置于脑后，一人压住受测者两踝关节，起坐时以两肘触及或超过两膝为完成一次，仰卧时，两肩胛骨必须触垫。检测员发出开始口令的同时开始计时，记录一分钟内完成的次数。一分钟仰卧起坐的次数越多，则受试者腹肌力和耐力就越强。

（5）立定跳远。

用以锻炼和评价下肢力量和全身爆发力。使用跳远沙坑，起跳地面要平展，不得有坑窝。受试者两脚自然分开，脚尖不得踏线，两脚同时蹬地起跳，起跳时不得垫步，两手臂顺势前移。丈量起跳线前沿至最近着地点的垂直距离。跳三次，记录最好成绩。立定跳远的测量值越大，则受试者的下肢爆发力越好。

2. 速度的测定与评价

（1）反应时

反映人体神经与肌肉系统的协调性和快速反应能力。使用反应时测试仪测试。测试时，受试者中指按住"启动键"，等待信号发出，当任意信号键发出信号（声、光同时发出）时，以最快速度去按该键；信号消失后，中指再次按住"启动键"，等待下一个信号发出，共有 5 次信号。受试者完成第五次信号应答后，测试结束。测试两次，取最好成绩，记录以秒为单位，保留小数点后两位。选择反应时的测量值小，则说明受试者神经与肌肉系统协调性和快速反应能力强。

（2）短距离跑

用以锻炼和评价身体位移速度。常采用 50 米跑。受试者听到"预备"的口令后采取站立式起跑姿势，听到"跑"口令或鸣枪声后，迅速沿跑道线跑出，记录下通过终点线的时间。记录以秒为单位，精确到小数点后 1 位。50 米跑所需时间越短，则受试者的快速跑动能力越强。

3. 耐力的测定与评价

对耐力的测定与评价往往是对机体的心肺耐力（有氧耐力）水平的测定与评价，而有氧耐力水平的高低与最大摄氧量有密切的关系。最大摄氧量的测试方法主要有直接测试法和间接测试法两种。其中直接测试法需要在实验室条件下进行，不仅对于受试者的身体有较高的要求，而且对于测试环境、设备的要求也较高，单次测试成本较大。所以，我们更多使用间接测试法进行测定与评价。常用的最大摄氧量间接测试法包括以下几种。

（1）定时跑（12 分钟跑）

采用时间较长的定时跑，可以有效地锻炼和测定锻炼者的耐力水平，最常用的有 12 分钟跑。12 分钟跑可在室内或室外的跑道上进行。受试者需先做好准备活动，特别要使下肢关节活动充分。测试开始后，受试者要在规定的 12 分钟内，尽最大力量向前跑（或走跑交替）。记录所能达到的最大距离（米）。注意跑时尽全力，最好用匀速跑完全程。如跑中感到呼吸困难，可稍放慢速度，使呼吸恢复正常。再根据相应的评分表评价身体耐力状况。12 分钟内跑得距离越远，则受试者心肺功能就越好。

（2）定距离跑

此法与 12 分钟跑相类似，但测试更加灵活方便。定距跑的测试类型较多，最典型的定距离跑是 2400 米跑，还有美国的 FitnessGram 中采用的 1 英里跑/走，我国的《国家学生体质健康标准》采用的 1000 米（男子）和 800 米（女子）跑，日本的新体力测试中采用 1500 米（男子）和 1000 米（女子）跑，新加坡的 1.5 英里跑/走等。测验一般选择在室外的跑道上进行。受试者做好准备活动后，要尽最大力量快跑，力争在尽可能短的时间内跑完预定的距离。受试者跑的时间越短，则耐力水平就越高。

4．柔韧性的测定与评价

（1）坐位体前屈

使用坐位体前屈测量计。受测者坐在平坦垫物上，两腿伸直，脚跟并拢，脚尖分开 10～15 厘米，踩在测量计平板上，然后两手并拢，两臂和手伸直，渐渐使上体前屈，用两手指尖轻轻推动标尺上的游标前滑，直到不能继续前伸。测两次，取最好成绩，记录以厘米为单位，精确到小数点后一位。

（2）颈部柔韧测验

测颈椎关节及周围软组织的柔韧性。受试者取坐位，背部紧靠椅背，尽量低头、抬头、左右转头、左右侧倾。理想幅度为低头时下颌可贴近胸部，抬头时可看到后上方天花板，侧倾时耳朵可接近肩部（不得耸肩），转头时下颌可转至肩头的方向（90°）。测量时应固定躯干，可令受试者坐在一个有垂直靠背的椅子上，臀部尽量向后，两肩靠在椅背上，两上肢放在体侧，两脚固定在椅子腿的后方。

（3）旋肩测验

测验肩关节及周围软组织的柔韧性。受试者两臂在胸前充分伸直，横握棍，直臂由前向后旋臂，测量两手拇指之间的距离。评定方法是用两拇指之间握棍的距离减去肩宽得到的旋肩指数，该指数越小，肩带柔韧性越好。

柔韧素质的简易测定方法还有背伸测验、髋关节柔韧测验、膝关节柔韧测验、小腿内外旋测验、踝关节柔韧测验等，或是用角度测量器测试法、等速测力系统测定法进行精确测量。

5．灵敏的测定与评价

（1）4×10 米往返跑

用以评价身体位移的灵敏性和协调性。设 10 米长的直线跑道若干条，在跑道的两端线（S1 和 S2）外 30 厘米处各画一条线。每个受测者需木块（5 厘米×5 厘米×10 厘米）4 块，其中一块放在 S1 线外的横线上，两块放在 S2 线外的横线上。受测者手持一木块以站立式预备起跑，听到开始的口令后从 S1 线外起跑，跑到 S2 线前时，将手中木块放在 S2 线外的横线上，然后拿起横线上的木块，迅速跑回 S1 线前交换木块，再跑回 S2 线前交换另一木块，最后持木块冲出 S1 线，记录跑完全程的时间。

（2）十字象限跳

在一块划有"十"字线的小场地进行。受试者听到"开始"信号后按顺序做双脚同时并跳，顺序是起点→1→2→3→4→1（如图 3-1 所示），直到听见"停止"的信号为止，计算 10 秒内跳动的次数。评定计算 10 秒钟双脚准确落在象限内的次数，作为所得的测验成绩，每跳一个象限可得 1 分，如果踏线或跳错了象限，每次扣 0.5 分。

灵敏性的测试方法还有立卧撑测验、侧跨步测验等，或是

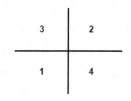

图 3-1　十字象限跳顺序

用专门的灵敏测定仪进行灵敏素质的测试。

3.3.4 健身效果的主观感觉评价

体育健身中的一个核心问题，是如何科学确定个人的运动负荷。如能及时发现运动负荷过大或过小，就能在以后的运动中加以调整。要确定合理的运动负荷，必须考虑每个人承担运动负荷的能力。运动负荷的检查与评定，有助于把握运动者承担运动负荷的能力，为安排运动负荷提供依据。评价运动者的运动负荷是否合适，可从以下几方面着手。

1. 主观感觉

如果运动负荷安排适宜，则运动者的主观感觉应该精神饱满、体力充沛、备感舒服、渴望运动。每次运动后稍有疲劳和肌肉酸痛感，也是正常的，通过休息能较快地消除。如果运动后感到精神不振，运动兴趣降低乃至厌烦，且有无力、困倦、头晕、容易激动等不良症状，以及出现局部关节肌肉酸痛疲软麻木、胸部憋闷、气短、腹胀、恶心、呕吐等，都说明运动负荷过大或内容安排不合理。这时应停止运动，迅速查明原因，请医生治疗。如有必要，可暂停运动一段时间，直到症状消失。

2. 呼吸

在体育运动过程中，如果呼吸变得深且有节奏，这是种良好的状态，反映运动负荷正常；如果呼吸较浅且节奏急促紊乱，这种状态就不太好，往往反映运动负荷较大。

3. 出汗量

人体在轻微运动时，出汗较少或基本不出汗，这种运动负荷对人体的锻炼价值不大。当运动负荷适宜时，人体可有微汗或中等程度的出汗。如果运动负荷过大，机体过于疲劳，则运动者会满头大汗，浑身湿透，颊部出现盐迹，甚至夜间盗汗。观察在运动中的出汗量，是一种监测运动负荷是否适宜的有效方法。

4. 情绪

在运动后，人的精神饱满，情绪乐观，说明运动负荷比较合适，健康状况良好。反之，运动负荷过大，或身体状况不佳，则会有情绪低落、精神不振、焦躁不安、不愿说话等状态。当这种情绪发展得较为严重时，则应引起重视，及时调整运动负荷和改进锻炼方法，特别要降低运动的强度。

5. 食欲

人体在从事体育锻炼过程中，能量消耗很大。一般来说，如果运动后生理反应正常，健康状况良好，人的食欲旺盛，食量也会增加。相反，如果运动负荷过大，生理反应异常，健康状况不佳，就会出现食欲缺乏。若不及时调整，就会影响身体健康。

6. 睡眠状况

睡眠是反映人体健康状况和身体运动负荷的重要指标。如果运动负荷适宜，一般睡眠良好，睡得深沉，较少做梦，醒后感到精力充沛，处于良好的工作和应激状态。如果身体锻炼的运动负荷过大或机体不太适应，或者受到病变的影响，则可能出现失眠、多梦或嗜睡等不良现象，醒后仍感到精力不支，容易产生疾病，有害身体。

7. 学习、工作效率和生活能力

如果健身锻炼的运动负荷适宜，锻炼效果明显，则会对学习、工作效率和生活能力起促进作用。在学习、工作和生活中就会精力旺盛，思想集中，思维敏捷，记忆清晰，求知欲旺盛，适应能力强，有信心，生活能力强。如果运动负荷安排不当，则疲劳加深，学习、工作和生活中就会心浮气躁，记忆力衰退，注意力不集中，主动性不强。

本章小结

　　本章主要围绕科学健身展开，阐述了科学健身的七大原则；介绍了运动处方，涵盖其概述、制定原则及步骤；最后探讨了科学健身的效果评价，从形态学、生理学、运动学常用评价指标及主观感觉评价等方面进行了说明，为实现科学健身提供了系统且全面的理论基础。

思考与练习

1. 科学健身应遵循的原则有哪些？
2. 运动处方的制定包括哪些内容？
3. 怎样进行健身效果的主观感觉评价？

第二部分 常规体育运动

篮球运动

篮球运动是奥运会的核心比赛项目，是以手为中心的身体对抗性体育运动，拥有独特的魅力与价值。本章详细介绍篮球运动的起源与发展、其鲜明特点和健康益处；剖析基本技术如移动、运球、等，解决基本战术配合和其规则与裁判。

学习目标	通过篮球课程学习，拓展篮球技能知识，提高竞赛观赏水平。
能力目标	结合篮球运动全面提高身体素质，促进健康水平提高，不断提高篮球专项技能和基本素质。
素养目标	培养开朗性格、高尚人格等，理解生命在于运动，养成良好习惯，具备组织纪律性、团队协作等品质。

4.1 篮球运动概述

4.1.1 篮球运动的起源与发展

篮球运动是 1891 年由美国体育教师詹姆斯·奈史密斯为了解决冬天学生因为寒冷而不愿在室外活动的问题，依据当地农民在采摘桃时向篮子里扔桃子玩的一种游戏设计而成，后取名为篮球游戏。随后，篮球运动在世界范围内得到了广泛开展。1932 年国际业余篮球联合会成立。1936 年，国际奥委会决定将男子篮球列为正式比赛项目，1976 年女子篮球也被列为正式比赛项目。

美国 NBA 篮球联赛是目前世界篮球最高水平的联赛，齐聚了来自世界各地的高水平篮球运动员。中国男子篮球职业联赛（CBA）自 1995 年开始举办以来，已经发展为国内重要的联赛，在国际上也具有一定的影响力。1998 年，中国大学生篮球协会举办了首届 CUBA 联赛，使得大学校园也有了高水平的篮球联赛。

4.1.2 篮球运动的特点

篮球运动是一项集速度、力量、技巧与智慧于一体的团队竞技项目，其特点鲜明且富有魅力。首先，篮球强调团队合作，五名球员需在场上紧密配合，通过传球、挡拆、跑位等战术协同作战。其次，篮球技术多样且复杂，包括运球、传球、投篮、防守和抢篮板等，球员需全面掌握这些技能，并在高速对抗中灵活运用。同时，篮球也是一项身体对抗性极强的运动，球员在争夺球权和位置时常常发生身体接触，因此力量与对抗能力不可或缺。此外，篮球战术灵活多变，教练和球员需根据对手的策略实时调整战术，如快攻、挡拆、区域防守等，这要求球员具备较高的篮球智商和临场应变能力。

篮球比赛的观赏性极强，扣篮、三分远投、妙传等精彩瞬间常常令人热血沸腾，吸引了全球无数球迷。篮球规则明确且公平，确保了比赛的规范性和竞争性。总之，篮球运动以其独特的魅力成为一项兼具竞技性、观赏性和团队精神的全球性运动。

4.1.3　篮球运动的健康益处

经常参加篮球运动不仅能使参加者在力量、速度、灵敏、弹跳、耐力等身体素质方面得到全面发展，还能对人体的运动系统、心血管系统、神经系统等方面起到良好的健康促进作用。篮球运动还具有缓解压力、提高工作效率、培养团队合作意识等益处。

（1）提高有氧能力。篮球运动属于大强度间歇运动，能够提高机体摄取氧和利用氧的能力。

（2）提高协调能力。进行篮球运动时，各种感官都在高度兴奋的状态下工作，互相配合协调。因此，篮球运动能较好地提高协调能力。

（3）增强心肺功能。经常参加篮球运动，可以有效增强心肺功能。篮球运动能使每搏输出量增加，动脉血管壁的中膜增厚，平滑肌细胞和弹力纤维增加。篮球运动还能使骨骼肌的毛细血管分布数量增加，分支吻合丰富，并使心肌的毛细血管数量增加。另外，篮球运动能提高肺通气和换气的机能。这些均有利于包括心脏在内的器官的机能提高，并有利于预防心血管疾病。

（4）改善消化功能。篮球运动可以促进体内营养物质的消耗，使整个机体的代谢能力增强，进而提高食欲。另外，篮球运动还能促进胃肠蠕动和消化液分泌，改善肝脏和胰腺的功能，从而使整个消化系统的功能得到提高，为个人的健康提供良好的物质保证。

4.2　篮球运动的基本技术

4.2.1　移动

移动是篮球运动中队员为了改变位置、方向、速度和争取高度时所采用的各种脚步动作的统称，它是篮球运动技术中的基础，也是比赛中运用最多的一项基本动作。移动技术包括起动、跑、跳、急停、滑步、转身、后撤步、交叉步等。

1. 基本站立姿势

基本站立姿势是移动技术的准备姿势。

动作方法：两脚开立，与肩同宽，两腿微屈，上体稍前倾，身体重心位于两脚之间，两臂自然弯曲于体侧，两眼观察全场情况。

2. 起动

动作方法：从基本站立姿势开始，向前起动时后脚蹬地，向侧起动时异侧脚的前脚掌短促有力地蹬地，同时上体迅速前倾或侧转，向跑的方向移动重心，手臂快速摆动，充分利用蹬地的反作用力，迅速向起动方向迈出，在最短时间内由静止转为运动状态。

动作要领：起动后的前两三步前脚掌蹬地要短促有力。

3. 跑

跑是基本的移动方法，有侧身跑、变向跑、变速跑、后退跑等。

（1）侧身跑

动作方法：向前跑时，脚尖对着跑动方向，头和上体转向球的方向，以便观察场上的情况。

动作要领：侧转肩看向球的方向。

（2）变向跑

动作方法：（以从左向右变向跑为例）顺步变向跑时，左脚落地制动，屈膝降低身体重心，用前脚掌内侧蹬地，同时扭腰转髋，右腿迅速向右跨步加速。交叉步变向跑时，左脚落地制动，腰和髋向右转动，同时左脚前脚掌内侧蹬地向右跨步，继续加速跑动前进。

动作要领：左脚蹬地移重心，腰部快转加速度。

（3）变速跑

动作方法：加速时，上体前倾，前脚掌积极蹬地，同时迅速摆臂，加快频率。减速时，上体直起，步幅加大，用前脚掌抵地，缓冲降速。

动作要领：加速时步频加快，减速时步幅加大。

（4）后退跑

动作方法：后退跑是队员为了观察球场上的攻守情况、背对前进方向的一种跑动方法。后退跑时，两脚提踵，用前脚掌交替蹬地提膝向后跑动，上体放松直起，两臂屈肘相应摆动，保持身体平衡，两眼平视，注意场上情况。

动作要领：两脚提踵，前脚掌蹬地，上体放松直起。

4. 跳

跳在篮球运动中随时可见，运用很广，它是控制空间、争取高度和远度的有效手段。

（1）双脚起跳

动作方法：两脚自然开立，两膝深屈或微屈，重心下降，两臂弯曲并稍向后摆。起跳时双脚蹬地，两臂用力上摆，提腰展体。落地时，屈膝缓冲。

动作要领：蹬地、摆臂、提腰协调一致。

（2）单脚起跳

动作方法：单脚起跳多在助跑情况下进行。助跑时，最后一步一般较小，用脚跟先着地过渡到前脚掌蹬地，两臂上摆提腰，另一腿屈膝上提，当身体达到最高点时，摆动腿自然下放，落地时屈膝缓冲。

动作要领：制动性起跳快，摆臂提腰要协调。

5. 急停

急停是跑动中突然制动的一种动作，可分为跨步急停与跳步急停两种。

（1）跨步急停（两步急停）

动作方法：先向前跨出一大步，脚跟着地过渡到全脚掌抵住地面，迅速屈膝上体后仰，第二步着地时，身体侧转，脚尖内旋，用前脚掌内侧蹬撑地面保持身体平衡。

动作要领：屈膝降重心，体转侧后移。

（2）跳步急停（一步急停）

动作方法：单脚或双脚起跳，上体后仰，两脚同时平行落地，用前脚掌内侧有力地蹬地，两膝弯曲，降低重心保持身体平衡。

动作要领：屈膝重心后移，收腹双脚落地。

6. 滑步

滑步是防守移动的主要动作方法，可分为侧滑步、前滑步和后滑步。

（1）侧滑步

动作方法：滑步前，两脚左右开立，膝弯曲，上体稍前倾，手臂向两侧张开。向左滑步时，右脚前脚掌内侧蹬地，左脚向左跨出一步，落地的同时，右脚迅速随同滑行，然后依次重复上述动作，眼要注视对手；向右滑步时，动作相反。

（2）前滑步

动作方法：前滑步时，后脚前脚掌内侧蹬地，前脚向前跨步，着地后，后脚紧随着向前滑动，保持前后开立姿势。注意屈膝降低重心。

（3）后滑步

动作方法：与侧滑步相同，只是向侧后方向移动。

动作要领：屈膝低重心，两脚配合协调、蹬跨有力、重心平稳。

7．转身

转身是以一脚做中枢脚，另一脚蹬地向前或向后跨出的同时中枢脚进行旋转，以改变原来身体方向的一种动作方法，可分为前转身和后转身。

（1）前转身

动作方法：移动脚向身前（中枢脚前的方向）跨出的同时，中枢脚碾地旋转使身体改变方向。

动作要领：屈膝提踵，重心平稳。

（2）后转身

动作方法：移动脚向身后（中枢脚后的方向）跨出的同时，中枢脚碾地旋转使身体改变方向。

动作要领：两脚用力蹬碾地，重心平稳。

8．后撤步

动作方法：斜侧步站立时，前脚后撤变为后脚。撤步时前脚掌内侧用力蹬地，同时腰部用力向后转髋，前脚后撤，后脚的前脚掌碾地。当前脚后撤着地后，紧接着滑步，保持身体平衡与防守姿势。后撤步时撤步角度不宜过大。

动作要领：前脚用力蹬地，利用腰部力量带动转髋，后脚的前脚掌要积极碾转蹬地。

9．交叉步

动作方法：向右移动时，左脚用力蹬地后迅速从右脚前向右迈出，上体稍向后转，左脚落地后，右脚迅速向右跨步。两脚交叉动作要快，身体不要上下起伏。交叉步后重心落在两脚之间，交叉步实质上是面对对手的侧身快跑动作。

动作要领：两脚蹬转起动（脚尖要指向跑的方向），速度快，降重心，身体保持平稳。

4.2.2　运球

运球是在原地或行进中用单手连续按拍从地面反弹起来的球，它是组织全队进攻战术配合、突破对方时经常运用的一项重要的基本技术。

1．原地运球

原地运球是行进间运球的基础，掌握正确的运球方法是关键。

动作方法：运球时用手掌的边缘触球，手掌心不能触球；发力时，手指、手腕控制球的方向和速度；运球时身体重心要低，腰要直；非运球手臂抬起保护球。如图 4-1 所示。

动作要领：保持正确的身体姿势，体会手按拍和迎引球的动作，抬头，目视前方，用眼余光看球。运球时手臂动作的放松和紧张要交替进行，掌握好手触球的位置和力量。

2. 运球急起急停

快速运球不能摆脱防守时，运用急停，当对方跟着急停时，突然起动提速超越他。

动作方法：急停时，重心下降，手按拍球的正前方；起动时用力蹬地，按拍球的后上方。要停得稳，起动快。变速运球时，要掌握好高、低运球的节奏，注意突然加速。

图 4-1　原地运球

3. 高、低运球

动作方法：抬头目视前方，高运球时上体稍前倾，两腿微屈，球的落点在身体侧前方，球反弹的高度约在胸腰之间。低运球时，两腿弯曲，重心下降，运球高度在膝腰之间，球的落点在体侧，用上体和腿保护球。

4. 体前换手变向运球

运球中遇到防守堵截前进路线时，突然改变运球方向，摆脱防守。

动作方法：以右手运球为例，从防守人或右侧突破时，先向其左侧运球，然后向右侧变向。变向时，右手按拍球的右后上方，把球从自己的右侧拍到左侧前方，同时右脚向左前方跨出，上体左转，用肩保护球，然后换手运球，加速前进。

动作要领：过人前要有吸引动作，变向要突然，换手后立即跨步、侧身加速。

5. 背后运球

当攻守双方距离很近且其中一侧被堵时，用背后运球改变方向来突破防守。

动作方法：先右手运球，右脚前跨，手拉球至身体右侧后方，立即转腕按拍球右后上方，将球从背后拍弹至身体左侧前方，左脚同时向左侧前方跨出，换左手运球加速前进。

6. 胯下运球

胯下运球又称胯下交替运球，是常用的运球动作，其练习方法如下。

第一步：降低重心，在不看球的情况下，先练习右手原地运球，再练习左手原地运球。

第二步：靠手腕的力量发力，单手在身体前左右运球，同样在身体一侧前后运球。要注意，运球时并不是重心越低越好，因为带球的动力完全由手腕发出，只有控制好球的落地点和方向，才能很好地控制球。一只手熟练后再用另一只手练习。

第三步：左右手在身体前交叉运球，再在体后交叉运球练习。

第四步：练习胯下运球。先将左脚向前跨出一步，用右手将球从胯下弹至左手，再用左手顺原路将球弹回右手。换脚、换手后动作一样。然后将这几个运球步骤连贯起来，在原地反复练习。

第五步：练习行进间的胯下运球。开始时先沿边线练习直线行进，再练习曲线行进，然后在有人防守的情况下模仿比赛场面。至于身体如何随对手移动做出自然的反应，只有在实践中反复摸索。

7. 转身运球

转身运球是运球队员被防守堵截运球一侧且距离较近时，运用后转身改变运球方向突破防守的方法。

运球方法：以右手运球为例。运球转身时，侧对对手，右脚在前做中枢脚，将球控制在身体右侧，右手按球的右侧上方。随着后转身右脚蹬地后撤的同时，将球拉向身体后侧方落地反弹，即换左手运球，从对手的右侧突破。

动作关键：转身时要加力运球，以加大球的反弹力，增加手控制球的时间，利于拉引球动作的完成。转身运球时，上臂要紧贴躯干来减小球的转动半径，同时运球手臂提拉球的动作和脚的蹬地、跨步、转身动作紧密结合。

4.2.3　传、接球

传、接球是在篮球比赛中，队员为了控制和支配球，有目的地在同队队员之间转移球的方法，是相互组织进攻的纽带。

持球的方法：① 双手持球。两手手指自然分开，拇指相对呈"八"字形，用指根以上部位持球的两侧后下方，掌心空出，两臂屈肘，自然下垂，置于胸腹之间。② 单手持球。手指自然分开，用手掌外沿和指根以上部位托球，掌心空出。

1．双手胸前传球

双手胸前传球是最基本、最常用的一种传球方法，具有传球快速有力、准确性高、容易控制、易与其他动作相结合的优点。

动作方法：双手持球于胸腹之间，两肘自然弯曲于体侧，身体呈基本站立姿势，眼平视传球目标。传球时后脚蹬地发力，身体重心前移，两臂前伸，两手腕随之内旋，拇指用力下压，食指和中指用力拨球并将球传出。球出手后，两手略向外翻。如图 4-2 所示。

动作要领：持球动作准确，用力协调连贯，食指、中指拨球。

2．单手肩上传球

单手肩上传球常用于中远距离传球，力量大、速度快，常在发动长传快攻时运用。

动作方法：双手持球于胸前，两脚平行开立。右手传球时，左脚向传球方向跨出半步，右手靠左手拨送的力量将球引至右肩上方，右肩关节外展，大、小臂自然弯曲，手腕稍后伸，持球于后下方，左肩对着传球方向，重心落右脚上。传球时，右脚蹬地发力，同时转体带动上臂，手腕前屈，食指、中指、无名指用力拨球将球传出。如图 4-3 所示。

动作要领：自下而上发力，蹬地、扭转肩、挥臂扣腕动作连贯。

图 4-2　双手胸前传球　　　　　图 4-3　单手肩上传球

3．单手体侧传球

单手体侧传球是一种近距离隐蔽传球的方法，外围队员传球给内线同伴时常用。

动作方法：两脚开立，双手持球于胸前。右手传球时，左脚向左前方跨步的同时将球引至身体右侧成单手持球。出球前一刹那持球手拇指在上，手心向前，手腕后伸。传球时，前臂向前做弧线摆动，手腕前屈，食指、中指、无名指拨球将球传出。如图 4-4 所示。

动作要领：跨步与体侧传球同时进行，前臂摆动速度快，传球手腕有力。

4．双手接中部位的球

动作方法：两眼直视来球方向，两臂伸出迎球，双手手指自然分开，两拇指呈"八"字形，其他手指向前上方伸出，两手呈一个半圆形。当手指触球时，双手将球握住，两臂顺势

大学体育与健康

屈肘后引以缓冲来球的力量，两手持球于胸腹之间，成基本站立姿势。如图 4-5 所示。

动作要领：伸臂迎球，在手接触球时手臂后引。

图 4-4　单手体侧传球　　　　　　　　　图 4-5　双手接中部位球

5. 双手接低部位的球

动作方法：接球时主动迎球跨步，上体前倾，眼睛注视来球方向，两臂向前下方伸出，掌心斜对来球的反弹方向，五指放松自然张开。手指触球后，两手握球，顺势将球引至胸腹之间，成基本站立姿势。

动作要领：主动迎球跨步，手臂下伸要快。

6. 双手接高部位的球

动作方法：与接低部位的球相同，但要求两臂向前上方迎球伸出。

7. 单手接球

动作方法：原地单手接球时，接球手向来球方向伸出，五指自然分开，掌心正对来球，手腕手指放松。当手指触球时，顺球的来势迅速收臂，将球置于身体前方或两侧，另一手迅速扶球，保持身体平衡，做好下一进攻动作的准备姿势。

4.2.4　投篮

投篮是在比赛中，队员运用各种专门、合理的动作将球投进对方篮筐的方法。投篮是篮球运动中最直接有效的得分手段。

1. 双手胸前投篮

动作方法：投篮的准备姿势与双手胸前传球的准备姿势基本一致。投篮前将球置于胸前，目视球篮，两肘自然下垂，两脚前后或左右开立，两膝微屈，重心落在两脚掌上。投篮时，两脚蹬地，腰腹伸展，两臂向前上方伸出，两手腕同时外翻，拇指稍用力压球，使球通过拇指、食指、中指指端投出。球出手后，脚跟提起，腿、腰、臂随出球方向自然伸展。如图 4-6 所示。

动作要领：两肘下垂要自然，双手用力要均匀，手腕外翻指拨球，蹬地伸踝、膝、髋。

2. 原地单手投篮

动作方法：右手投篮时，右脚在前，左

图 4-6　双手胸前投篮

脚稍后，两膝微屈，重心落在两脚掌上。右手五指自然分开，翻腕，持球的后部稍下部位，左手扶在球的侧下面，将球举到头部右侧上方位置，目视球篮，大臂与肩关节平行，大、小臂约 90°，肘关节内收。投篮时，蹬腿发力，身体随之向前上方伸展，同时抬肘向投篮方向伸臂，用手腕前屈和手指拨球动作，使球柔和地从食指、中指指端投出。球离手时，手臂要随球自然跟送，脚跟提起。如图 4-7 所示。

动作要领：翻腕持球于肩上，抬肘要领切莫忘；蹬伸屈拨要柔和，中指食指控方向。

3．跳投

动作方法：跳投时，在接到球后脚跟先着地，要快速充分地用力制动向上起跳，身体腾空，同时举球上肩，在空中利用腰腹力量控制身体平衡，注视投篮目标，达到最高点时，向上抬肘、伸臂、屈腕，将球从指端投出。如图 4-8 所示。

图 4-7　原地单手投篮　　　　　　　　图 4-8　跳投

4．反手投篮

动作方法：以从球篮右侧底线突破到左侧投篮为例。制动起跳，控制冲力，同时上体稍向后仰，抬头看篮，将球由胸前直接向球篮方向上举。当右臂快要伸直时，手腕沿小指方向向内捻转，用小指、无名指、中指、食指拨球，使球向侧后旋转碰板投篮。

5．勾手投篮

动作方法：以横切至篮下接球用右手投篮为例。右脚跨出接球，同时用力侧蹬，接着左脚向篮下跨出一大步，身体重心下降，上体向左侧倾斜，左脚用力蹬地起跳，右腿屈膝上提，右手持球由胸前经体侧向上做弧形摆动；举球到头侧上方最高点，同时目视篮筐，用手腕和手指力量使球碰板投篮。

动作要领：两脚用力垂直跳，腾空放松平衡好，举球头上要稳定，出手时机掌握巧。

4.2.5　持球突破

持球突破是持球队员将合理的脚步动作与运球技术相结合，快速超越对方队员、攻击性很强的一项进攻技术。持球突破由蹬跨、转体探肩、推按球和加速 4 个环节组成。

（1）蹬跨。队员在突破前，两脚左右开立，略宽于肩，屈膝降低身体重心，重心落在两脚之间，两脚踵稍提起。双手持球于胸腹之间，注意保护球。突破时，用虚晃或瞄篮等假动作吸引对手，用移动脚前掌内侧蹬地的同时，中枢脚用力碾地，上体前倾并转体，重心前移，以带动移动脚迅速向突破方向跨出。跨出的第一步要稍大，以缩小后蹬腿与地面所成的角度，增加后蹬力量，争取第一步就接近甚至超越对手。第一步落地后，膝关节保持弯曲，脚尖指向突破方向，以便第二步蹬地加速。

（2）转体探肩。在蹬地跨步、上体前移的同时，转体探肩，使身体重心继续前移，加快突破速度，同时占据空间有利位置并保护球。

（3）推按球。在蹬跨、转体探肩的同时，将球由体前推引至远离对手一侧，并在中枢脚离地前推按球离手，球落于跨出脚前的外侧，用远离对手一侧的手运球，使球反弹高度在腰膝之间。

（4）加速。在完成上述动作后，已获得起动速度，此时中枢脚要积极、有力地蹬地，加速超越对手。

以上环节几乎在同一时间完成，它们之间紧密衔接，相互影响。只有熟练掌握各环节，动作连贯，一气呵成，才能达到突破目的。

1. 原地持球交叉步突破

动作方法：以右脚做中枢脚从对手左侧突破为例。突破时，左脚向左侧前方迈出一小步，把对手引向自己左侧的同时，用左脚前掌内侧迅速蹬地，向右侧前方跨一大步，上体稍右转，左肩向前下压，重心向右前方移动，将球推引至右侧，用右手推按球于左脚右侧前方，接着右脚蹬地加速超越对手。

动作要领：积极蹬地，起动突然；转体探肩应与跨步相连；推按球离手必须在中枢脚离地之前；跨步脚尖指向突破方向，动作协调连贯。

2. 原地持球同侧步突破

动作方法：以左脚做中枢脚从对手左侧突破为例。突破时，在上体积极前倾的同时，右脚迅速向右前方跨一大步，同时上体右转，左肩积极下压。左脚内侧用力蹬地，在左脚离地前，用右手推按球于右脚外侧前方，然后左脚迅速跨步抢位，加速运球超越对手。

动作要领：起动要突然，跨步、运球要快速连贯，中枢脚离地前球要离手。

3. 背后运球的急停拉回

突然的急停拉回会让对手措手不及，此时对手会给持球队员留下巨大的空间。以右手右侧运球进攻为例，右手向前运一次球，此时左脚迈出，然后在球弹回右手时，右脚向前迈出一大步，注意这一步一定要大。右手运球将球拉回至左手，可以从体前拉回，也可以从胯下拉回，还可以从背后拉回。建议从胯下或背后拉回，因为后两种相对于从体前变向的拉回对球的保护更好。拉回后持球队员一般都会和对手拉出很大的空间，这时可以直接选择向后撤步投篮。

4.2.6 防守

防守是指在篮球比赛中防守队员为了争夺对篮球的控制权，合理地运用脚步移动、手臂动作和抢占场上有利位置，限制进攻队员进攻技术的运用，破坏其进攻意图，打乱进攻节奏，争取比赛主动权的一项基本技术。

（1）全面防守。两脚分开站立，略宽于肩，身体重心放低，两腿微屈，双手伸开。由于重心放低，身体向前倾斜，此姿势能全面地防守对手进攻方向，给其进攻造成干扰。

（2）单面防守。两脚分开，略宽于肩，身体重心放低，两腿微屈，下半身动作与全面防守相同，区别在于手臂动作，主要防守左右两侧中的一侧。

（3）贴身防守。贴身防守姿势更贴近进攻对手，便于捕捉其失误，但要求较高的身体对抗能力。防守时下半身要有一只脚卡位，一只手弯曲顶住对手身体，另一只手干扰其动作。

4.2.7 抢篮板球

抢篮板球是投篮不中后，双方争夺从篮板或篮圈反弹的球的技术，包括抢占位置、判断落点、起跳、抢球和得球后动作等，是篮球比赛攻防战术的重要组成部分。以下主要介绍抢占位置、起跳和抢球3部分。

（1）抢占位置。要抢占对手与球篮之间的有利位置。抢进攻篮板球时要判断球的落点，利用各种假动作冲抢；抢防守篮板球时要用转身挡人的动作，先挡人后抢篮板球。不论抢进攻还是防守篮板球，都要抢占对手与球篮之间的位置。

（2）起跳。起跳前两腿微屈，重心降低，上体稍前倾，两臂屈肘举于体侧，重心置于两脚之间，注意观察判断球的反弹方向，及时起跳。起跳时两脚用力蹬地，同时两臂上摆，手臂上伸，腰腹协调用力，充分伸展身体，并控制身体平衡。

（3）抢球。分双手、单手和点拨球3种。双手抢篮板球时，指端触球瞬间，双手用力握球，腰腹用力，迅速将球拉近胸腹部位，同时两肘外展，以保护球。单手抢篮板球时，跳起达到最高点，指端触球后，迅速屈指、屈腕、屈肘收臂，将球下拉，另一只手扶球护球于胸腹部位。点拨球是在跳起到最高点时，用指端点拨球的侧方、侧下方或下方。

4.3 篮球运动的基本战术

4.3.1 基本进攻战术配合

1. 传切配合

传切配合是进攻队员之间巧妙利用传球和切入这两项技术，精心组成的一种看似简单却极具高效性的配合。它恰似一把锋利的手术刀，能够精准无误地撕开对手严密的防线。

当球队在比赛中遭遇对手的扩大联防或者盯人防守时，传切配合便能充分发挥巨大的威力。在实际比赛中，持球队员在仔细观察场上局势后，将球果断传给正准备切入的队友；传球后，迅速运用假动作迷惑防守队员，成功摆脱防守，快速切入篮下。此时，传球时机的拿捏和传球的准确性就显得至关重要，必须恰到好处地将球送到切入队员伸手可及的位置，确保其能够轻松顺利地完成投篮动作。而切入队员同样需要精准掌握切入的最佳时机，密切观察防守队员的站位分布，巧妙利用自身的速度优势和灵活的变向技巧，快速摆脱防守队员的纠缠冲向篮下，在接到球的瞬间果断出手投篮。如图 4-9 所示。

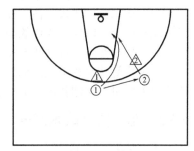

图 4-9 传切配合

2. 突分配合

突分配合是指持球队员凭借自身出色的个人能力，成功运球突破对方严密防线后，巧妙利用传球与同伴展开进一步配合的有效方法。当球队面临对方联防或盯人防守的困境时，持球队员肩负起打破僵局的重任。在突破过程中，持球队员需要时刻保持高度的注意力，敏锐观察场上队友所处的位置。一旦成功吸引到防守队员的包夹防守，便要眼疾手快，迅速将球精准传给处于空位的队友，为其创造投篮机会。

3. 策应配合

策应配合通常由身材高大强壮、具备内线优势的中锋或内线球员在靠近篮筐的关键位置接球，此时他们通常背对或侧对篮筐，充当起整个进攻体系的核心枢纽，与外线队员展开紧密配合。策应队员需要具备出色的传球视野，能够纵观全场局势，同时拥有扎实稳定的控球能力。持球队员在接球后，通过灵活运用转身、跨步等一系列动作，仔细观察场上瞬息万变的局势，精准寻找最佳的传球时机和传球对象。当外线队员出现空位时，迅速将球传出，为其创造投篮机会；或者凭借自身突出的身体优势，直接选择强攻内线。策应配合能有效地将内外线进攻串联起来，极大地丰富球队的进攻手段。

4. 掩护配合

掩护配合是进攻队员在球场上占据有利位置后，通过合理运用规范的身体动作，精准挡住同伴防守队员的移动路线，从而使同伴能够顺利摆脱防守，成功获得进攻机会。

根据掩护时所处的不同位置，掩护配合可细分为前掩护、侧掩护和后掩护 3 种类型。前掩护，是掩护者站在同伴的正前方，为其挡住防守队员的正面防守，为同伴开辟进攻空间；侧掩护是掩护者在同伴的侧面展开掩护行动，助力同伴从侧面突破防线；后掩护是掩护者在同伴身后进行掩护操作，为同伴创造足够的进攻空间。

在执行掩护配合的过程中，掩护者的动作必须严格规范，不能出现任何犯规动作，同时要与同伴保持密切的沟通，确保彼此之间拥有高度的默契，准确把握好掩护的最佳时机和位置。被掩护者要充分利用掩护者创造的有利空间，果断做出决策，选择突破防线或直接投篮。

5. 快攻

快攻也是篮球基本战术中的重要内容，是由防守转入进攻时，以最快的速度、最短的时间在人数上造成以多打少的优势，或在人数相等及人数少于对方的情况下，趁对方立足未稳，果断而合理地进行攻击的一种快速决战的进攻战术。快攻的组织形式一般分为长传快攻、短传快攻和运球突破快攻 3 种。

（1）长传快攻是进攻队员在后场获球后，立即把球传给迅速摆脱对方进行偷袭的同伴的一种配合，主要依靠一两个进攻队员的速度和长传球的准确性来完成，具有速度快、配合简单、成功率较高的特点。

（2）短传快攻是进攻队员在防守中获球后，立即以快速的奔跑和短促的传接球迫近对方篮下攻篮的一种配合。短传快攻虽然速度相对长传快攻稍慢，但参加人数多，配合灵活多变。

（3）运球突破快攻是在防守中获球后，在不便于传球的情况下，快速运球推进，创造或寻找配合机会，以提高快攻的速度和威力。这要求球员具备较强的个人运球突破能力，同时在运球过程中要注意观察队友位置，及时传球配合。

在现代篮球比赛中，快攻的运用越来越频繁，快攻次数占全场进攻次数的比例不断提高，快攻成为衡量一支球队进攻能力和比赛节奏掌控能力的重要指标。

4.3.2 基本防守战术配合

1. 基本防守战术

基本防守战术有关门配合、夹击配合、补防配合、挤过配合、穿过配合、绕过配合和交换防守配合。

（1）关门配合是邻近两名防守队员靠拢协同防守对方运球突破的配合，要求防守队员积极堵截对方的突破路线，临近突破一侧的防守队员及时快速靠拢，形成有效的防守屏障。

（2）夹击配合是两名以上防守队员采取突然行动，封堵和围夹持球队员的一种配合方法，需要正确选择夹击的时机和位置，防守队员用身体和手臂围住持球队员，封堵传球角度，伺机抢断球。

（3）补防配合是防守队员在同伴漏防时，立即放弃自己的对手，去补防那个威胁最大的进攻队员，漏人防守队员及时换防的一种防守方法，要求补防队员补防意识强，行动果断。

（4）挤过配合、穿过配合、绕过配合指防守队员在对方进行掩护配合时采取的不同防守移动方式，以破坏对方的掩护，并保持对自己防守对象的防守。

（5）交换防守配合是当进攻队员掩护时，防掩护者和防被掩护者及时交换所防对手的一种配合方法，需要防守队员之间及时沟通，准确判断时机，迅速完成换防。

2. 防守战术形式

人盯人防守与进攻人盯人防守、区域联防与进攻区域联防、区域紧逼与进攻区域紧逼、综合防守与进攻综合防守及固定战术等，都是在熟练掌握战术基础配合的基础上，逐渐发展和提高的战术形式。

（1）人盯人防守是一种每个防守队员负责防守一名进攻队员的防守战术，要求防守队员具有较强的个人防守能力，能够紧紧盯住自己的防守对象，限制其进攻行动。进攻人盯人防守是针对对方人盯人防守的进攻战术，通过各种基础配合，创造进攻机会。

（2）区域联防是将球场划分为不同的区域，每个防守队员负责防守一个特定区域的防守战术，强调防守队员之间的协作和补位，能够有效地限制对方的内线进攻和传球路线。进攻区域联防是通过进攻队员的跑位和传球，寻找区域联防的漏洞，创造投篮机会。

（3）区域紧逼是一种在全场或半场范围内对对方进行紧逼防守的战术，通过积极的防守压迫，迫使对方失误或减慢进攻速度。进攻区域紧逼需要进攻队员在面对对方紧逼时，保持冷静，运用合理的传球和运球突破，打破对方的紧逼防守。

（4）综合防守与进攻综合防守则是综合运用多种防守和进攻战术，根据比赛实际情况灵活切换，以达到最佳的防守和进攻效果。固定战术是预先设计好的特定战术配合，通常在比赛的关键时刻或特定场景下使用，要求队员熟练掌握战术的执行步骤和时机。

4.4　篮球运动的基本规则与裁判

4.4.1　基本规则

1. 比赛时间与场地

（1）比赛时间。篮球比赛分为上、下两个半场，每半场为 20 分钟（比赛净时）。每个半时分为两节，每节 10 分钟，每节休息 2 分钟，两个半场中间休息时间为 10 分钟。

（2）比赛场地。篮球比赛应在一块长 28 米、宽 15 米的平坦场地上进行。

2. 违例的判断与处理

（1）带球跑。确定中枢脚是判断持球队员是否带球跑的关键。在球离手前，不准提起中枢脚；如果持球队员在球离手前提起中枢脚，都应判为带球跑违例。

（2）非法运球。队员一次运球完毕，不得再次运球，否则是非法运球。

（3）球回后场。判断球回后场的 3 个因素：队员在前场控制球；在前场最后触球；在后场最先触球。缺少上述 3 个因素的任何 1 个因素，都不构成球回后场违例。

（4）罚球违例。罚球时队员应遵守下列规则：罚球队员应在 5 秒钟内投篮出手，并使球触及篮圈；罚球队员不得接触罚球线或罚球线前的地面；罚球时，双方队员不得进入罚球区域扰乱罚球队员。违反上述规定，即判违例。

（5）跳球违例。跳球时队员应遵守下列规则：当裁判员抛出的球达到最高点之前，任何跳球队员都不得拍球；在拍球前，跳球队员不得离开自己的位置；每位跳球队员只能拍击球两次；每位跳球队员第二次拍球后，当球触及非跳球队员、地面、球篮或篮板前，不得再接触球；跳球时，非跳球队员在球被跳球队员拍击前，应站在圆圈外。违反上述规定者，应判为跳球违例。

（6）3 秒违例。某队控制球时，同队队员在对方限制区内停留不得超过 3 秒，否则为 3 秒违例。

（7）5 秒违例。掷界外球队员的 5 秒计算，从掷界外球队员可以处理球开始，他必须在 5 秒内将球掷入场内；罚球队员 5 秒的计算从罚球队员得到裁判员递交球开始，他必须在 5 秒内将球离手；持球队员被严密防守 5 秒的计算，是当一个持球队员被一个或两个对方队员积极挥臂封堵、抢球时，他必须在 5 秒之内传、滚、投篮或运球。

（8）8 秒违例。某队从后场控制活球开始，必须在 8 秒内使球进入前场，如果超过 8 秒，应判违例。

（9）24 秒违例。某队在场内控制着一个活球时，必须在 24 秒内投篮出手，否则应判 24 秒违例。

（10）干扰球违例。判断干扰球违例要注意以下 3 个问题：①投篮和传递中的球在篮圈水平面上下落时，进攻队员不得触及此球。如果进攻队员违反规定，不管是否投中均无效，由对方在违例就近边线掷界外球。②当投篮的球在篮圈水平面上下落时，防守队员不得触及此球。如果防守队员违反此规定，无论中篮与否，根据投篮地点判给投篮队员得 2 分或 3 分。③当投篮的球在篮圈上时，攻守队员都不得触及球篮和篮板。进攻队员违反此规定得分无效，防守队员违反此规定，无论中篮与否，判给进攻队得 2 分或 3 分。如果攻守双方队员同时违例，则不得分，由双方违例队员在就近的圆圈内跳球。

发生违例的处理方法：宣判违例后即成为死球。除干扰球和罚球违例有特别规定外，其他违例都应使违例队失去球权，由对方在违例就近边线掷界外球。

3. 侵人犯规和技术犯规的判断与处理

（1）侵人犯规

比赛中，双方队员发生不合理的身体接触，出现以下情况之一的，都应判为犯规：阻碍无球对方队员行进而发生身体接触的；妨碍对方行动自由而发生身体接触的；从背后防守而发生身体接触的；队员伸展手臂、肩、髋、膝或过分弯曲身体，以拉、推、撞、绊阻碍对手行进或使用粗野动作的；用手触及对方的；运球队员冲撞行进路线上对方队员的；队员掩护位置和距离选择不当发生冲撞的等。

判罚：判犯规队员侵人犯规 1 次，并要登记，然后做出相应判罚。如被侵犯的队员未做投篮动作，应由被侵犯队的队员在犯规就近点的边线掷界外球继续比赛。如果被侵犯的队员在做投篮动作，则应根据投篮命中与否分别处理：若投中，得分有效，再判给 1 次罚球；若未投中，在三分区投篮判 3 次罚球，二分区投篮判 2 次罚球。如该队员犯规已达 5 次（包括技术犯规），则取消继续参加该场比赛的资格。全队每半场累计犯规已达 7 次（4×12 分钟比赛全队每节累计犯规达 4 次）时，由受到侵犯的队员罚 2 次球。

（2）技术犯规

故意或连续不遵守比赛规则、不服从裁判，做出不符合体育道德精神的行为，均视为技术犯规。技术犯规不仅包括场内和场上比赛队员的犯规，还包括场外替补队员、教练员、随从人员的犯规及比赛中间休息期间的犯规。

罚则：宣判队员技术犯规，由对方队长指定任一队员罚球 2 次；宣判教练员、助理教练员、替补队员、随从人员技术犯规，要登记在教练员名下，由对方罚球 2 次；无论罚球投中与否，都由罚球队在边线中点掷界外球。犯规性质严重或坚持不改者，取消其比赛资格。

4.4.2 篮球裁判

1. 主裁判员

主裁判员是裁判团队的核心，负责掌控比赛的整体流程和主要判罚。

2. 副裁判员

副裁判员一般有一到两名，协助主裁判员进行判罚，关注比赛中的不同区域和情况，为主裁判员提供支持和补充。

3. 记录台人员

（1）记录员：负责记录比赛中的得分、犯规、暂停等数据和情况。

（2）助理记录员：协助记录员完成相关工作。

（3）计时员：准确掌控比赛时间，包括每节比赛时间、暂停时间等。

（4）24 秒计时员：负责监控进攻方的 24 秒进攻时间。

在一些重要的比赛中，还可能会有技术代表，他们监督记录台人员的工作，并协助主、副裁判员使比赛顺利进行。

本章小结

　　本章对篮球运动进行了全面且系统的介绍。从篮球运动的起源与发展开始，了解其特点和带来的健康益处。接着深入讲解各项基本技术，如移动、运球、传球、接球、投篮等。还探讨了基本战术，包括进攻战术和防守战术。同时，对基本规则和裁判工作也有所介绍。通过本课程的学习，读者不仅可以拓展篮球技能知识，提高竞赛观赏水平，还能全面提高身体素质，促进健康。

思考与练习

1. 篮球运动的健康益处有哪些?
2. 篮球运动的基本技术有哪些?

第5章

排球运动

排球运动作为一项广受欢迎的体育项目，具有丰富的内涵和独特的魅力。本章讲解排球运动的起源与发展、其特点和健康益处；详细讲解基本技术如准备姿势、移动、发球，以及基本战术的运用，再到基本规则与裁判。最后讲解气排球运动的相关内容。

学习目标	掌握排球基本知识与技术，科学锻炼，树立健康意识，为终身运动奠定基础。
能力目标	学习排球运动技术和战术，提升竞赛观赏水平，增强心肺功能等身体素质。
素养目标	学习女排精神，培养集体主义、爱国主义情怀，塑造良好品德，促进身心全面发展，养成健康生活习惯，培养积极心态和团队协作精神，深刻理解终身运动理念。

5.1　排球运动概述

5.1.1　排球运动的起源与发展

排球运动起源于美国，1895年由威廉姆·G·摩根发明。1900年左右，排球自美国传入加拿大。1905年，排球传入古巴、巴西等国家，成为当时风靡美洲的一项时尚运动。1949年，首届世界男子排球锦标赛在布拉格举办。经过多年发展，排球现已普及至全球各地。自1964年东京奥运会起，排球成为夏季奥运会的竞赛项目。如今，排球运动已经成为一项全球性的体育运动，吸引着无数爱好者参与其中。

5.1.2　排球运动的特点

（1）团队协作性：排球运动的核心在于团队协作。每支球队由6名队员组成，他们在场上各司其职，紧密配合。无论是进攻、防守还是接发球，都需要队员之间的默契和协作。这种高度的团队性使得排球运动成为培养集体意识和团队精神的最佳途径之一。

（2）技术多样性：排球运动涉及多种技术动作，包括发球、传球、扣球、拦网等。这些技术动作不仅要求运动员具备良好的身体素质，还需要精湛的技术和灵活的反应能力。每一种技术动作都有其独特的技巧和要领，运动员需要通过不断地练习和比赛来熟练掌握。

（3）节奏快速性：排球比赛的节奏非常快，攻防转换迅速，要求运动员在短时间内做出快速反应和决策。这种高速的比赛节奏不仅对运动员的体能提出了高要求，也对他们的心理素质和战术意识构成了挑战。

（4）规则复杂性：排球运动的规则相对复杂，涉及发球、接发球、进攻、防守等多个环节。规则的复杂性要求运动员和教练员对比赛规则有深入地理解和掌握，以便在比赛中灵活运用战术和策略。

（5）性别平等性：排球运动在性别平等方面表现出色，男女排球项目在奥运会等国际赛事中具有同等地位。这种特性使排球运动成为推动性别平等和女性体育发展的重要力量。

5.1.3 排球运动的健康益处

（1）改善心肺功能：经常参加排球运动能增强呼吸肌的收缩能力，对呼吸系统有直接的锻炼作用，可使肺活量明显增大。虽然排球场地较小，但进行排球运动时经常需要移动和起跳，对于心脏有较高的锻炼效果。

（2）增强肌肉力量：进行排球运动时需要高度身体协调，几乎全身肌肉都在协调中完成每项动作。半蹲、快速移动等运动方式也能促进肌肉的协调和提高肌肉的耐力。

（3）改善体形及姿态：排球运动是一项全身性运动，因此参加排球运动可以塑造身材、减少脂肪。全身不协调、上下半身脂肪不均匀的人参加排球运动，可以改善体形。

（4）调节神经系统：参加排球运动能让神经系统更灵活，改善精神不集中、精神衰弱等症状。参加排球运动不仅可以锻炼身体，而且能提高人的心理素质。在赛场上，心理素质好的运动员会更加灵活且反应敏捷。

（5）提高心理素质：排球运动是集体性项目，参加排球运动不仅可以增进人际交往，释放心理负能量，舒缓心理压力，还可以培养团队精神。

5.2 排球运动的基本技术

5.2.1 准备姿势

准备姿势是运动员在场上为了迅速移动、及时做出各种技术动作而保持的身体姿势。按照身体重心的高低，准备姿势分为稍蹲准备姿势、半蹲准备姿势、低蹲准备姿势。

（1）稍蹲准备姿势是排球比赛中运用较为广泛的一种准备姿势，适用于在进攻和防守的过渡阶段，以及在对方进攻力量较弱、球速较慢时。其动作要点为：两脚左右开立，稍比肩宽，一脚在前，两脚尖适当内收，脚跟稍提起；膝关节保持一定弯曲，膝盖垂线应在脚尖前面；上体前倾，重心靠前；两臂自然弯曲置于腹前，两眼注视来球方向。如图 5-1 所示。

（2）半蹲准备姿势是最基本的准备姿势，在防守、一传等环节中经常使用。其动作要点为：两脚左右开立，比肩稍宽，两脚尖内扣，脚跟提起；膝关节弯曲程度较大，使大腿与小腿之间的夹角约为 100°～110°；上体前倾，重心落在两脚之间；两臂自然下垂，双手置于腹前，手指自然放松。如图 5-2 所示。

图 5-1 稍蹲准备姿势   图 5-2 半蹲准备姿势

（3）低蹲准备姿势通常在防守对方大力扣球、处理低平球或进行后排防守时采用。其动作要求为：两脚左右开立，比肩更宽，两脚尖充分内扣，脚跟提起；膝关节弯曲程度极大，几乎接近地面，大腿与小腿之间的夹角小于 90°；上体前倾幅度更大，重心极低且靠前；两臂自然下垂，双手置于体前接近地面处。

5.2.2　移动

移动是运动员在场上为了接近球、保持合理位置和完成技术动作而采取的各种脚步动作的统称。在排球比赛中，球的飞行轨迹复杂多变，运动员必须通过快速、准确地移动，才能及时到达球的落点位置，做出有效的击球动作。

（1）并步与滑步。并步在来球距离身体较近、弧度较高时采用。动作要点为：如需向右移动，右脚先向右迈出一步，左脚迅速并上，落在右脚的左侧，两膝微屈，身体重心随移动方向移动，如图 5-3 所示。滑步在来球距离稍远，且需要连续快速移动时使用，它由并步连贯运用而成，动作与并步相似，只是在并步完成后，前脚再次向移动方向迈出一步，后脚迅速跟上，如此连续进行，如图 5-4 所示。

图 5-3　并步

图 5-4　滑步

（2）交叉步。交叉步适用于来球距离身体较远，但速度较快的情况。以向右移动为例，身体稍向右转，左脚从右脚前面向右交叉迈出一步，然后右脚再向右跨出一步，同时身体转向来球方向，准备击球。

（3）跨步与跨跳步。跨步是在来球较低且距离身体较近时使用。动作要领为：一脚用力蹬地，另一脚向来球方向跨出一大步，同时膝关节弯曲，上体前倾，身体重心移至跨出腿上。若来球较低且距离更远，可在跨步的基础上，有一个短暂的腾空动作，就形成了跨跳步。跨步和跨跳步主要用于处理低平球，如在后排防守时，当球快速飞向身体附近的低处，运动员可采用跨步或跨跳步迅速降低身体重心，将球垫起。

（4）跑步。当来球距离身体很远时，需要采用跑步移动。跑步时，两臂要配合摆动，以加快移动速度，同时眼睛始终注视来球方向，随时准备根据球的落点调整身体位置。在排球比赛中，跑步常用于追击远距离的发球、救起对方打在场地边角的球等情况。例如，当对方将球发至场地的远端角落时，后排队员需要快速跑步移动到球的落点位置，完成接球。

5.2.3　发球

排球比赛中，发球作为每一轮次进攻的起始，是一项具有鲜明独立性和强大攻击性的技术。高质量的发球，不仅有可能直接得分，更能在比赛一开始就对对手的心理和战术部署产生重大影响，为己方创造有利的比赛态势。

（1）下手发球。下手发球是较为基础和简单的发球技术，适合初学者。以右手发球为例，球员面对球网，两脚前后站立，左脚在前，右脚在后，两膝微屈，上体稍前倾。将球置于左手掌心，手臂自然下垂，在抛球的同时伸直右臂，由后向前摆动，用全手掌或掌根在腹前击球的后下部，击球时手腕适当用力，将球平稳地击出。发球过程如图 5-5 所示。

图 5-5　下手发球

（2）上手发球。同样以右手发球为例，球员面对球网站立，两脚自然开立，左脚稍前，身体重心置于两脚之间。左手将球平稳地抛至右肩前上方，高度一般为头顶上方一球左右的距离。在抛球的同时，右臂抬起，屈肘后引，肘与肩平，手掌自然张开。击球时，利用蹬地、转体、收腹的力量带动右臂向前上方挥动，伸直手臂，用全手掌击球的后中下部，击球瞬间手腕快速推压，使球呈上旋飞行。发球过程如图 5-6 所示。

图 5-6　上手发球

（3）跳发球。跳发球是一种极具攻击性的发球技术，对运动员的身体素质和技术要求较高。准备发球时，运动员在发球区内助跑 3～5 步，两臂自然摆动，增加助跑速度。在起跳前，将球抛至身体前上方，高度为头部上方 1.5～2 米。起跳时，双脚用力蹬地，身体腾空，同时右臂屈肘后引，身体呈反弓形。在空中，利用收腹、转体的力量带动右臂快速向前上方挥动，在最高点用全手掌击球的后中下部，击球瞬间手腕快速推压，使球高速旋转并向前飞行。击球后，身体自然下落，注意缓冲，避免受伤。

（4）飘球。飘球分为上手飘球和下手飘球，以上手飘球为例，运动员面对球网站立，两脚自然开立，左脚稍前，重心置于两脚之间。左手将球平稳地抛至右肩前上方，高度一般略高于上手发球的抛球高度。抛球时，手腕要固定，不能有屈腕动作，以保证球的稳定性。击球时，右臂伸直，利用蹬地、转体的力量带动右臂由后向前挥动，在右肩前上方用掌根或半握拳的方式击球的后中下部。击球瞬间，手腕和手臂要保持紧张，发力短促且集中，击球后手臂挥动幅度较小。由于击球力量通过球的重心，球在飞行过程中不产生旋转，而是在空气阻力的作用下呈不规则的飘晃飞行。

5.2.4　传球

传球是进攻发起的起始点与核心环节。一场流畅高效的进攻，离不开传球手精准到位的传球。传球技术是排球运动团队协作精神的集中体现。传球过程涉及传球者与接球者之间的默契配合，以及与其他场上队员的战术协同。传球者需要准确判断每个进攻队员的跑位和进攻意图，同时其他队员也要通过跑位为传球者创造更好的传球角度和选择。

1. 正面双手传球（见图5-7）

（1）准备姿势：双脚左右开立，与肩同宽或略宽，脚尖稍内扣，两膝微屈，上体稍前倾，重心置于两脚之间。两臂自然弯曲置于胸前，双手手指自然张开，手腕稍后仰，呈半圆形，眼睛注视来球方向。这种准备姿势能够让传球者保持身体的平衡与稳定，便于快速起动和做出传球动作。

（2）迎球动作：当判断来球方向和落点后，迅速移动脚步，使身体正对来球方向。同时，两臂伸直向前上方迎球，手臂的伸展速度要与球的飞行速度相适应，以保证在最佳击球点触球。迎球过程中，身体要协调用力，通过下肢蹬地、身体重心向上移动以及手臂的前伸动作，将力量传递到手上。

（3）击球点与手型：正面双手传球的击球点一般在额头前方约一球距离处，这个位置能够让传球者更好地控制球的方向和力量。手型是传球技术的关键，两手手指自然张开呈半球状，两拇指相对呈"一"字形或"八"字形，两食指呈"V"字形，手指与球接触面积要大，以增加对球的摩擦力和控制能力。传球时，手腕和手指要保持适度的紧张，通过手指、手腕的弹性来缓冲球的力量，并将球准确传出。

（4）用力方法：传球的力量主要来源于下肢蹬地、身体重心向上移动以及手臂和手腕、手指的协调用力。在击球瞬间，下肢蹬地发力，身体重心向上抬起，同时手臂迅速前伸，手腕和手指在触球时，通过适当的屈腕、拨指动作，将球柔和而准确地传出。传球的力量要根据来球的速度、力量以及传球的距离和目标合理调整，以保证传球的准确性和稳定性。

2. 背向双手传球（见图5-8）

（1）准备姿势与迎球动作：背向双手传球的准备姿势与正面双手传球相似，但身体重心稍靠后。在判断来球后，迅速移动脚步，使身体背对传球方向。迎球时，两臂要向后上方伸展，手臂伸展的幅度要比正面传球更大，以充分利用身体的背弓力量来传球。

（2）击球点与手型：背向传球的击球点一般在头上方后方，比正面传球的击球点略高、略靠后。手型与正面传球基本相同，手指自然张开呈半球状，但由于是背向传球，对击球点的判断和手型的控制要求更高，需要传球者具备更好的空间感知能力。

（3）用力方法：背向传球时，下肢蹬地发力，身体向后上方伸展，利用身体的背弓和手臂、手腕、手指的力量将球向后上方传出。在用力过程中，要注意控制好传球的方向和力量，避免出现传球过高、过远或偏离目标的情况。与正面传球相比，背向传球更强调身体的协调配合和对力量的精准控制。

3. 侧面双手传球（见图5-9）

（1）准备姿势与迎球动作：侧面双手传球时，身体侧对传球方向，两脚左右开立，比正面传球时的站位稍宽，两膝微屈，上体向传球方向一侧倾斜。迎球时，双臂向侧方伸出，两手臂之间的夹角根据来球的方向和速度进行调整，以保证能够准确地接住球。

（2）击球点与手型：击球点位于身体侧面，在头的侧前方。手型与正面双手传球类似，但由于是侧面击球，手指对球的控制方向有所不同，需要通过手指的侧向来球方向的拨球动作来控制球的飞行方向。

（3）用力方法：侧面传球主要依靠身体向传球方向的侧屈和手臂、手腕、手指的侧方用力将球传出。在用力过程中，要注意身体重心的转移和手臂、手腕、手指力量的协调配合，使传球具有一定的速度和准确性，同时要避免因用力不当导致球的飞行方向不稳定。

图 5-7　正面双手传球　　　　图 5-8　背向双手传球　　　　图 5-9　侧面双手传球

4．跳传

（1）准备姿势与起跳动作：跳传的准备姿势与正面双手传球相似，但身体重心要稍高，以便快速起跳。起跳时，双脚用力蹬地，两臂配合向上摆动，使身体垂直向上跳起。起跳的时机要准确把握，一般在来球将至最高点时起跳，这样能够在身体滞空的最高点完成传球动作，获得更好的传球视野和传球效果。

（2）击球点与手型：跳传的击球点在身体的前上方，比正面双手传球的击球点更高。手型与正面双手传球相同，手指自然张开呈半球状，在击球瞬间，通过手指、手腕的弹性来控制球的方向和力量。跳传时身体处于腾空状态，对击球点的准确性和手型的稳定性要求更高。

（3）用力方法：跳传的用力主要依靠起跳时身体的向上冲力以及在空中手臂、手腕、手指的协调用力。在身体腾空到最高点时，利用手臂的快速前伸和手腕、手指的拨球动作将球传出。跳传能够增加传球的高度和远度，使传球更具攻击性和突然性，常用于组织一些快速多变的进攻战术。

5.2.5　正面双手垫球

垫球是指除手指弹击外运动员用身体任何部位将球击出的技术动作。垫球技术主要用于接发球、接扣球、接拦回球以及防守和处理各种困难球。根据击球时身体部位的不同，垫球技术可分为正面双手垫球、侧面双手垫球、背向垫球、单手垫球、前扑垫球、鱼跃垫球等多种类型。在实际比赛中，正面双手垫球是最为常用的垫球技术，也是其他垫球技术的基础。正面双手垫球的动作要领主要包括以下几个方面。

（1）准备姿势

① 双脚站位：两脚左右开立，稍宽于肩，一脚在前，一脚在后，两脚尖适当内收，脚跟稍提起。这样的站位可以使运动员在垫球时迅速向各个方向移动，同时保持身体的稳定。

② 身体姿势：膝关节弯曲，上体前倾，重心置于两脚之间，两臂自然下垂，双手置于腹前。这种姿势有助于运动员快速起动，及时做出垫球动作，同时也能更好地控制身体平衡。

（2）击球手型

① 抱拳式：双手抱拳互握，两拇指平行向前，手腕下压，两前臂外翻形成一个平面。这种手型相对稳定，适合初学者使用，能够更容易地掌握垫球的基本动作。

② 叠掌式（见图 5-10）：两手掌根紧靠，两手手指重叠后合掌互握，两拇指平行。叠掌式手型在比赛中更为常见，它能够提供更大的击球面积，使垫球更加稳定和准确。

③ 互靠式：两手腕部紧靠，两手自然张开，两拇指平行。互靠式手型灵活性较高，但对

运动员的手部控制能力要求也相对较高。

（3）击球部位

用前臂的手腕关节以上10厘米左右的两小臂桡骨内侧所构成的平面击球的后下部（如图5-11圈出的位置）击球。这个部位肌肉相对较少，骨头较为坚硬，能够形成一个稳定的击球平面，有利于将球准确地垫出。在击球时，要注意保持手臂的伸直和稳定，避免手臂弯曲导致击球点不准确。

（4）击球动作（见图5-11）

① 迎球动作：当判断来球方向和落点后，迅速移动脚步，使身体正对来球方向。同时，两臂伸直并拢，提肩，压腕，顶肘，手臂自下而上向前上方摆动，准备击球。在击球过程中，要注意手臂的摆动幅度不宜过大，以免影响击球的准确性。

② 击球发力：击球时，身体重心向前移动，通过蹬地，提肩，顶肘，压腕等动作的协调配合，利用身体的协调力量将球垫出。发力要集中在击球瞬间，通过手臂的迎击动作和身体的协调用力，将球平稳地垫起。同时，要根据来球的力量和速度，合理调整自身的发力，以控制垫球的高度和方向。

（5）击球后动作（见图5-12）

击球后，手臂顺势前送，身体重心随之前移，迅速做好下一个动作的准备。如果垫球后需要继续防守或参与进攻，应根据场上局势及时调整身体姿势和位置，保持良好的比赛状态。

图5-10　击球手型与部位　　图5-11　击球动作　　图5-12　击球后动作

5.2.6　扣球

排球扣球是指运动员在排球比赛中，在靠近球网的位置，跳起在空中，用一只手或手臂将高于球网上沿的球有力地击入对方场区的一种击球方法。扣球技术包含助跑、起跳、空中击球和落地等一系列连贯动作，需要运动员具备良好的身体素质、协调性和节奏感。根据扣球的方式和特点，可分为正面扣球、勾手扣球、扣快球以及各种变化的战术扣球等多种类型。

（1）助跑

① 助跑的作用：助跑是扣球的起始环节，主要作用是为起跳积累水平速度，帮助运动员调整身体位置，使起跳点更加准确，同时为起跳提供向上的动力。

② 助跑的方式：常见的助跑方式有一步助跑、两步助跑和三步助跑等。一步助跑适用于扣近网的快球，其动作简单、迅速，能够快速起跳击球。两步助跑是最为常用的助跑方式，第一步小步，主要为了调整身体方向，第二步大步，加速向前，为起跳积蓄力量。三步助跑适用于距离球网较远的扣球，通过多一步的助跑，获得更大的水平速度和起跳力量。

③ 助跑的要点：助跑时，双脚要积极有力地蹬地，步伐由小到大，速度由慢到快，身体重心逐渐降低，向前倾斜。同时，眼睛要始终注视球的飞行轨迹，根据球的位置和速度及时调整助跑的节奏和方向，确保在起跳前能够准确地到达击球点。

（2）起跳

① 起跳的时机：起跳的时机需要根据球的飞行速度、高度以及自身的助跑速度来确定。一般球飞行到接近最高点且开始下落时，是起跳的最佳时机。此时起跳，使运动员能够在最高点击球，增加击球的力量和高度。

② 起跳的方法：起跳时，双脚用力蹬地，膝关节充分伸展，同时提腰，提肩，手臂向上摆动，借助身体的协调力量向上跃起。起跳的动作要迅速、有力，身体在空中要保持平衡和稳定。

③ 起跳的高度和滞空时间：起跳的高度和滞空时间是衡量扣球手身体素质和技术水平的重要指标。优秀的扣球手能够通过长期的训练，提高弹跳能力，获得更高的起跳高度和更长的滞空时间。这使得他们在扣球时能够更好地控制击球点，增加扣球的威力和灵活性。

（3）空中击球（见图 5-13）

① 击球手型：击球时，手掌应自然张开，手指并拢，手腕稍后仰，形成一个勺状的击球手型。这种手型能够增加击球的面积，更好地控制球的方向和力量。在击球瞬间，手指和手腕要迅速发力，将球击出。

② 击球点：击球点应保持在身体的前上方，手臂伸直的最高点处。选择合适的击球点，能够使扣球手在击球时充分利用身体的力量,以最快的速度和最大的力量将球击向对方场地。同时，合适的击球点也有助于控制扣球的路线和角度，增加扣球的攻击性和隐蔽性。

③ 击球动作：当身体上升到最高点时，手臂迅速向前上方挥动，利用转体、收腹、挥臂等动作的协调力量，将球以鞭打动作击出。击球时，手臂要伸直，发力要集中在手腕和手指上，通过手腕的快速下压和手指的拨球动作，使球产生强烈的旋转和速度，飞向对方场地。

图 5-13　空中击球

（4）落地

① 落地的姿势：落地时，双脚要先着地，膝关节弯曲，缓冲身体的重力，避免受伤。同时，身体要保持平衡，两臂自然下垂，准备应对可能出现的情况。

② 落地后的动作：落地后，扣球手应迅速调整身体姿势，根据场上的局势，准备进行下一次进攻或防守。如果球被对方成功防守，扣球手要及时回防，参与到球队的防守体系中；如果球得分，扣球手可以与队友进行庆祝，同时为下一次发球做好准备。

5.2.7　拦网

拦网是指运动员在靠近球网的位置，于球网上方，运用身体的特定部位（主要是手臂和手），对对方攻击性击球实施阻挡的技术动作。拦网技术有单人拦网、双人拦网以及三人拦网等多种形式，是排球防守战术体系的关键构成部分。拦网的目标在于直接将对方的扣球拦截并使其落在对方场地，从而直接得分；退而求其次，也需将球拦起，改变其飞行方向，为己方队友创造防守和反击的有利条件。拦网技术的动作主要有以下环节构成。

（1）准备姿势

① 站位：双脚左右开立，间距与肩同宽或者略宽于肩，两膝微微弯曲，身体重心平稳置

于两脚之间，脚跟稍作提起。站位与球网的距离保持在 30～40 厘米为宜，这样既能确保迅速起跳实施拦网，又可避免起跳时触碰球网。

② 手臂姿势：两臂自然弯曲，放置于胸前，双手手指自然张开，眼睛密切注视对方二传手以及进攻球员的动作，时刻准备起跳拦网。此时，身体需保持放松但又不失警觉状态，以便能够迅速做出反应。

（2）移动

① 移动方式：拦网时的移动方式主要包括并步、滑步、交叉步和跑步。并步适用于近距离的快速移动，动作简洁、迅速，能够快速调整拦网位置。滑步适用于稍远距离的平行移动，借助连续的并步动作，维持身体的平衡与稳定。交叉步移动速度较快，适用于距离稍远且需要迅速到位的情形。跑步用于远距离的快速移动，在对方进攻节奏较快时，能够迅速奔赴合适的拦网位置。

② 移动要点：在移动过程中，脚步要灵活敏捷，眼睛始终紧盯球的运动轨迹以及对方进攻球员的动向。身体重心需保持平稳，避免出现较大起伏，以免对起跳的速度和高度产生不利影响。同时，要依据对方二传手的传球方向和速度，提前预判进攻球员的扣球位置，及时调整自身的移动方向和步伐。

（3）起跳

① 起跳时机：起跳时机的精准把握是拦网成功的关键所在。起跳过早，容易被对方进攻球员洞察意图，进而通过改变扣球方向或采用吊球等方式突破拦网；起跳过晚，则无法有效地拦截对方的扣球。一般而言，对方进攻球员起跳并开始挥臂扣球时，是拦网手起跳的最佳时机。此时起跳，能够在对方击球的瞬间，恰好到达最高点，顺利完成拦网动作。

② 起跳方法：起跳时，双脚用力蹬地，膝关节充分伸展，同时提腰、提肩，两臂向上快速摆动，借助身体的协调发力向上跃起。起跳动作要迅速有力，身体在空中要保持平衡稳定，为空中拦网动作的顺利完成创造良好条件。

（4）空中拦网动作（见图 5-14）

① 手型：起跳后，两臂伸直，尽力向上伸展，双手手指自然张开，呈勺状，掌心向前上方。两手掌之间的距离不宜过大或过小，过大容易漏球，过小则会影响拦球的覆盖面积。手指要保持紧张且富有弹性，以便在触球瞬间有效地控制球的方向。

② 拦球动作：当对方扣球飞来时，拦网手要依据球的飞行方向和高度，及时调整手臂和身体的位置。在球触碰到手的瞬间，手腕迅速下压，将球拦向对方场地。拦球时，要充分利用手臂和身体的协调力量，将球用力向下压，增强拦球的力量和效果。同时，要密切留意对方扣球的线路和变化，灵活调整拦球的方向，尽可能地将球拦死或者改变其飞行方向，使其不利于对方的二次进攻。

图 5-14　空中拦网动作

（5）落地

① 落地姿势：落地时，双脚应先着地，膝关节弯曲，缓冲身体的重力，避免受伤。同时，身体要保持平衡，两臂自然下垂，准备应对可能出现的各种情况。

② 落地后动作：落地后，要根据场上的实际局势，迅速做出反应。如果对方仍有可能发起二次进攻，要及时调整位置，准备再次拦网或者参与后排防守。如果己方已经成功防守住对方的进攻，要迅速与队友一同组织反击，将防守转化为进攻机会。

5.3 排球运动的基本战术

5.3.1 发球战术

发球战术的指导思想可用"先发制人、突出性能、大胆仔细、善变要准"来概括。发球是排球比赛中唯一不受对方和同伴制约的战术，完全依靠个人技术的发挥。

发球时，运动员要树立"以我为主"的观念，这是发球战术成功实施的基础。在比赛中，仔细观察和深入分析对方的情况十分关键，要据此有针对性地采用不同的发球战术，从而达到先发制人的效果。具体来说，发球战术的基本任务如下：首先，要充分发挥个人发球的技术水平和战术意识；其次，要观察了解对方接发球的弱点，比如对方某位队员传球技术差，或者站位容易出现失误，就可以针对这些弱点发球；再者，要看清对方接发球站位阵形、轮次特点以及可能运用的进攻战术，然后根据自身技术特长和对方弱点，选择最合适的发球战术；最后，如果是在室外比赛，还可以充分利用自然条件，比如阳光刺眼或者风向对对方不利的情况，选择最合适的发球方向和力量，以增加对方接发球的难度。

5.3.2 接发球进攻战术

1. "中一二"战术

"中一二"战术是排球进攻战术中最为基础的一种，由前排中间的 3 号位队员担任二传手，将球分配给 4 号位和 2 号位的进攻队员。如图 5-15 所示。这种战术的优点十分明显。一传手向网中 3 号位垫球相对容易，降低了传球失误的概率，也有利

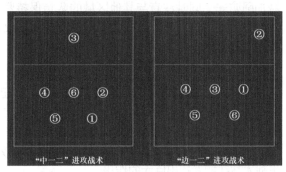

图 5-15 "中一二"战术和"边一二"战术

于快速组织起有效的进攻，尤其适合初学者或者技术水平相对较低的队伍。"中一二"战术也存在一些缺点，最大的缺点就是战术变化少，进攻点较为单一，对方很容易识破进攻意图。

2. "边一二"战术

"边一二"战术，是由 2 号位队员担任二传手，将球传给 3 号位和 4 号位的进攻队员（图5-16）。这一战术的优势在于，变化相对较多，可以通过两名进攻队员的位置相邻，组织出多种快变战术，如交叉进攻、梯次进攻等，让对方的防守难以捉摸，增强了进攻的突然性和攻击性，多为中级技术水平的球队所采用。"边一二"战术也有其不足之处。当 5 号位队员接一传时，向 2 号位垫球的距离较远，这对 5 号位队员的传球能力和准确性提出了很高的要求，需要二传手具备良好的控球能力和应变能力，才能将球准确地传给进攻队员。

3. "后排插上"战术

"后排插上"战术是一种较为复杂但威力强大的进攻战术。在这种战术中，二传手从后排插上前排，担当起组织进攻的重任，将球精准地传给前排的 4 号位、3 号位和 2 号位队员，展开多点进攻。该战术的显著优点是能够始终保持前排三点进攻的强大态势，充分利用球网的全长，让进攻点分布更加广泛，使对方的防守顾此失彼，极大地增加了突破对方防线的机会。同时，丰富的战术配合变化，如各种快攻、交叉进攻、背飞等，让对手难以预测进攻的方向和方式，有效提升了进攻的突然性和攻击性。不过，"后排插上"战术对插上二传手的要

求极高，不仅需要具备出色的传球技术，能够在快速移动中准确地将球送到进攻队员手中，还需要拥有敏锐的观察力和快速的决策能力，能够根据场上的形势及时做出正确的判断，合理地分配球权，组织起有效的进攻。

5.3.3 防守反攻战术

1. 前排压制

前排压制战术是排球防守战术中的重要一环。当对方发起进攻时，防守方前排的队员会迅速行动起来，通过精准的拦网和积极的防守动作，直接阻挡对方的进攻球，或者减弱球的力量和速度。这一战术的精妙之处在于，通过成功的前排压制，打乱对方原本的进攻节奏，让对方无法顺利地将球扣到理想的位置，从而为己方创造反击机会。

2. 区域防守

区域防守战术要求防守队员依据对方的攻击习惯和球的分布区域，有针对性地选择防守位置，形成严密的防守网络，尽可能地拦截或挡住对方的攻击球。在比赛中，合理的区域防守布局至关重要，它能让防守队员之间的配合更加默契，减少防守漏洞，大大提高防守的效率。以著名排球队伍为例，他们在面对擅长打斜线进攻的对手时，会提前安排队员在斜线区域加强防守，同时注意与其他区域的队员保持紧密的联系，确保整个防守区域没有死角。当对方发动斜线进攻时，防守队员能够迅速做出反应，有效地阻挡对方的进攻，为球队的防守反击创造有利条件。

3. 防守反击

防守反击战术是在成功防守住对方进攻后，迅速抓住时机发起反击的一种战术。一旦防守队员成功防守对方的进攻球，就会立即将球传给二传手，二传手再根据场上的形势，将球精准地分配给进攻队员，通过快速的传球和有力的反击，制造对方的防守失误，从而获得得分机会。成功的防守反击需要队员具备快速的反应能力和高效的进攻配合能力。在比赛的关键时刻，防守反击战术往往能发挥出巨大的作用。

5.4 排球基本规则与裁判

5.4.1 场地

排球比赛场地为 18 米×9 米的长方形，四周至少有 3 米空地，场地上空至少 7 米内不得有障碍物。场中间横画一条线把球场分为相等的两个场区。所有线宽均为 5 厘米。场地中线上空架有球网。网宽 1 米，长 9.50 米，挂在场外两根圆柱上。女子网高 2.24 米，男子网高 2.43 米。球网两端垂直于边线和中线的交界处各有 5 厘米宽的标志带，在其外侧各连接一根长 1.80 米的标志杆。球的圆周为 65～67 厘米，重量为 260～280 克，气压为 0.30～0.325 千克/平方厘米。

5.4.2 竞赛规则

1. 赛制规则

（1）排球运动由 2 队各 6 名选手组成，每队的球员都有自己固定的位置：3 名网前选手和 3 名靠近底线的选手。每一方击球过网不得超过 3 次。

（2）运动员不得持球，不得连续击球 2 次，身体的任何部分不得触网。他们可以用身体的任何一个部位击球，但是如果球从球员身上的某一部位弹到另一部位，将被认为是 2 次击球，按违例计算。

（3）前 4 局比赛采用 25 分制，每个队只有赢得至少 25 分，并同时超过对方 2 分时，才胜 1 局。正式比赛采用 5 局 3 胜制，决胜局的比赛采用 15 分制。一队先得 8 分后，两队交换场区，按原位置顺序继续比赛到结束。在决胜局（第五局）的比赛中，先获 15 分并领先对方 2 分为胜。

2.发球

发球队员必须在第一裁判员鸣哨允许发球后 8 秒内将球发出。球被抛起或持球手撤离后，必须在球落地前，用一只手或手臂的任何部分将球击出。球只能被抛起一次或持球手只能撤离一次，但允许拍球或在手中摆弄球。发球队员在击球时或击球起跳时，不得踏及场区（包括端线）或发球区以外的地面；击球后，可以踏及或落在场区内或发球区以外的地面。

3.击球规则

比赛中的击球队员的身体任何部位都允许触球。击球犯规有以下 3 种。

（1）4 次击球犯规：每个队最多 3 次（拦网除外）击球就要将球击回对方场区，如果超过则判为 4 次击球犯规。

（2）持球犯规：队员在击球时没有清晰地将球击出，或接触球时有较长的停滞，如捞、捧、推掷、携带球都应判持球犯规。

（3）连击犯规：一名队员连续击球 2 次，或球连续触及其身体的不同部位，为连击犯规。

4.网下穿越

在不妨碍对方比赛的情况下，允许队员在网下穿越进入对方空间。队员的一只（两只）脚或一只（两只）手部分越过中线触及对方场区的同时，其余部分接触中线或置于中线上空是允许的。队员身体的任何其他部位都不允许接触对方场区。在比赛中断后队员可以进入对方场区。

5.触网

排球规则规定触网为犯规，击球行为触及标志杆以内球网部分为犯规，击球行为包括但不限于起跳。队员可以触及网柱、网绳以及标志杆以外的其他任何物体，包括球网本身，但不得干扰比赛。由于被球击入球网而造成的球网触及队员，不为犯规。队员在无试图击球的情况下偶尔触网不算犯规。无试图击球，意指已经完成了击球动作和击球试图。例如完成扣球动作或掩护扣球动作之后，偶尔触网不算犯规。队员在球网附近的犯规包括过网击球犯规、过中线犯规、触网犯规和网下穿越进入对方空间妨碍对方比赛犯规等。对方进攻性击球前或击球时，在对方空间触及球为过网击球犯规。比赛进行中，队员整只脚、手或身体其他任何部分越过中线并接触对方场区，为过中线犯规。比赛过程中，队员触网或触标志杆不犯规。但队员在击球时或干扰比赛情况下的触网或触标志杆为犯规。

6.进攻性击球

除发球和拦网外，所有直接向对方的击球都是进攻性击球。前排队员可以对任何高度的球完成进攻性击球，但触球时必须在本方空间。后排队员可以在进攻线后对任何高度的球完成进攻性击球，但起跳时脚不得踏及或越过进攻线，击球后可以落在前场区。

7.拦网

拦网是指队员靠近球网，将手伸向高于球网处阻挡对方来球的行动。触及到球的拦网行动则完成了拦网，只有前排队员允许拦网，后排队员不得拦网，如后排队员将球拦回，则为犯规；如拦球到本方场区，则为本队的第一次击球。前排队员的拦网触球不算作本队的一次击球，因此本队拦网后还可以再击球 3 次。拦网时，队员可以将手或手臂伸过球网，但不得影响对方击球，过网拦网触球应在对方队员完成进攻性击球之后。在一个拦网动作中，允许球迅速而连续地触及一名或更多的拦网队员。

5.4.3 裁判

排球比赛裁判主要包括第一裁判员、第二裁判员、记录员和司线员。

（1）第一裁判员在赛前要主持场地、器材检查工作，主持挑选发球权、场区工作，主持入场仪式，掌握准备活动时间；赛中其判定是最终判定，有权更改其他裁判员的判断，允许比赛队的暂停或换人请求，主持决胜局的选边工作，回答场上队长所提解释规则的请求和问题，负责决定赛场条件是否符合比赛要求。同时，只有第一裁判员有权对不良行为和延误比赛犯规、发球犯规和发球位置错误、比赛中击球犯规、高于球网上部的犯规进行判罚；赛后要主持退场仪式，检查记分表确定无误后签字。

（2）第二裁判员在赛前协助第一裁判员进行有关准备工作，分发和收回场上阵容位置表，每局比赛前核对双方队员场上位置，将球交给本场比赛的第一个发球队员；赛中必须对接发球队位置错误、队员触及球网和第二裁判员一侧标志杆、网下穿越进入对方场区和空间、后排队员进攻性击球和拦网犯规、球触及场外物体或触及地面而第一裁判员处于难以观察的情况鸣哨并做出手势，还可以允许暂停和换人请求并具体进行操作，能用手势指出职权以外的犯规，但不得鸣哨或坚持；赛后协助进行退场仪式，并在记分表上签字。

（3）记录员负责准确记录比赛中的各种信息，如得分、换人、暂停、犯规等情况，为比赛的顺利进行和结果统计提供保障。

（4）司线员主要判定球是否出界等与线相关的情况，并通过旗示向第一裁判员表明自己的判断。

5.5 气排球运动

5.5.1 气排球运动的起源与发展

20 世纪 80 年代，广西南宁的一些退休职工为了健身娱乐，尝试将气球作为球，在排球场上进行简单的击球游戏。由于气球太轻且易破，后来他们用塑料薄膜制作了一种类似排球的球，这便是气排球的雏形。当时的运动目的主要是为中老年人提供一项运动量适中、趣味性强的体育活动，使他们能在休闲时光锻炼身体、增进交流。这种新的运动形式因其简单易上手、安全性高，很快在当地的老年人活动中心和社区中传播开来。

随着气排球在广西地区流行，其独特魅力逐渐被更多人知晓。20 世纪 90 年代，国家体委（现国家体育总局）开始关注并重视这一新兴运动项目，通过制定相关竞赛规则、举办培训班和全国性赛事等举措，气排球从广西走向全国，吸引了不同年龄段人群参与。

在发展过程中，气排球的规则不断优化。从最初简单模仿排球规则，到根据自身特点制定更适合的规则，如降低网高、增大球的尺寸、改变比赛场地大小等，这些调整既保证了运动的竞技性，又让更多人能够轻松参与，进一步推动了气排球运动在全国范围内的普及。

近年来，气排球不仅在国内持续升温，还逐渐走向国际舞台。亚洲、欧洲等一些国家和地区开始引入气排球运动，举办国际交流赛事，促进了不同国家和地区爱好者之间的交流与合作，让气排球这项起源于中国的运动在全球范围内展现出独特的活力与魅力。

5.5.2 气排球运动的基本技术

气排球由软塑料制成，轻且大，重约 120 克，圆周长 74～76 厘米。场地长 13.4 米、宽

6.1 米，男子网高 2.1 米，女子网高 1.9 米，男女混合网高 2.0 米，多为 5 人制比赛，规则类似竞技排球。因其运动强度适中、可男女同场竞技，适合各年龄段人群参与健身。

1. 准备姿势

（1）稍蹲：两脚左右间距比肩略宽，脚尖微内扣，膝盖稍弯，脚跟微提，重心前移，两臂自然弯曲放于腹前。常用于进攻前站位或防守初期，方便快速起动。

（2）半蹲：双脚开立比稍蹲更宽，脚尖内收，膝盖弯曲程度加大，脚跟提起更多，重心更靠前，两臂自然弯曲于腹前。接发球或防守一般进攻球时常用，能提供更好的起动速度与稳定性。

（3）低蹲：两脚大幅分开，脚尖明显内扣，膝盖弯曲至接近地面，重心极低且靠前，脚跟充分提起，两臂下垂于身体两侧。多用于防守大力扣球或低平快球，可迅速降低重心救球。

2. 移动

（1）滑步：分左右、前后滑步。右滑步时，右脚先向右侧迈一小步，左脚迅速跟上。用于短距离移动，如接发球调整位置或防轻吊球。

（2）交叉步：向右移动时，左脚从右脚前方跨过，随后右脚向右迈出。步幅大、速度快，适用于中距离移动，如防守大力扣球。

（3）跑步：来球远时采用，跑步时两臂自然摆动，边跑边转身朝向来球。用于远距离救球或快速补位。

（4）跨步：向移动方向跨出一大步，屈膝降重心，上体前倾，重心移至跨出腿，常用于处理近距离低球。

（5）后退步：双腿交错向后移动，前脚先撤，后脚跟随，用于防守身后或高于身体的球。

3. 发球技术

（1）正面下手：面对球网，两脚前后开立，左脚在前，左手持球于腹前，右臂下垂。左手抛球约 30 厘米，右臂后摆，用手掌击球后下部。此发球简单易掌握，力量小但准确性高。

（2）正面上手：面对球网站立，左手抛球至右肩前上方约 1.5 米处，右臂屈肘后引，然后收腹、振胸，上臂带动前臂在肩上方用全掌击球后中部，使球呈上旋。该发球力量大、速度快，攻击性强。

（3）侧面下手：侧对球网，两脚左右开立，左手将球向身体右侧前方抛起 30～40 厘米，右臂由后向前摆动，用手掌击球后下部，动作隐蔽，飞行路线有变化。

（4）勾手发球：侧对球网站立，左手抛球，右臂伸直后引，右脚蹬地带动右臂在右肩上方击球。勾手发球可分为勾手大力发球和勾手飘球，前者力量大，后者飞行轨迹飘忽。

4. 传球

（1）正面双手勾手发球：对正来球，两脚左右开立与肩同宽，左手稍前，手腕后仰，两手成半球状，拇指相对呈"一"或"八"字形，击球点在前额上方一球距离处，用拇指外侧、食指全部，中指二、三指节等部位触球，通过蹬腿、展腹、伸臂及手指手腕弹力将球传出，正面双手传球是组织进攻常用方法。

（2）背向双手传球：准备姿势类似正面双手传球，但重心靠后。击球点在头顶上方稍高、稍后处，利用蹬地、展腹、抬臂、翻腕及手指弹力将球向后上方传出。背面双手传球用于改变球的方向。

（3）侧面双手传球：身体侧向来球站立，手型与双手传球正面相似，击球点在身体侧面，约与肩同高，利用身体侧转和手臂伸展、手指手腕发力传球。侧面双手传球用于来不及正面接球的情形。

（4）单手传球：根据来球迅速移动，手指张开成勺状，击球点在身体前方或侧前方，依靠手臂伸展和手腕手指发力。单手传球动作灵活，用于紧急情况或网前配合。

5. 垫球

（1）正面双手垫球：两脚左右开立稍比肩宽，脚尖内收，两膝弯曲成半蹲，两手掌根相靠，手指重叠互握，手腕下压，形成平面。用手腕上约10厘米的前臂桡骨内侧平面击球后中下部，通过蹬地、提肩、顶肘及身体伸展将球垫起。正面双手垫球是最常用的垫球方式。

（2）侧面双手垫球：身体侧向来球，手型与正面双手垫球相似，击球部位为前臂桡骨内侧平面侧面下部，利用身体侧转和手臂摆动垫球侧面双手垫球用于来不及正面双手垫球的情况。

（3）背向双手垫球：背对来球，手型同正面双手垫球，用前臂桡骨内侧平面击球下部，通过两臂后伸和身体后仰垫球。背向双手垫球用于处理身后球。

（4）单手垫球：根据来球调整姿势，手指伸直并拢成勺状，用手掌或手背适当部位击球，依靠手臂伸展和手腕发力。单手垫球动作灵活，用于紧急救球。

6. 扣球

（1）准备：两脚自然开立，两膝微屈，上体前倾，观察来球，判断落点和轨迹。

（2）助跑：左脚先迈一步，右脚迅速跨出一大步，左脚跟上落在右脚侧前方，脚尖稍向右，助跑节奏由慢到快，步幅由小到大。

（3）起跳：两臂自后向前摆动，双腿蹬地，两臂配合上摆，带动身体跃起。

（4）挥臂击球：起跳至最高点时，手臂伸直，由后向前挥动，用全掌击球中上部，手腕快速下甩，增加击球力量和速度。

5.5.3　气排球运动的比赛规则

气排球比赛通常采用每球得分制，即无论发球方还是接球方，只要赢得一球就能得1分。比赛采用三局两胜制，前两局先得21分且超出对方2分的队伍获胜；第三局为决胜局，先得15分并同时超出对方2分的队伍获胜。

发球是比赛开始的重要环节，发球队员发球时，双方队员须在本场区内各站2排，前排2人，后排3人。发球时场上队员位置不能调整，前排队员可以站在限制线以外，但后排队员不能站在前排队员前面，队员的位置根据其脚的着地部位来判定。发球队员要将球明显抛起，然后用手将球击过球网，进入对方场内，且可以在底线后的边线延长线的无障碍区域内的任一处开球，但不能站到边线以内或踩到边线。当发球队胜一球时，队员要顺时针轮转一个位置，然后由1号位的队员发球，且不准连续发球；换发球时，发球队队员同样要首先顺时针轮转一个位置，然后由1号位队员发球，发球方将球击入对方场区内任何位置均有效。

在击球规则方面，气排球允许人体任何部位触球。但一名队员不得连续击球两次（拦网除外），队员的身体触球后必须将球击出，不得接住或抛出，球可以向任何方向反弹。在对方发球时，前排队员不允许单手上手击球过对方场地或拦网，只能将球平推或垫球过网；扣球队员必须在限制线以外起跳，并且击球时不能站在限制线以内；进攻方允许最多击球三次（拦网除外）并将球击过网进入对方场区。

在站位规则上，比赛每队同时上场队员为5人（其中1人为场上队长），发球队员发球时，双方队员的站位有严格要求，前排队员和后排队员的位置关系需符合规定，以确保比赛的公平性和有序性。而在发球后，队员可以在本场和无障碍区的任何位置上，这使得队员在比赛过程中有更多的战术选择和移动空间，能够根据比赛的实际情况灵活调整自己的位置，更好地发挥团队协作的优势。

本章小结

　　本章主要围绕排球运动展开，涵盖了排球运动的起源与发展、特点、健康益处、基本技术、基本战术、基本规则与裁判以及气排球运动等。通过学习本章，大学生不仅能掌握排球相关知识与技能，还能提升身体素质和比赛观赏水平。

思考与练习

1. 排球运动的健康益处有哪些？
2. 排球运动基本技术包括哪些？
3. 排球运动基本战术包括哪些？

第 6 章

足球运动

足球运动是一项以脚支配球为主、两队对抗的全球性体育运动，以其激烈的竞争性、团队协作性和广泛的群众基础被誉为"世界第一运动"。本章全面讲解足球的基本理论和技术、战术，包括足球运动的起源与发展，特点和健康益处，运球、踢球、接球等基本技术，基本战术，基本规则与裁判。

学习目标	掌握足球运动的基础知识与技能，科学锻炼，树立健康意识。
能力目标	学习足球基本技术与基本战术，提高竞赛观赏水平，增强身体素质。
素养目标	培养良好品德、开放思维，促进德智体劳美全面发展。

6.1　足球运动概述

6.1.1　足球运动的起源与发展

足球运动的历史可以追溯至古代。中国战国时期的"蹴鞠"、古希腊的"episkyros"及古罗马的"harpastum"均为早期类似足球的活动。2004 年，国际足联正式宣布，足球起源于中国古代的蹴鞠，这一结论得到了世界的公认。现代足球则生于英国，1863 年 10 月 26 日，英国成立了世界上第一个足球组织——英格兰足球联合会，并制定了统一的足球规则。因此，世界足坛将这一天定为现代足球运动的诞生日。

6.1.2　足球运动的特点

足球运动的主要特点是比赛场地大、参与人数多、比赛时间长、运动强度高；技术动作多样、战术体系复杂、竞技难度大；对抗激烈、拼抢凶猛。由于足球运动所具有的特殊魅力，一场精彩的比赛甚至能吸引数万现场观众和数以亿计的电视观众，有些球迷甚至不惜花费重金远涉重洋前往比赛现场观赛。在一些国家，当本国球队在国际大赛上取得胜利时，民众会像欢庆民族节日一样举国狂欢。

6.1.3　足球运动的健康益处

足球运动是一项全身性、综合性的集体运动项目，具有很高的健身价值。足球运动中要进行各种形式的有球和无球活动，如运球、接球、奔跑、跳跃等，这些身体活动能有效地发展人的体能、耐力。

（1）强健体魄。足球运动能加速体内的代谢，使人气血流通加快，内脏的功能也变得强劲。

（2）增强心血管功能。足球运动可以增强心脏功能，使动脉血管壁的中膜增厚，平滑肌细胞和弹力纤维增加；使骨骼肌肉的毛细血管分布数量增加，分枝吻合丰富；使冠状动脉口增粗；心肌的毛细血管数量增加，这均有利于包括心脏在内的器官供血和机能的提高。

（3）锻炼呼吸系统。足球运动比篮球运动、羽毛球运动的运动量都要大，有利于提高人的呼吸系统机能。

（4）提高腿部力量。人如果长期坚持踢球，在足球场上往返奔跑，能够使血液循环加快、腿部力量加强。

（5）增强团队合作意识。足球场上主要有守门员、后卫、中场、前锋等几个位置，每支队伍都需要经过长期的磨合产生默契合作，与队友之间建立强烈的信任感从而取得最终的胜利。

6.2　足球的基本技术

足球的基本技术分为有球技术和无球技术两大类。有球技术包括运球、踢球、接球、头顶球、抢截球、掷界外球及守门员技术等。无球技术包括起动、快跑、跳跃、急停、转身、移动步、假动作等。

6.2.1　运球

运球是运动员在跑动中有目地用脚连续推、拨球使其处在自己的控制之下的触球动作。运球方法有（见图 6-1）脚背正面运球、脚背内侧运球。脚背外侧运球和脚内侧运球等。

（1）脚背正面运球

脚背正面运球适合直线运球，多在越过对手之后，前方纵深距离较长，仍需快速运球前进的情况下使用。

动作方法：自然跑动，步幅稍小，上体稍前倾，两臂协调摆动，运球腿屈膝提起前摆，脚背绷紧，脚跟提起，脚尖向下，用脚背正面推拨球使球随身体前进。

（2）脚背内侧运球（见图 6-2）

脚背内侧运球适合变向运球，多在向里改变方向并需要用身体掩护球的情况下使用。

动作方法：运球时身体自然放松，步幅稍小，上体稍前倾并向运球方向扭转，两臂屈肘自然摆动，膝关节微屈，脚跟提起，脚尖稍外转。在迈步前伸着地前，用脚背内侧推拨球前进。

（3）脚背外侧运球（见图 6-3）

脚背外侧运球时跑动速度较快并可用身体掩护球，多在快速奔跑和向外改变方向时使用。

图 6-1　脚背正面运球　　　　　　　　　　图 6-2　脚背内侧运球

动作方法：运球时身体自然放松，上体稍前倾，两臂屈肘自然摆动，步幅适中，运球脚提起，膝关节微屈，脚跟提起，脚尖稍内转。在迈步前伸着地前，用脚背外侧推拨球前进。

图 6-3 脚背外侧运球

（4）脚内侧运球

脚内侧运球是速度最慢的运球技术。当运球靠近对手，需要牢固地控制好球并用身体掩护时，可采用脚内侧运球。

动作方法：运球时支撑脚稍向前跨踏在球的前侧方，膝关节微屈，上体稍前倾并向里转。随着身体前移，运球脚提起，脚内侧对球，推球前进。

6.2.2 踢球

踢球是足球运动中最基本的技术，主要用于传球和射门。踢球包括脚内侧、脚背正面、脚背内侧、脚背外侧、脚跟和脚尖踢球几种方法，如图 6-4 所示。其完整动作过程一般均由助跑、支撑脚站位、踢球腿摆动、脚击球、踢球后的随前动作 5 个技术环节所组成。其中，支撑脚站位、踢球腿摆动、脚击球是决定踢球力量及准确性的重要环节。

图 6-4 踢球方法

1．脚内侧踢球（又称脚弓踢球，见图 6-5）

脚内侧踢球用脚的内侧（跖趾关节、舟骨和跟骨所构成的三角部位）接触球，它的特点是脚与球的接触面积大，出球平稳而准确，通常用于短距离传球和射门。

动作方法：直线助跑，支撑脚踏在球侧 15 厘米左右处，脚尖对准出球方向，膝关节微屈。在支撑脚着地的同时踢球腿以髋关节为轴由后向前摆动，屈膝外展约 90°，小腿加速前摆，脚尖稍翘起，踝关节紧张用力，用脚内侧部位击球的后中部。

图 6-5 脚内侧踢球

2. 脚背正面踢球（见图 6-6）

脚背正面踢球用脚背正面（楔骨和跖骨末端）部位接触球，它的特点是踢球腿的摆幅大、摆速大，踢球力量大。通常用于远距离的发球和大力射门。

动作方法：直线助跑，最后一步稍大并积极着地，支撑脚踏在球的侧方约 10 厘米处，脚尖正对出球方向，膝关节微屈；摆动腿在准备做支撑的脚前跨和助跑的最后一步蹬离地面时顺势由后摆起，小腿屈曲。在支撑脚着地的同时，以髋关节为轴，大腿带动小腿由后向前摆，当膝盖摆至接近球的正上方时，小腿做爆发式前摆，脚背跖屈，脚趾扣紧，以脚背正面击球的后中部，踢球腿提膝随球继续前摆。

图 6-6　脚背正面踢球

3. 脚背内侧踢球（见图 6-7）

脚背内侧踢球是用脚背内侧部位几块楔骨、跖骨末端接触球，它的特点是踢球腿的摆幅大、摆速快，踢球力量大。由于助跑方向、支撑脚站位灵活性较大，出球方向变化也较大，因此使用次数最多。通常用于中远距离的传球和射门。

动作方法：斜线助跑，与出球方向约成 45°，最后一步稍大，支撑脚踏在球侧 20～25 厘米处，脚尖指向出球方向，膝微屈，身体稍向支撑脚一侧倾斜。踢球腿以髋关节为轴，大腿带动小腿由后向前摆，当大腿摆至接近垂直地面时，小腿加速前摆，膝关节稍向内旋，脚面绷直，脚尖指向斜下方，以脚背内侧踢球的后中部。踢地滚球时，要注意调整身体与出球方向的角度关系，以便踢球腿摆踢发力。搓踢过顶球时，踢球脚背略平，插入球的底部做切踢动作，击球后脚不随球前摆。踢内弧线球时，击球点应在球的后外侧，击球刹那，踝关节内旋发力，脚趾勾翘，使球内旋并呈弧线运行。

图 6-7　脚背内侧踢球

4. 脚背外侧踢球（见图 6-8）

脚背外侧踢球用脚背外侧部位（外侧几块跖骨的背面）接触球，它除了具备脚背正面踢球的特点外，由于踢球时踝关节转动灵活、摆腿方向变化较多，具有一定的隐蔽性。

动作方法：助跑、支撑脚的位置和踢球腿的摆动基本与脚背正面踢球相同，只是接触球的部位是脚的外侧。在踢球腿的膝盖摆至接近球的正上方时，小腿做爆发式前摆，膝盖内转，脚尖内扣，脚背跖屈，脚趾扣紧，以脚背外侧踢球的后中部，踢球腿提膝随球继续前摆。

图 6-8　脚背外侧踢球

6.2.3　接球

接球指运动员有目的地用身体的合理部位，把运行中的球接停在所需要的控制范围内。接球动作包括判断选位、支撑、触球动作、接球后跟进几个环节。动作方法按触球部位分为脚部、腿部、胸部、头部接球几类。

1. 脚内侧接球

脚内侧接球的特点是接球平稳，可靠性强，动作灵活多变，用途广泛。

（1）脚内侧接地滚球和空中球

脚内侧接地滚球动作方法：身体正对来球，判断来球的速度和方向，选好支撑脚位置，膝关节微屈，接球脚根据来球的状态相应提起，膝、踝关节旋外，脚趾稍翘，用脚内侧对准来球，触球刹那，接球部位做相应的引撤或变向接球动作，将球控制在下一个动作所需要的位置上。如图 6-9 所示。

脚内侧接空中球动作方法：身体正对来球，判断来球的速度和方向，选好支撑脚位置，接球脚根据来球的状态屈膝抬起，用脚内侧对准来球，触球时，接球部位做相应的引撤或变向接球动作，接球落地后将球控制在下一个动作所需要的位置上。如图 6-10 所示。

图 6-9　脚内侧接地滚球　　　　　　　　　图 6-10　脚内侧接空中球

（2）脚内侧接反弹球

动作方法：判断的落点，支撑脚踏在球落点的侧前方，膝关节微屈，上体前倾并向停球方向微转。停球腿屈膝向侧方抬起并后摆，小腿放松，脚尖翘起，使停球腿与地面形成锐角。当球反弹离地的瞬间，停球腿小腿下摆，用脚内侧推压球的中上部。如图 6-11 所示。

2. 脚掌接球

脚掌接球的特点是动作简单，控球稳定可靠，适合于接迎面地滚球或反弹球。

动作方法：判断球的落点，支撑脚踏在球落点的侧后方，脚尖正对来球方向，膝关节微屈；停球腿屈膝向前提起，脚尖上翘；当球反弹离地的瞬间，用脚前掌对准球的反弹路线，主动推压球的后上部。如图 6-12 所示。

图 6-11　脚内侧接反弹球　　　　　　　　　　图 6-12　脚掌接球

3. 脚背正面接球

脚背正面接球的特点是迎撤动作自如，接球稳定，适合接下落球。

动作方法：身体正对来球，判断来球路线和速度，支撑脚稳固支撑身体，接球腿屈膝提起，以脚背正面迎球，触球刹那，接球脚引撤下放，膝、踝关节相应放松，以增强缓冲效果。如图 6-13 所示。

图 6-13　脚背正面接球

4. 大腿接球

大腿接球的特点是接触球部位面积大，动作简单，适用于接有一定弧度的落降高球。

动作方法：身体正对来球，判断来球路线和速度，支撑脚稳固支撑身体，接球腿屈膝上抬，以大腿中前部对准来球。触球刹那，接球腿积极引撤下放，接球部位肌肉保持紧张，以对抗来球冲力，使球触腿后落于体前。如图 6-14 所示。

图 6-14　大腿接球

5. 胸部接球

胸部接球的特点是触球点高、面积宽，接球稳定，适用于接胸部以上的高空球。

挺胸式接球适用于接有一定弧度的高球。接球时，身体正对来球，两腿自然开立，膝微屈，两臂在体侧自然抬起，上体稍后仰，与来球形成一定的角度。触球刹那，胸部主动挺送，使球触胸后向前上方弹起，落于体前。如图 6-15 所示。

缩胸式接球适用于接齐胸的平直球。触球刹那，迅速收腹、缩胸，缓冲来球力量，使球直接落于体前。如图 6-16 所示。

图 6-15　挺胸式接球　　　　　　　　　图 6-16　缩胸式接球

6.2.4　头顶球

头顶球是运动员有目的地用头的前额骨把球击向预定目标的动作。在进攻时可以利用头顶球进行传球，以加快进攻速度，最后完成射门任务；在防守时可以利用头顶球抢断或破坏对方的传球、阻止对方射门等。可见头顶球是足球技术中不可缺少的重要技术之一。

头顶球分为正面头顶球和侧面头顶球。这两个部位都可以做原地顶球、跳起顶球、跑动中顶球和鱼跃顶球等。

（1）原地正面头顶球

动作方法：根据球的运行路线选择击球点（顶球时球在空中位置）并及时移动到位，身体正对来球，两脚前后或左右开立，膝关节微屈，上体稍后仰，重心放在后脚上，两臂微屈自然张开，眼睛注视来球。当球运行到身体垂直部位前时，后脚用力蹬地，身体重心由后脚移向前脚的同时，迅速向前摆体，收下颌，颈部紧张，快速甩头，用前额正面顶球的后中部，上体随球继续前摆。如图 6-17 所示。

图 6-17　原地正面头顶球

（2）原地跳起正面顶球

动作方法：根据球的运行路线选择击球点并及时移动到位。准备跳起时，两腿屈膝，重心下降，然后两脚同时用力蹬地，两臂屈肘上摆跳起，在跳起上升过程中挺胸展腹，两臂自然张开，眼睛注视来球。在跳起到达最高点准备顶球时，身体成背弓。当球运行到身体的垂直部位时，快速收腹折体前屈并甩头，用前额正面将球顶出。顶球后两腿同时自然屈膝，屈踝落地。如图 6-18 所示。

（3）原地侧面头顶球

动作方法：身体正对来球，两脚前后开立（出球方向的同侧脚在前），两膝微屈，上体和头部稍向出球的相反方向回旋侧屈，两臂自然屈肘张开，眼睛注视来球。当球运行到出球方向同侧肩上方的一刹那，后脚用力蹬地，上体迅速向出球方向扭摆，同时颈部紧张地用力甩头，以前额侧面击球的后中部。如图 6-19 所示。

图 6-18　原地跳起正面头顶球

图 6-19　原地侧面头顶球

6.2.5　抢截球

抢截球是比赛中由防守转为进攻的重要手段，在规则允许的条件下，把对方控制的球抢夺过来或破坏掉。抢截球分为判断选位、上步抢球、抢球后的串联动作等环节。

1.　正面抢球

动作方法：开始抢球时，面向对手，两脚前后开立，两膝微屈，身体重心下降并放在两脚间。当对手运球的脚触球即半着地或刚着地时，抢球者快速前移重心，支撑脚用力后蹬，抢球脚以脚内侧对着球并屈膝向球跨出，从正面抢球，同时上体稍前倾，身体重心移至抢球脚上，支撑脚随即前跨，维持身体平衡。若双方的脚同时触球，要顺势向上提拉，使球从对手脚背滚过，同时身体重心要快速跟上，把球控制好。如图 6-20 所示。

2.　侧面合理冲撞抢球

动作方法：当与运球的对手成并肩跑动时，身体重心稍微下降，同对手接触一侧的臂紧贴自己的身体。当对手靠近自己一侧的脚离地时，用肘关节以上部位冲撞对手相应的部位，使其失去平衡而离开球，乘机把球抢过来。如图 6-21 所示。

3.　异侧脚抢球

动作方法：当双方都不能用正常的动作触球时（指跑动中），防守者应根据与球的距离，同侧脚用力蹬地使身体跃出，异侧脚向前沿地面对着球滑出，脚底将球铲出，然后小腿外侧、大腿外侧、手依次着地。或铲出球后身体向铲球腿一侧翻转，手撑地后立即起身，使身体恢

大学体育与健康

复到下一动作衔接的状态和位置。如图 6-22 所示。

图 6-20　正面抢球

图 6-21　侧面合理冲撞抢球

图 6-22　异侧脚抢球

6.2.6　掷界外球

掷界外球是在比赛中按照规则的要求，有目的地用双手将球掷入场内的动作。掷界外球时，接球队员不受越位规则的限制，活动范围大，特别在对方罚球区附近，准确、大力的掷界外球比角球的威胁还大。掷界外球方法有原地和助跑两种。

1. 原地掷界外球

动作方法：掷球时要面对出球方向，两脚开立，两手自然张开，持球于侧后部，屈肘将球举至头后，上体后仰膝微屈。掷球时，两脚用力蹬地，收腹摆体、挥臂、甩腕，将球从头后经头顶掷出。如图 6-23 所示。

图 6-23　原地掷界外球

2.　助跑掷界外球

动作方法：助跑时两手持球于胸前，在最后一步迈出的同时，将球举至头后，同时身体后仰成背弓，两脚成前后开立，其他掷球动作与原地掷界外球相同。

6.2.7　守门员技术

守门员又称门将，站位于球门前，是球队的最后一道防线，主要任务是守卫球门不让球进入球门，由守转攻时，则用快速、准确的传球组织发动进攻，是球队中可在罚球区内用手处理球的队员。守门员技术分为无球技术和有球技术两大类。无球技术主要有准备姿势和移动动作。有球技术主要有接球、扑接球、拳击球、托球、掷球和踢球等。

1.　直腿式接地滚球

动作方法：准备接球时，两腿直膝自然开立，脚尖正对来球，上体前屈，两臂并肘前迎，两手小指相对地靠近，手掌对球。在手触球的一刹那，随球后撤并屈肘、屈腕，两臂靠近将球抱于胸前。

2.　单腿式接球

动作方法：准备接球时，身体正对来球，两脚左右开立，一腿深屈支撑身体，另一腿膝盖内转似跪撑，膝盖接近地面并靠近深屈腿的脚跟，上体前屈，手臂下垂，两手小指相对，手掌对准来球并稍前迎。在手触球后，两手随球后撤并屈肘、屈腕，两臂靠近将球抱于胸前，然后起来。如图 6-24 所示。

图 6-24　单腿式接球

3.　接平直球

动作方法：平直球又分为低于胸部和齐胸高的两种。接低于胸部的平直球时，身体正对来球，两脚左右开立，上体稍前屈，两臂稍下垂并屈肘前迎，两手小指相靠，手掌对球。当球触手的一刹那，两臂随球后撤并屈肘，顺势将球抱于胸前。接齐胸高的平直球时（见图 6-25）身体正对来球，两脚左右开立，两臂屈肘，手指向上，手指微屈，手掌对球，两拇指相靠。当手触球的一刹那，手指、手腕适当用力，随球顺势屈臂后撤，转腕将球抱于胸前。

4.　接高球

动作方法：面对来球，两臂上伸，两手拇指相对呈"八"字型相靠，手指微屈，手掌对球。当手触球时，适当用力将球接住，并顺势屈肘转腕，将球抱于胸前。如图 6-26 所示。

5.　扑接球

动作方法：扑接两侧低球时，异侧脚迅速蹬地，同侧腿屈膝向同侧跨出一步，身体向同侧倾倒，同侧脚着地后，随之小腿、大腿、臀部、上体和手臂的外侧依次着地，同时两臂向球伸出，同侧手掌心正对来球，异侧手在同侧手前侧上方，两拇指靠近，手腕稍向里弯，触

大学体育与健康

球后把球收回胸前，然后站起。如图 6-27 所示。

图 6-25　接平直球　　　　　　　　　　图 6-26　接高球

图 6-27　扑接球

6.3　足球的基本战术

足球战术是指在比赛攻守过程中，为了战胜对手，根据主客观的实际情况所采取的个人行动和集体配合的总称。

6.3.1　个人进攻战术

（1）摆脱

摆脱的方法包括突然启动、冲刺跑、突然变向、急停、变化速度和假动作等。下面列举几种摆脱的方法。

① 突然启动摆脱。进攻队员在原地或慢跑中突然快速启动，甩开防守队员，接队友的传球。

② 突然变向摆脱。进攻队员在行进中突然变向快速起跑，甩掉对手。

③ 快速跑动中急停摆脱。进攻队员在行进中突然急停甩开对手，接队友的传球。

④ 变化速度的摆脱。当防守队员紧逼进攻队员时，进攻队员可利用快跑—突停—再快跑甩掉对手。

（2）跑位

跑位可以起到接应、策动、牵制、突破等作用，这些作用随着场上情况的变化而不断互相转化，因此队员应机动灵活，多谋善变，既勤于跑位又善于跑位，做到一举多得。

跑位和摆脱应做到目的明确，机动灵活，摆脱要及时，动作要突然。

6.3.2　局部进攻战术

局部进攻战术指在进攻过程中两个或几个队员之间的配合方法，是整体进攻战术的根基，局部进攻战术大致分为传切配合、交叉掩护配合、二过一配合等。

（1）斜传直插二过一配合

当控球队员与接应队员之间有一定宽度时，可采用斜传直插二过一配合战术，其注意事项如下。

① 控球队员要运球逼近防守队员。

② 接应队员与控球队员要保持一定的宽度，同时接应队员应处在控球队员的斜前方，便于控球队员传球。

③ 控球队员传球要准确，接应队员摆脱要突然、快速。

④ 若防守队员身后有较大空隙，球应向前传，便于快速运动。

（2）直传斜插二过一配合

当防守队员身后有较大空隙时，可采用直传斜插二过一配合战术，注意事项如下。

① 一般应先插后传，配合要默契。

② 斜插队员要突然、快速。

③ 控球队员传球要准确。

④ 若防守队员身后有较大空隙，球应向前传，便于快速运动。

（3）回传反切二过一配合

当接应队员与控球队员有一定的纵深距离，并且防守队员身后有较大空隙时，可采用回传反切二过一配合战术，其注意事项如下。

① 回传球队员要回撤扯动防守队员，制造身后空档。

② 回传后反切动作要突然、快速，并注视同伴传球。

③ 向前传球要及时，一般传过顶球，以避开防守队员。

6.3.3　整体进攻、防守战术

（1）边路进攻

边路进攻战术是利用边路球员的速度和突破能力，拉开对手的防线，然后传中寻找禁区内的队友，制造射门机会。边路进攻战术注意事项如下。

① 边路突破后如果纵深距离较大，而且邻近又没有防守队员时，应快速向门前运球，争取直接射门。

② 传中的时间应选在防守队员面向自己球门跑动、阵脚未稳、尚未调整好位置时，或队友已向门前空档插入时。

③ 斜线吊中、下底传中和切底回传时要选好落点。

④ 队友要及时到位，奋力抢点射门。

（2）中路进攻

中路进攻战术指在前场的中间区域组织进攻，直接形成威胁，适合拥有出色传球和射门能力的球员。

（3）定位球

定位球战术指在比赛中，利用"死球"后重新开始比赛的机会组织进攻与防守配合的战术方法。定位球战术包括中圈开球、角球、任意球、点球、掷界外球等，在比赛中的作用越来越引起人们的重视。后场的定位球一般要求进攻队员快速、准确地传球，防守队员迅速退守到位，盯住相应的对手；在前场的定位球，尤其在罚球区附近的定位球，能直接威胁球门，是一次极好的射门机会。

① 直接射门

罚直接任意球时，若距球门接近，防守方筑"人墙"有漏洞，守门员位置不当，或进攻方某队员善于踢弧线球，进攻方要大胆采用直接射门。

直接射门时应注意：当守方已布好防线时，应由射门脚法较好、善于踢弧线球的队员直接射门。同时，其他进攻队员则要采用穿插跑位等行动干扰守方队员和守门员。

② 传球配合射门

传球配合射门方法很多，不论哪一种方法都要求队员之间配合默契。

传球配合射门任意球战术应注意：传球次数尽量少，即经过一两次传递就完成射门；用假动作迷惑对方，达到声东击西、避开"人墙"争取射门机会的目的；传球要及时、准确，插入队员防止越位。

③ 任意球的防守

无论是直接任意球还是间接任意球，防守方的前锋、前卫应迅速退守。对于有可能直接射门的任意球，防守方要筑"人墙"。

组织任意球防守时应注意：队员要迅速回防；需筑"人墙"时，筑"人墙"要快速。

根据任意球的位置决定"人墙"的人数。筑"人墙"要听从守门员的指挥确定"人墙"的人数；除守门员外，其他任何防守队员都不要站在"人墙"的后面，以限制进攻队员在罚任意球时越过"人墙"自由活动；发球时，"人墙"不要被对方的假象迷惑而轻易散开，更不要在对方射门时闪躲球和跳动，以免球穿过"人墙"进门。

6.3.4 掷界外球战术

1. 掷界外球的进攻战术

掷界外球时，同队队员应积极跑动摆脱、交叉掩护、拉出空当，将球掷到有利于进攻的位置。

在对方罚球区附近的边线掷界外球时，掷球较远的队员可直接将球发至球门前，同队队员包抄射门。

掷界外球进攻时应注意：队员配合要默契。接应队员摆脱要突然，在摆脱过程中可结合手势、暗号，使掷球队员了解自己的意图。

2. 掷界外球的防守战术

当进攻队员掷界外球时，防守队员要对离掷球位置较近的进攻队员进行紧逼、干扰，破坏对方完成掷界外球的战术配合。

防守掷界外球时应注意：防守队员要有人干扰掷球队员，防止对方打快攻；对有可能直接得球的进攻队员要紧逼，尽量不使进攻队员空切突破射门；防守队员之间注意互相保护。

6.4 足球运动的基本规则与裁判

6.4.1 基本规则

1. 比赛场地、球、队员人数、队员装备

（1）比赛场地

国际足联规定，世界杯决赛阶段比赛场地长 105 米、宽 68 米。国内基层比赛的场地可因地制宜，长度最长 120 米、最短 90 米，宽度最长 90 米、最短 45 米，但边线的长度必须长于球门线的长度，场内各区域的面积不得变更。球门两门柱间的距离为 7.32 米，横梁下沿距地面 2.44 米。

（2）球

比赛所用的球周长不得大于 70 厘米、不得小于 68 厘米；重量在比赛开始时不多于 450

克、不少于 410 克；压力在海平面上为 60.8～111.43 千帕。

（3）队员人数

一场比赛应有 2 个队伍参加，每个队伍上场队员不得多于 11 名，其中必须有 1 名守门员。如果任何一队少于 7 人，则比赛不能开始。正式比赛中，每队伍每场比赛最多可以使用 3 名替补队员。

（4）队员装备

队员必需的基本装备有运动上衣、短裤(如穿紧身内裤，必须与短裤的主色同一颜色)、护袜、护腿板、足球鞋。每个守门员的服装颜色必须有别于其他队员、裁判员和助理裁判员。

2．比赛时间和计胜方法

（1）比赛时间

比赛分为两个半场，每半场 45 分钟，中场休息不得超过 15 分钟。在每半场比赛中损失的所有时间应被扣除，这些时间包括：替换队员；对伤势的估计；将受伤队员移出比赛场地进行治疗；拖延时间；其他原因。根据裁判员的判断扣除损失的时间。

（2）计胜方法

当球的整体从球门柱及横梁下越过球门线，而此前未违反竞赛规则，即为进球得分。在比赛中进球数较多的队为胜者。若两队进球数相等或均未进球，则比赛为平局。竞赛规程应说明，若比赛结束时为平局，是否采用决胜期或国际足球理事会同意的其他步骤决定胜者。

3．越位

队员比球和最后第二名对方队员更接近对方球门线，即为处于越位位置。队员处在越位位置本身并不是犯规。

队员在下列情况下不处于越位位置：他在本方半场内；他与最后第二名对方队员平齐；他与最后两名对方队员平齐。

处于越位位置的队员，在同队队员踢或触及球的一瞬间，只有当裁判员认为其"卷入"了实际比赛，即出现下列情况之一时，才被判为越位犯规。

（1）干扰比赛。

（2）干扰对方队员。

（3）利用越位位置获得利益。

如果队员直接从下列情况下接到球，则没有越位犯规。

（1）球门球。

（2）掷界外球。

（3）角球。

对于任何越位犯规，裁判员应判给对方在犯规发生地点踢间接任意球。

4．犯规与不正当行为

（1）判罚直接任意球

可判罚直接任意球的犯规有 10 种。前 6 种犯规在裁判员认为队员草率、鲁莽或过分用力时判罚，包括：踢或企图踢对方队员、绊倒或企图绊倒对方队员、跳向对方队员、冲撞对方队员（合理冲撞需符合目的在于获球、球在双方控制范围内、用肩至肘关节部位且上臂贴住身体、非草率鲁莽且不过分用力）、打或企图打对方队员、推对方队员。后 4 种为：为得到球控制而抢截时于触球前触及对方队员、拉扯对方队员、向对方队员吐唾沫、故意手球（需区分故意与无意）。

（2）判罚间接任意球

可判罚间接任意球的犯规有9种。前5种针对守门员，如手控球超过5～6秒、发球后未经触球再次手触球、手触同队故意回传球、手触同队直接掷入的界外球、拖延时间。后4种针对其他队员，包括动作具有危险性、阻挡对方队员、阻挡守门员发球、违反未提及的犯规被警告或罚令出场。

（3）可警告的犯规

可警告的犯规有7种，违反将被出示黄牌，包括：犯有非体育道德行为、以语言或行动表示异议、持续违反规则、延误比赛、角球或任意球时不退出规定距离、未获许可进入或重新进入场地、未获许可故意离开场地。

（4）罚令出场的犯规

罚令出场的犯规也有7种，违反将被出示红牌，包括：严重犯规、暴力行为、向他人吐唾沫、用故意手球破坏对方进球或明显得分机会（守门员在本方罚球区除外）、用犯规破坏对方明显进球得分机会、使用无礼侮辱语言及动作、同场比赛中得到第2次警告。

5. 任意球、罚球点球

（1）任意球

凡判罚直接任意球或间接任意球，必须具备下列4个基本条件。

① 犯规队员是场上队员。

② 队员违反规则的有关规定。

③ 犯规地点在比赛场地内。

④ 犯规时间在比赛进行中。

直接任意球可以直接射入对方球门得分，若直接踢入本方球门，不能判对方进一球，应由对方踢角球恢复比赛。

（2）罚球点球

当队员在比赛进行中，于本方罚球区故意违反规则第十二章10项规定中的任何一项时，即被判罚点球。

罚球点球可以直接进球得分。除主罚队员及对方守门员外，其他队员应处于比赛场地内，且在罚球区和罚球弧外。

6. 掷界外球、球门球、角球

① 掷界外球不能直接得分，掷界外球没有越位。

② 角球可以直接射入对方球门得分，踢球门球时没有越位。

6.4.2 裁判

1. 裁判员

每场比赛由一名裁判员控制，他具有全部权力去执行与比赛有关的竞赛规则，他的权限和职责如下：执行竞赛规则；控制比赛；确保比赛用球符合规则；确保队员装备符合规则要求；记录比赛时间和成绩；因违反规则和外界干扰而停止、推迟或终止比赛；如果他认为队员受伤，可根据伤情不同，采用不同的处理方法；掌握有利条款的运用；确保未经批准的人员不得进入比赛场地等。

2. 助理裁判员

每场比赛应委派两名助理裁判员，他们的主要职责是示意，其情形如下：当球的整体越出比赛场地时；示意应由哪一队踢角球、球门球或掷界外球；当处于越位位置的队员可以被判罚时；当要求替换队员时；当发生裁判员视线外的不正当行为或任何其他事件时。助理裁判员还应依据竞赛规则协助裁判员控制比赛。

本章小结

　　本章围绕足球运动展开，涵盖了足球运动的概述、基本技术、基本战术、基本规则与判法等。通过学习本章，大学生可激发对足球的兴趣，掌握科学锻炼方法，拓展足球技能知识，提高心肺功能与身体素质。

思考与练习

1. 足球运动的健康益处有哪些?
2. 足球运动的基本技术有哪些?
3. 足球运动的基本战术有哪些?

第 7 章

乒乓球运动

乒乓球作为一项广受欢迎的球类运动，不仅具有高度的竞技性，还富含技巧和战术。本章从乒乓球的起源讲起，逐步深入到基本技术、基本战术及基本规则等多个层面，覆盖乒乓球运动的各个方面。

学习目标	了解乒乓球运动的基本概念、起源；掌握乒乓球基本技术的具体操作方法；熟悉乒乓球的基本战术，并能灵活应用。
能力目标	掌握乒乓球理论和实践知识，提高竞赛观赏水平；提升心肺功能，锻炼各项体能，全面提高身体素质。
素养目标	培养良好品德，弘扬传统美德，培养开朗性格、开放思维，增强团队协作能力，实现德智体美劳全面发展。

7.1 乒乓球运动概述

7.1.1 乒乓球运动的起源

乒乓球运动是站在球台两端的选手，用手中的球拍隔着中间球网轮流击球的一项球类运动。乒乓球运动于 19 世纪末起源于英国，最早叫"Table Tennis"，译成中文是"桌上网球"。1900 年左右，随着科学的进步，出现了赛璐珞制的球。由于球与拍撞击时发出"乒"、落台时发出"乓"的声音，故而又称"乒乓球"。

7.1.2 乒乓球运动的特点

乒乓球运动设备简单、运动量可大可小，是深受人们喜爱的、具有广泛适应性、趣味性和娱乐性的大众体育项目，同时还具有很强的竞技性；它不受年龄、性别和身体条件的限制，是极易开展和普及的运动项目。

7.1.3 乒乓球运动的健康益处

（1）运动安全。乒乓球运动是隔网对抗，它比足球、篮球等有身体接触的体育项目更安全。

（2）全面健身。乒乓球运动能全面锻炼身体，使人体的呼吸系统、消化系统及运动系统等得到综合锻炼。

（3）健心益智。乒乓球运动在发展人体的速度、灵敏性、力量、耐力、协调等身体素质的同时，也能提高思维能力，促进智力发展，还能锻炼和培养勇敢、顽强、机智、果断等良好的心理品质。

（4）培养协作精神。乒乓球运动使人的反应更快，思维更敏锐，动作更协调；乒乓球比赛中的双打还可以加强团队合作能力，培养两人的默契。

（5）舒压怡情。乒乓球运动能调节情绪，缓解压力和焦虑，使人心情愉快。

7.2　乒乓球运动的基本技术

目前世界上众多的乒乓球运动的打法和技术风格都源于乒乓球运动的基本技术，只是由于运动员个人特点的及其使用球拍的性能不同，因而形成了不同的技术打法。所以学好乒乓球运动的基本技术非常重要。

7.2.1　握拍法

目前世界上主要的握拍法有两种：直握法和横握法，两种握法均有各自的优点和缺点。选择握拍法时，应根据自身的特点来确定握拍方法。

（1）直握法。拇指和食指的第一、二指关节弯曲，自然平均地钳住拍柄，拍柄贴住虎口，其他三指自然弯曲重叠，中指第一指关节顶在拍背 1/3 处，如图 7-1 所示。

（2）横握法。中指、无名指和小指自然弯曲握住拍柄，拇指压在球拍正面，食指自然伸直放于球拍的背面，拍肩贴于虎口，如图 7-2 所示。

图 7-1　直握法

图 7-2　横握法

7.2.2　基本姿势（右手为例）

两脚开立，比肩稍宽，左脚稍前，右脚稍后，前脚掌内侧着地，两膝自然弯曲，重心在两前脚掌之间，含胸收腹，身体略前倾，执拍手手臂自然弯曲，放松置于身体右侧腹前。

7.2.3　基本步法

步法是乒乓球技术环节的重要组成部分，是及时准确地使用与衔接各项技术动作的枢纽，亦是执行各项战术的有力保证。乒乓球的基本步法有单步、跨步、跳步、并步、交叉步五种。

（1）单步。一脚为轴，另一脚向前、后、左、右不同方向移动，重心随之跟上。

（2）跨步。一脚蹬地，另一脚向移动方向跨一大步，蹬地脚随后跟上半步或一小步。

（3）跳步。以来球异方向的脚用力蹬地为主，双足瞬间腾空，用力大的脚先着地，另一只脚步跟着落地。

（4）并步。一脚先向另一脚移（也叫并）半步或一小步，另一只脚在并步脚落地后向同方向移动。

（5）交叉步。先以近来球方向的脚作为支撑脚使远离来球方向的脚向来球方向跨一大步。在体前（侧）瞬间成交叉状态，身体随之向来球方向转动，支撑脚再跟着向移动方向迈出一步。

7.2.4　推挡

推挡技术的特点是站位近、动作小、速度快、变化多，是我国直拍打法的一项重要基本技术。比赛中通过落点变化来牵制调动对方，争取主动，为进攻创造有利时机，也能起到积极防

御的作用。主要包括快推、加力推、减力挡、推挤、下旋推挡等。下面介绍几个基本技术

（1）快推（见图7-3）：击球前，上臂靠近身体，适当后撤引拍，拍形基本与台面垂直，球拍略高于来球或与球同高；击球时，手臂迅速前迎，在来球的上升期触球，前臂手腕用力向前将球推出，触球的中上部，食指用力压拍。

图 7-3　快推

（2）加力推：动作幅度比快推大，当球弹至上升后期或高点期，利用伸髋和转腰动作加大手臂向前的推击力，并用中指顶住球拍。

（3）减力挡：击球前不用撤臂引拍，可稍屈前臂调整球拍后位置；当球弹起时，手臂随身体前移迎球，触球瞬间控制好拍形，不要向前用力撞球，甚至可略有后缩动作，借来球力将球反弹回去。

7.2.5　攻球

攻球具有力量大、速度快等特点，是比赛中争取主动、克敌制胜的重要手段，各类打法都必须掌握攻球技术。攻球统分为正手攻球和反手攻球，又按通常的惯称可分为快攻、快点、快拉、快拨、突击、杀高球、中远台攻球等。

（1）正手攻球（见图7-4）：成基本姿势，击球前身体稍向右转，腰带臂横摆（忌大臂后拉牵肘）引拍至身体右侧，重心落于右脚，体臂夹角约35°～40°，前臂自然弯曲约120°，球拍略前倾，手腕自然放松。击球时，右脚稍用力蹬地，腰向左转带动手臂向球上方挥动迎球；触球瞬间，前臂用力收缩，触球的中上部，手腕辅以发力，身体重心由右脚移到左脚；球拍因惯性顺势挥出，球击出后迅速还原，手臂放松，准备下一次击球。

图 7-4　正手攻球

（2）直板反手攻球（见图7-5）：两脚平行开立或右脚稍前，上体稍左转，前臂后摆，引拍至腹前左侧；击球时前臂向右上方挥动，肘部内收，食指控制好拍形，击球的中上部，手腕辅助发力。

图 7-5　直拍反手攻球

（3）横拍反手攻球（见图 7-6）两脚平行开立，腰、髋略向左转的同时带动前臂向后引拍，手腕稍后曲，肘部略前出；击球时前臂、手腕向球右方发力，触球的中上部，前臂和手掌背部的运动方向决定击球方向。

图 7-6　横拍反手攻球

7.2.6　搓球

搓球是一项过渡性技术，用它处理下旋来球比较稳健，可为进攻创造条件，也是初学削球时必须掌握的入门技术。搓球可根据击球方位的不同分为正手搓球和反手搓球；根据击球时间、回球落点和旋转又分为快搓、慢搓、摆短、劈长、转与不转及侧旋搓球。

（1）反手搓球（见图 7-7）：站位近台，击球时拍面后仰，屈臂后引，前臂向前用力，配合手腕动作。根据来球旋转程度调节拍面角度和用力方向：来球下旋强时，球拍触球的底部，向前用力大些；来球下旋弱时，球拍触球的中下部，向下用力大些。

图 7-7　反手搓球

（2）正手搓球：击球前，身体稍向右转，向左上方引拍；击球时，前臂和手腕向左前下方用力，将球击出。

7.2.7　发球

发球是乒乓球比赛的开始，是乒乓球技术中唯一不受对方制约和限制的技术，在规则允许的范围内，可以最大限度地施展自己的战术意图。发球的种类很多，根据旋转性质可分为转、不转和侧旋发球等。以正手发下旋球与不转球为例，持球手将球抛起后，持拍手向后上方引拍，拍呈横状并略微前倾。

（1）发下旋球时，手臂向前下方挥摆，用球拍下部靠左的位置摩擦球的底部，触球瞬间手腕要有爆发力。

（2）发不转球时，动作的轮廓与发下旋球时一致用球拍下部偏右的位置，触球的中下部，触球瞬间用拍推球。

7.2.8　接发球

1. 发球的判断

判断发球正确与否直接影响接发球方式和成败。为了判断发球的旋转性质、旋转强度及线路落点，应利用各种信息进行综合分析。

（1）根据对方发球时的站位判断自己接发球的站位。

（2）观察对方发球前的引拍方向。

（3）观察球拍触球瞬间摩擦球的方向，判断球的旋转性质。

（4）观察发球时挥臂的动作幅度和手腕用力大小，判断球的落点和旋转强弱。

（5）根据发球的第一落点判断来球的落点。

（6）根据球在空中的飞行弧线判断来球的旋转。

（7）根据手感判断来球的旋转。

（8）记住不同性能球拍的颜色及各自的性能。

2．接发球的基本技术

（1）接上旋球（奔球）：用正反手攻球或推挡回接，拍面适当前倾，击球的中上部，调节好向前的力量。

（2）接下旋长球：用搓球、削球、提拉球回接，搓球或削球时多向前用力。

（3）接左侧上下旋球：可采用攻球和推挡（搓球或拉球）回接，拍面稍前倾（后仰）并略向左偏斜，击球偏右中上（中下）部位，以抵消来球的左侧上（下）旋力。

（4）接右侧上下旋球：可采用攻球或推挡（搓球或拉球）回接，拍面稍前倾（后仰）并略向右偏斜，击球偏左中上（中下）部位；回接要点和方法与接左侧上下旋球相同。

（5）接近网短球：用快搓球、台内突击等回接，主要靠手腕和前臂的力量。

（6）接转与不转球：在判断不准旋转性质的情况下可轻轻地托一板或撇一板，但要注意弧线和落点。

（7）接不同性能球拍的发球：使用长胶、生胶、防弧胶球拍的发球基本为不转球，用相应的方法回接。

（8）接高抛发球：若球着台后拐弯的程度大，应向拐弯方向提前引拍。

7.2.9　弧圈球

弧圈球是一种上旋力非常强的进攻技术，它与攻球相比，在对付强烈下旋球及低于网的来球时更加稳健，因此被广泛使用。

1．正手弧圈球

左脚在前，右脚稍后，身体略向右扭转，腹微收，髋稍向右后方压转，左肩略高于右肩。击球时，右脚掌内侧蹬地，以腰髋的扭转带动手臂向左上方挥动；击球瞬间，快速收缩前臂，直拍的中指（横拍的食指）应加速配合手腕在触球瞬间的甩动。

（1）加转弧圈球（见图7-8）：手臂在腰的带动下向后下方引拍，球拍低于来球，在来球的下降期或高点后期，摩擦球的中部或中上部，以向上发力为主略带向前发力。

图7-8　加转弧圈球

（2）前冲弧圈球：重心稍高于加转弧圈球，手臂自然向后引拍，球拍与来球同高或稍低于来球，在来球的上升后期或高点期，摩擦球的中上部或中部，以向前发力为主略带向上发力。

2. 反手弧圈球（见图 7-9）

两脚基本平行开立，腰、髋略向左转，稍收腹，肘关节略向前出。前臂向左后方画一小弧引拍，手腕下垂。击球时，两脚向上蹬伸，展腹，腰、髋略向右转，以肘关节为轴，前臂向上方发力，手腕配合用力，摩擦球的中上部。

图 7-9 反手弧圈球

7.2.10 削球

削球是一种防御性技术，具有稳健性好、冒险性小的特点。削球通过旋转和落点的变化调动对手，伺机反攻削球，使对手被动，甚至失误。

（1）正手削球。右脚稍后，身体略右转，双膝微屈，拍形近似垂直，引拍至肩高附近。在来球的下降期，前臂在上臂的带动下，随着身体重心的移动向下、向前、向左挥动，触球的中下部，手腕控制好拍形并有摩擦球的动作。

（2）反手削球。左脚稍后，身体略左转，拍形竖立，引拍至肩高。前臂在上臂的带动下，随身体重心的移动向下、向前、向右挥动，在来球下降前期触球的中下部，手腕控制好拍形并有摩擦球动作。

7.3 乒乓球运动的基本战术

7.3.1 发球抢攻战术

发球抢攻是直板快攻打法的"杀手锏"，是争取主动、先发制人的主要战术。各种类型打法的运动员都普遍采用发球抢攻来抢占每个回合的上风。发球抢攻战术运用的效果主要取决于发球的质量和第三板进攻的能力。发球抢攻战术因打法的类型不同而有所差异，但常用的发球抢攻战术主要有以下几种。

（1）正手发转与不转球。

（2）侧身正手（高抛或低抛）发左侧上（下）旋球。

（3）反手发右侧上（下）旋球。

（4）反手发急球或急下旋球。

（5）下蹲式发球。

7.3.2 接发球战术

接发球技术是运动员在比赛中对对方发球进行回击的一系列技术动作和战术策略的总称，它是乒乓球比赛中从被动转为主动的关键环节，要求选手在极短时间内完成对来球旋转、落点、速度的准确判断，并选择合适的技术手段回击，以破坏对方战术意图或直接得分。常用的接发球战术有以下几种。

（1）稳健保守法。

（2）接发球抢攻。

（3）盯住对方的弱点，寻找突破口。

（4）控制接发球的落点。

（5）正手侧身接发球。

（6）反手拧拉。

7.3.3　搓攻战术

搓攻战术是进攻型打法的辅助战术之一，主要利用搓球旋转的变化和落点的变化为抢攻创造机会。这一战术在基层比赛中被普遍采用。搓攻战术也是削球型打法争取主动的主要战术之一。常用的攻球战术有以下几种。

（1）慢搓与快搓结合。

（2）转与不转结合。

（3）搓球变线。

（4）搓球控制落点。

（5）搓中突击。

（6）搓中变推或抢攻。

7.3.4　对攻战术

对攻战术是进攻型打法选手在相持阶段中，双方通过速度、旋转、落点变化和力量轻重等手段相互压制，争夺主动权的战术体系，其核心在于利用正反手技术的快速转换和线路调动，破坏对手节奏并创造进攻机会。常用的对攻战术有以下几种。

（1）紧逼对方反手，伺机抢攻或侧身抢攻、抢拉。

（2）压左突右。

（3）调右压左。

（4）攻两大角。

（5）攻追身球。

（6）变化击球节奏，加力推和减力挡结合，发力攻、拉与轻打轻拉结合。

（7）改变球的旋转性质，如加力推后推下旋球；正手攻球后，退至中远台削一板，对方往往来不及反应，可直接得分或创造机会球。

7.3.5　拉攻战术

拉攻战术是以攻为主的选手对付削球的主要战术。为了发挥拉攻的战术效果，首先要具备连续拉的能力，并有线路、落点、旋转、轻重等变化，其次要有拉中突击和连续扣杀的能力。常用的拉攻战术主要有以下几种。

（1）拉反手后，侧身突击斜线或中路追身球。

（2）拉中路杀两角或拉两角杀中路。

（3）拉一角或杀另一角。

（4）拉吊结合，伺机突击。

（5）拉搓结合。

（6）稳拉为主，伺机突击。

7.3.6　削中反攻战术

我国乒坛名将陈新华以及第 43 届世乒赛男单冠军丁松成功地运用削中反攻战术创造辉煌，令欧洲选手手足无措，无以应对。这种战术主要靠稳健的削球，限制对方的进攻能力，为自己的反攻创造有利条件。它不仅增强了削球技术的生命力，也促进了攻防之间的积极转化。常用的削中反攻战术主要有以下几种。

（1）削转与不转球，伺机反攻。

（2）削长短球，伺机反攻。

（3）逼两大角，伺机反攻。

（4）交叉削两大角，突击对方弱点。

（5）削、挡、攻结合，伺机强攻。

7.3.7　弧圈球战术

弧圈球战术把速度和旋转有效地结合起来，稳健性好，适应性强，许多选手已用它替代攻球或扣杀。常用的弧圈球战术如下。

（1）发球抢攻。

（2）接发球果断上手。

（3）相持中的战术运用。

7.4　乒乓球运动的基本规则

1．相关定义

（1）球处于比赛状态的一段时间，叫作一个"回合"。

（2）不予记分的回合叫作"重发球"。

（3）记分的回合叫作"得分"。

（4）握着球拍的手叫作"执拍手"。

（5）用握在手中的球拍或执拍手手腕以下部分触球叫作"击球"。

（6）"阻挡"：对方击球后，处于比赛状态的球尚未触及本方台区也未超过比赛台面或其端线，即触及本方运动员或其所穿戴的任何物品。

2．合法发球

（1）发球时，球应放在不执拍手的手掌上，手掌张开和伸平。球应是静止的，在发球方的端线之后和比赛台面的水平面之上。

（2）发球员须用手把球几乎垂直地向上抛起，不得使球旋转，并使球在离开不执拍手的手掌之后上升不少于 16 厘米。

（3）当球从抛起的最高点下降时，发球员方可击球，使球首先触及本方台区，然后越过或绕过球网，再触及接发球员的台区。在双打中，球应先后触及发球员和接发球员的右半区。

（4）从抛球前球静止的最后一瞬间到击球时，球和球拍应在比赛台面的水平面之上。

（5）击球时，球应在发球方的端线之后，但不能超过发球员身体（手臂、头或腿除外）离端线最远的部分。

（6）运动员发球时，有责任让裁判员或副裁判员看清他是否按照合法发球的规定发球。

① 如果裁判员怀疑发球员某个发球动作的正确性，并且他或者副裁判员都不能确信该发球动作合法，一场比赛中此现象第一次出现时，裁判员可以警告发球员而不予判分。

　　② 在同一场比赛中，如果运动员发球动作的正确性再次受到怀疑，不管是否出于同样的原因，不再警告而判失一分。

　　③ 无论是否第一次或其他时候，只要发球员明显没有按照合法发球的规定发球，他将被判失一分，无须警告。

　　（7）运动员因身体伤病而不能严格遵守合法发球的某些规定时，可由裁判员决定免予执行，但须在赛前向裁判员说明。

3．合法还击

　　对方发球或击球后，本方必须击球，使球直接越过或绕过球网，或触及球网后再触及对方台区。

4．击球次序

　　（1）在单打中，首先由发球员合法发球，再由接发球员合法还击，然后两者交替合法还击。

　　（2）在双打中，首先由发球员合法发球，再由接发球员合法还击，然后由发球员的同伴合法还击，再由接发球员的同伴合法还击，此后，运动员按此次序轮流合法还击。

5．比赛状态

　　当球在发球员不执拍手中被抛起前静止状态的最后一刻起即处于比赛状态，直到：

　　（1）球触及除比赛台面、球网、网柱、执拍手中的球拍或执拍手手腕以下部位以外的任何东西。

　　（2）这个回合被判为重发球或判一分。

6．重发球

　　（1）下列情况应判重发球。

　　① 发球员发出的球在越过或绕过球网时触及球网，此后成为合法发球或被接发球员或其同伴阻挡。

　　② 接发球员或同伴未准备好时球已发出，而且接发球员或其同伴均没有企图击球。

　　③ 由于发生了运动员无法控制的干扰，使运动员未能合法发球、合法还击或遵守规则。

　　④ 裁判员或副裁判员暂停比赛。

　　⑤ 在双打时，运动员错发、错接。

　　（2）在下列情况下可暂停比赛。

　　① 要纠正发球、接发球次序或方位错误。

　　② 要实行轮换发球法。

　　③ 警告或处罚运动员。

　　④ 比赛环境受到干扰，以致该回合结果有可能受到影响。

7．得一分

　　除被判重发球的回合外，出现下列情况之一，运动员得一分。

　　① 对方未能合法发球。

　　② 对方未能合法还击。

　　③ 运动员在发球或还击后、对方击球前，球触及了除球网以外的任何东西。

　　④ 对方击球后，该球越过本方端线而没有触及本方台区。

　　⑤ 对方阻挡。

　　⑥ 对方连击。

　　⑦ 对方用不符合规定的拍面击球。

　　⑧ 对方或其穿戴的任何东西使球台移动。

⑨　对方或其穿戴的任何东西触及球网装置。

⑩　对方不执拍手触及比赛台面。

⑪　双打时，对方击球次序错误。

⑫　执行轮换发球法时，接发球运动员或其双打同伴（包括接发球一击）完成了 13 次合法还击。

8. 一局和一场比赛

（1）在一局比赛中，先得 11 分的一方为胜方；10 比 10 平后，先净胜 2 分的一方为胜方。

（2）一场比赛由奇数局组成（可采用五局三胜或七局四胜制）。

（3）一场比赛应连续进行，但在局与局之间，任何一名运动员都有权要求不超过两分钟的休息时间。

9. 轮换发球法

（1）如果一局比赛进行到 10 分钟仍未结束（双方都已获得至少 9 分时除外），或者在此之前任何时间应双方运动员要求，应实行轮换发球法。

①　时限到时，球仍处于比赛状态，裁判员应立即暂停比赛，由被暂停回合的发球运动员发球，继续比赛。

②　时限到时，球未处于比赛状态，应由前一回合的接发球运动员发球，继续比赛。

（2）此后，每个运动员都轮发一分球，直至该局结束。如果接发球运动员进行了 13 次合法还击，则判发球方失一分。

（3）轮换发球法一经实行，该场比赛的剩余部分必须继续实行，直至该场比赛结束。

10. 乒乓球运动场地、器材

乒乓球比赛场地的地面应是坚硬不滑的硬木，每张球台的标准为长 14 米、宽 7 米，球场上空 5 米以内不得有障碍物；比赛场地须用 75 厘米高墨绿色或淡蓝色挡板围住，同邻近的场地及观众隔开。标准乒乓球台由两块台桌组成，每块长 1.37 米，总长 2.74 米，台面宽 1.525 米、厚 3.5 厘米，台面与地面相距 76 厘米。乒乓球台面四周为宽 2 厘米的白线，分别称为边线和端线，台面中间的 3 毫米宽白线为中线，其上架以长 1.83 米、高 14.25 厘米的球网。

本章小结

本章主要介绍了乒乓球运动的相关知识，包括其起源、基本技术、基本战术以及基本规则等。本章可使读者全面掌握乒乓球运动的基本知识和技术要点，为进一步提高乒乓球技能水平奠定基础，同时也可为后续学习乒乓球运动进阶内容提供必要的理论和实践支持。

思考与练习

1. 简述乒乓球运动的健康益处。
2. 描述乒乓球运动的基本技术中的推挡和攻球动作要领。
3. 解释乒乓球比赛中发球抢攻战术的运用场景。
4. 列举并解释乒乓球运动的基本规则中的几条关键规定。
5. 试着分析弧圈球技术在乒乓球比赛中的重要性，并简述其动作要领。

第 8 章

羽毛球运动

本章聚焦羽毛球运动，旨在系统阐述其多方面知识与技能，涵盖羽毛球运动的基本技术，包括握拍、发球、击球等；深入探讨基本战术，如单打、双打中的不同战术布局与应变策略；最后讲解羽毛球运动的基本规则与裁判。

学习目标	掌握羽毛球知识与技能，科学锻炼，树立健康意识，为终身体育奠定基础。
能力目标	拓展羽毛球技能知识，提高竞赛观赏水平，全面提高身体素质。
素养目标	培养吃苦耐劳、团队协作等品质，塑造健全人格，促进身心全面发展

8.1 羽毛球运动概述

8.1.1 羽毛球运动简介

羽毛球运动是一项相互进行击球对抗的球类项目。参加运动的双方以 1.55 米高的球网为界，分处羽毛球场地的各自半场，用羽毛球拍在空中击打一只羽毛球。每次击球后，球必须从网上方进入对方场区，以球落地或迫使对手回球时将球击出界外为胜。一场羽毛球比赛没有竞赛时间限制。

8.1.2 羽毛球运动的主要特点

（1）不确定性。击球虽有一定规律，但受对方来球诸多不定因素影响，落点变化无常，技术动作无固定模式，要求选手有全方位出击能力，且速度力量和速度耐力素质是基础。

（2）比赛无时限。羽毛球比运动所需的是专门化速度耐力素质，而非长跑的周期性耐力素质。比赛双方实力相当则久攻不下，一场比赛可能持续很久，对选手身心素质要求更高。

（3）快速爆发力。上肢靠手臂肌肉爆发力击球，下肢靠肌肉快速移动到达合适位置，协调上肢击球，需要与速度紧密联系的爆发力，下肢蹬力加速移动，上肢力量使击球更有力。

（4）瞬息万变。球速可达上万千米/时，对选手灵敏性要求高，动作转换、判断、反应等都要快，才能掌握对抗主动权。

（5）受众广泛。羽毛球运动器材简单，场地不限，老少皆宜，不同年龄段参与都有益处。

8.1.3 羽毛球运动的健康益处

（1）有助于培养竞争意识和进取精神。羽毛球运动特有的对抗性、强负荷的锻炼方式，有助于培养充满自信、不怕困难、顽强拼搏、积极进取的现代人才。

（2）有助于强身健体，提高免疫力，缓解疲劳。羽毛球是一项技能性运动，要求脑、眼、手、脚密切协作，全身心地投入。羽毛球运动量大，速度快，能有效地消耗多余的脂肪，调节肌肉密度，塑造优美形体，还有助于缓解眼睛、大脑和颈椎的疲劳状况。经常参加羽毛球运动，可提高机体的灵敏性、协调性，改善人体代谢功能，提高吸氧能力，提高免疫力。

（3）有益于加强文化修养。参与羽毛球运动可以了解羽毛球运动的发展历史和文化背景，学习并遵守运动规则，形成尊重对手和尊重裁判的赛场作风，对培养协作、忍让、谦虚、豁达等优良品质大有益处，有利于树立正确的人生观和世界观。

（4）有益于陶冶情操，增添生活情趣。参与羽毛球运动能够保持优美潇洒的姿态和朝气蓬勃的精神状态。

8.2 羽毛球运动的基本技术

羽毛球运动的技术指解决羽毛球运动实践过程中各种问题的方法和原理，是一种操作技巧。因不同的视角，所采用的分类依据与分类方法不同，按动作的技术体系构成可分为握拍、发球、击球和步法这 4 类技术。

8.2.1 握拍

握拍是初学者首先要掌握的羽毛球基本技术之一，是击球前要做的最基本的准备。对握拍动作的正确认识和实践是掌握合理准确、全面的击球技术的前提条件，反之会妨碍各种击球技术的掌握和运用，影响技术的进一步提高，有时还会造成手臂的损伤。

握拍根据手握的姿势可分为正手握拍和反手握拍，本小节以右手握拍为例介绍如下。

1. 正手握拍

用与握拍手手掌同一个朝向的拍面击球的方法叫正手击球，正手击球时的握拍方法称为正手握拍（见图 8-1）。在身体右侧和头顶后场区域的球采用正手握拍回击。

技术要领：先用左手拿住拍杆，使拍面与地面垂直，这时可以看到拍柄有宽窄面，朝上和下为窄面，朝身体这侧和另一侧为宽面；同时还可以看到有 4 条棱线。再张开右手，虎口对准拍柄的内侧棱线（也就是第二条棱线），使手的小鱼际肌靠在拍柄底托处，然后小指、无名指和中指并拢自然握住拍柄，小指与无名指在拍柄的末端应稍紧，以防球拍脱手，食指与中指稍微分开，用食指和拇指轻松地环扣住拍柄。正手握拍从正面看，手与球拍柄形成 V 字形，也类似与人握手的手型。击球前拇指、食指和中指放松，只要贴在拍柄上即可，拍柄与掌心间留有发力的空间。击球时，靠食指和拇指扣住拍柄，中指、无名指和小指紧握拍柄，用拇指和手掌末端的小鱼际肌为支点，其余手指为力点，由放松到握紧，用近似杠杆原理，屈指发力击球。

图 8-1 正手握拍

2. 反手握拍

用与握拍手手背同一个朝向的拍面击球叫反手击球，反手击球时的握拍方法称为反手握拍（见图 8-2）。在身体左侧区域的球采用反手握拍回击。

技术要领：在正手握拍的基础上，拍柄稍向外转，拇指上提，食指收回，拇指面贴在拍柄的宽面上，也可以稍向右，拇指面顶住宽面偏右点。食指、中指、无名指和小指自然并拢贴靠在拍柄上，手心与拍柄之间留有空间便于发力。以食指和手掌末端小鱼际肌为支点，其余手指为力点，拇指前顶，由放松到握紧球拍柄，发力击球。

图8-2 反手握拍

8.2.2 发球

发球根据握拍姿势可分为正手发球和反手发球两种，可以发出高远球、网前球、平快球、平高球4种不同飞行弧线的球。无论采用哪一种发球方法，都需要发球动作一致、落点及弧度准确多变，以达到发球的战术目的。

1. 正手发球

（1）正手发高远球（见图8-3）：发球时，左手放球，紧接着以转体和左上臂的挥动带动右前臂，形成臂在前、球拍随后姿势。当球拍与球快要接触前，前臂挥动速度加快，并带动手腕向前上方闪动，由原来伸腕姿势经前臂内旋至展屈，造成击球瞬间的爆发力，在拍面后仰（拍面与地面形成的仰角应稍大一点）的情况下将球向前上方击出。最佳击球点应在身体右侧、右脚尖的前下方。球击出后，球拍随着惯性往左侧前上方挥摆。随着挥拍的过程，身体重心也由右脚移到左脚，右脚跟稍提起，保持身体平衡。

图8-3 正手发高远球

（2）正手发网前球：击球时握拍要松，前臂前摆，以手指控制力量收腕发力，用斜拍面往前推送切击球托，尽量使球贴近网带上沿飞行，落在对方前发球区内。为提高击球点使出球更加平网，在规则范围内应尽量提高击球点并借助重心前移的速度控制好击球力量，这时引拍动作较发高远球要小且柔和一些，发球后手腕以收腕姿势制动结束。

（3）正手发平快球：击球点在规则允许的范围内争取略高，拍面与地面呈近似95°的仰角，前臂内旋，带动手腕快速闪动屈指向前发力击球。关键是挥拍对标指向准确，击球动作小而快，目的性强。

（4）正手发平高球：击球点要在右前下方略高于发高远球的击球位置，击球时前臂带动手腕发力，拍面与地面夹角应小一点，向前发力击球。关键是控制好球的飞行弧度，如果拍面仰角大，击出的球过高，则达不到战术目的；拍面仰角小，发出的球较低，易被对手拦击。

2. 反手发球

反手发球是用反手握拍技术将位于自己身体左侧前方的球击到对方场区内的一种发球方式。反手发球主要靠挥动前臂和伸腕闪动发力，动作小，力量也较小，但速度较快，动作一致性好，主要用来发出网前球、平高球、平快球。

（1）反手发网前球（见图8-4）：发球时，右前臂带动手腕使球拍从左下方向右前上方作半弧形挥动。在拍将要击到球之前，左手自然松手放球，用球拍对球作横切推送动作使球贴网而过，正好落在前发球线附近的发球区内。击球时手腕由内收至外展捻动发力，靠手腕和手指控制力量，以斜拍面向前轻轻推送切击球托后侧部，目标指向预设位置，使球齐网飞行，落到对方前发球线附近。双打反手发小球的关键是击球拍面角度与力量的控制。

（2）反手发平高球：击球时手腕由屈突然变直，屈指伸腕发力，用反拍面向前上方挥动将球击出，使球以一定弧线向上飞行，越过接发球方（通常为对方跳起不能拦截的高度）落入后场附近的有效区域内。

（3）反手发平快球：击球时，尽可能在规则允许范围内提高击球点，利用拇指的顶力，配合其余四指伸腕发力，使拍面与地面呈近似 110° 的角度迅速向前推进

图 8-4　反手发网前球

击球，使球以与球网平行的弧线飞行，直落对方后场附近的有效区域内。

8.2.3　击球

击球是羽毛球技术中动作最多的一个技术，按区域可分为前场击球、中场击球、后场击球，本小节以右手握拍为例，具体介绍如下。

1. 前场击球

（1）正手放网前球

用正手握拍，以正拍面将前场区域低手位置的来球击至对方前场区域。

动作方法：面对球网，两脚左右开立与肩同宽，右脚稍在前，膝微屈，前脚掌着地，右手握拍举于右体前，身体稍向前倾，收腹。前臂随步法移动伸向右前下方，并有外旋、手腕稍后伸动作。当对方来球向右前场区飞来时，侧身向球的方向移动，运用正手上网步法移动，右脚向球方向跨出一大步成弓箭步，脚向前或略偏右，脚后跟先触地。在右脚前跨的同时，上体前倾，向前伸臂伸拍（此时左臂也应张开），当脚跨步着地的时候，也是球拍击到球的时候。接触球时，正拍面朝上垫在球托底部，主要靠手腕控制球拍向前上方轻轻一托，使球越过球网，贴网落入对方前场区域。击球后右脚掌迅速蹬地向中心位置回动，同时击球手臂收回至胸前，呈正手放松握拍姿势，并准备回击下一个来球。

（2）反手放网前球

用反手握拍，以反拍面将前场区域低手位置的来球击至对方前场区域。

动作方法：准备姿势、击球前动作以及收拍回位动作与正手放网前球动作一致。当球向左前场飞来时，应先向左前场转体，运用反手上网步法移动，向球方向跨步，右脚向左前，脚后跟先触地，随步法移动将握拍调整为反手握拍。前臂伸向左前下方，手腕前屈，用反拍面迎球。击球时，主要靠拇指、食指的力量，轻轻地向前上方抖动手腕发力，碰击球托后底部，使球过网后贴网落入对方前场区域。

（3）正手搓球

用正手握拍，以正拍面将网前位置的来球运用"搓""切"等动作回击到对方前场区域附近的击球方式。

动作要领：准备姿势、击球前动作以及收拍回位动作与正手放网前球动作一致。当球向右前场区飞来时，侧身向球方向移动，前臂随步法移动伸向右前上方，正手握拍，并有外旋、手腕稍后伸动作，击球点选择在低于球网顶端 10～30 厘米的位置。在伸臂举拍时应稍屈肘、展腕，使球拍自然稍往后拉，然后再以肘关节为轴，通过小臂的外旋及内收动作，用正拍面（拍面应适当后仰）切削球托后底部或侧底部，使球翻滚过网。

（4）反手搓球

用反手握拍，以反拍面将网前位置的来球运用"搓""切"等动作回击到对方前场区域附

近的击球方式。

动作要领：准备姿势、击球前动作以及收拍回位动作与正手放网前球动作一致。当球向左前场飞来时，应先向左前场转体，运用反手上网步法移动，向球方向跨步，并及时转换成反手握拍法。前臂随步法移动伸向左前上方，手腕前屈，用反拍面迎球，击球点选择在低于球网顶端10～30厘米的位置。在伸臂举拍时，应稍屈肘（反拍面朝上），屈腕使球拍略下垂，然后再伸前臂、伸腕，用反拍面切削球托后底部或侧底部，使球翻滚过网。

（5）正手勾球

用正手握拍，在右场区以正拍面将对方击到右场区网前位置的球还击到对方右场区内，如图8-5所示。

动作要领：准备姿势、击球前动作以及收拍回位动作与正手放网前球动作一致。前臂随步法移动伸向右前上方，正手握拍，并有外旋、手腕稍后伸动作。当球向右前场区飞来时，侧身向球方向移动，运用正手上网步

图8-5　正手勾球

法移动。击球时以肘部一定的回拉动作带动上臂内旋屈腕动作，使拍面斜向左边，用球拍击球托右后部分，靠食指往回拉拍，斜拍面与球摩擦将球勾向对方右场区网前。

（6）反手勾球

用反手握拍，在左场区以反拍面将对方击到左场区网前位置的球还击到对方左场区内。

动作要领：准备姿势、击球前动作以及收拍回位动作与正手放网前球动作一致。前臂随步法移动伸向左前上方，反手握拍，手腕前屈，用反拍面迎球。当球向左场区网前飞来时，应先向左场区网前转体，运用反手上网步法移动，向球方向跨步，并及时转换成反手握拍。击球时以肘部一定的回拉动作、前臂外旋带动伸腕动作，使反拍面斜向右边，击在球托左后部分，将球勾向对方左场区网前。

（7）正手挑球

用正手握拍，以正拍面把对方击来的网前球，从球网下端较低位置由低往高击到对方后场端线上空的击球方式，如图8-6所示。

动作要领：准备姿势、击球前动作以及收拍回位动作与正手放网前球动作一致。以肩、肘为轴心，前臂外旋带动手腕伸腕在身体右前下方做半弧形回环引拍动作。当球向右场区网前飞来时，侧身向球方向，运用正手上网步法移动。击球瞬间，前臂迅速内旋带动手腕向前上方展腕发力击球（与正手发高远球的动作一致）。可做正手挑直线球和挑对角线球。

图8-6　正手挑球

（8）反手挑球

用反手握拍，以反拍面把对方击来的网前球，从球网下端较低位置由低往高击到对方后场端线上空的击球方式。

动作要领：准备姿势、击球前动作以及收拍回位动作与正手放网前球动作一致。以肩、肘为轴心，前臂内旋带动手腕展腕在身体左前下方做半弧形回环引拍动作。当球向左场区网

前飞来时，应先向左场区网前转体，运用反手上网步法移动，向球方向跨步，并及时转换成反手握拍法。在右脚向左前方作最后跨步并向前伸臂时，应放松屈肘、屈腕，使球拍垂于后下方，紧接着以肩为轴，主要以小臂带动手腕发力，并充分利用拇指的顶力将球击出，由左下方往右上方弧形挥拍，将球挑出。可做反手挑直线球和反手挑对角线球。

（9）正手扑球

在右场区用正手握拍，以正拍面在对方发网前球或回击网前球时，每当球刚越过网顶就迅速上网把来球扑压到对方场区内。

动作要领：准备姿势、击球前动作以及收拍回位动作与正手放网前球动作一致。运用正手上网步法向来球方向移动，在右脚向前方做蹬跳步或蹬跨步的同时，持拍手呈正手握拍高举至头部前上方。以肘为轴，前臂稍外旋回环引拍。前臂内旋，手腕由伸展姿势向前下方快速挥拍发力击球，击球后前臂和手腕都有一定的制动动作。

（10）反手扑球

在左场区用反手握拍，以反拍面在对方发网前球或回击网前球时，每当球刚越过网顶就迅速上网把来球扑压到对方场区内。可用蹬跳步或蹬跨步完成。

动作要领：准备姿势、击球前动作以及收拍回位动作与正手放网前球动作一致。运用反手上网步法向来球方向移动，在右脚向前方做蹬跳步或蹬跨步的同时，持拍手呈反手握拍，手背对着来球向前上方高举伸出。前臂外旋，手腕由展腕至屈收向前下方发力击球。拍面向正前下方击球为反手扑直线球，拍面向斜前下方击球为反手扑对角球。

（11）正手推球

用正手握拍，以正拍面在右场前场区域把高点位置的来球推到对方端线附近位置的技术动作。根据出球路线可分为推直线球和推斜线球。

动作要领：准备姿势、击球前动作以及收拍回位动作与正手放网前球动作一致。前臂随步法移动伸向右前上方，正手握拍，并有外旋、手腕稍后伸动作，击球点选择在低于球网顶端10~30厘米的位置。当球向右场区网前飞来时，侧身向球方向移动，运用正手上网步法移动。击球时以肘为轴，前臂由外旋回环至内旋带动手腕由伸腕到展腕向前快速挥动发力击球。击球瞬间充分发挥食指力量，用正拍面向正前方向击球为推直线球，用正拍面向斜前方向（由右向左前方挥动球拍）击球为推斜线球。

（12）反手推球

用反手握拍，以反拍面在左场区网前把高点位置的来球推到对方端线位置。根据出球路线可分为推直线球和推斜线球。

动作要领：准备姿势、击球前动作以及收拍回位动作与正手放网前球动作一致。前臂随步法移动伸向左前上方，反手握拍，并有内旋、手腕稍后伸动作，击球点选择在低于球网顶端10~30厘米的位置。当球向左场区网前飞来时，侧身向球方向，运用反手上网步法移动。击球时，上臂稍有一定的内旋至外旋回环带动手腕由展腕到收腕向前挥动，击球瞬间拇指充分前顶，其余手指攥紧拍柄，屈指发力将球击出。在完成击球动作过程中，手腕背面保持与球网平行状态。用反拍面向正前方向击球为推直线球；用反拍面向斜前方向（由左向右前方挥动球拍）击球为推对角线球。

2. 中场击球

中场击球技术有平抽平挡球以及接杀球技术。平抽平挡球又分为正、反手平抽球和正、反手平挡球。

（1）正手平抽球（见图 8-7）

用正手握拍以正拍面将位于身体右侧、高度在肩部以下、腰部以上位置的球用抽击动作将球击过网。

动作要领：击球前动作与前场击球一致。右脚稍向右迈出一小步，同时上体稍往右侧，右臂向右侧上摆。球拍上举，拍面朝上，肘关节保持一定角度，前臂稍后摆并带有外旋，手腕从稍外展至后伸，引拍至体后。前臂急速往右侧前挥动，从外旋转为内旋，快速挥拍，球拍由后伸至伸

图8-7　正手平抽球

直闪腕握紧拍柄，挥拍抽压击球托底部。击球后迅速回位，并持拍于胸前准备回击下一个来球。

（2）反手平抽球

用反手握拍与反拍面将位于身体左侧、高度在肩部以下、腰部以上位置的球用抽击动作将球击过网。

动作要领：准备姿势和收拍回位动作与正手平抽球动作类似。左脚向左前跨一步，右手持拍在身体左侧面，拍框朝上。肘关节微抬，收拍在体前。小臂和手腕快速向前发力，大拇指顶在拍柄宽面上，采用反手握拍的击球动作。

（3）正手平挡球

用正手握拍以正拍面将位于身体右侧体前的来球轻挡过网，使球过网后落于对方前场或中场区域内。

动作要领：准备姿势和收拍回位动作与正手平抽球一致。右脚稍向右迈出一步，采取正手握拍，手握在拍柄上端。引拍时，手腕后屈，弧度应小一点；击球瞬间握紧球拍，快速向前或前下方摆动，击球点在右肩上方。

（4）反手平挡球

用反手握拍与反拍面将位于身体左侧体前的来球轻挡过网，使球过网后落于对方前场或中场区域内。

动作要领：准备姿势和收拍回位动作与正手平挡球一致。右脚（或左脚）稍向左迈出一步，采取反手握拍，大拇指顶在拍柄的宽面上。引拍时，手腕后屈，以反拍面快速向前击球，击球点在左肩前上方。

（5）接杀球

接杀球是把对方杀过来的球还击回去。如果能够较好地掌握接杀球技术，可以将被动防守转变为主动进攻。接手球可分为接杀放网前球、接杀挑后场球、接杀勾对角线球和抽球等，每一项技术根据来球区域又可分为正手和反手两种击球方法。

① 正手接杀放网前球

在身体右侧用正手握拍，以正拍面将对方的球回击直线球至对方网前区域内。

动作要领：击球前动作以及回位收拍动作同前场击球技术。右脚向右侧迈步，在右脚触地的同时，右手伸向右侧，上臂外旋，手腕稍微伸腕引拍。击球时，借助对方杀球力量，运用手腕、手指控制拍面，击球点在右膝前下方，以切击动作向前方推送、轻击球托底部，把球击到对方网前。

② 反手接杀放网前球

在身体左侧反手握拍，以反拍面将对方的球回击直线球至对方网前区域内。

动作要领：击球前动作以及回位收拍动作与正手接杀放网前球一致。右脚向左侧迈步或者左脚向左侧迈步，在右脚（或左脚）触地的同时，右手伸向左侧来球方向，前臂稍有内旋

引拍预摆动作。击球时，由展腕至收腕微微发力，并通过控制拍面的力量和角度，切击球托底部，把球击到对方网前。

③ 正手接杀挑后场球

用正手握拍，以正拍面将向身体右侧或体前的球挑到对方后场底线区域附近。

动作要领：击球前动作以及回位收拍动作同正手接杀放网前球。右脚向右侧迈出一步，以肩、肘为轴心，前臂外旋带动手腕伸腕在身体右前下方做半弧形回环引拍动作。击球点在腰部前下方位置，不要在腰部右侧后面击球。击球瞬间，前臂迅速内旋带动手腕向前上方展腕，握紧球拍，在体前或体侧位置发力击球。击球时出手要快，预摆动作和发力动作要小。

④ 反手接杀挑后场球

用反手握拍，以反拍面将向身体左侧或体前的球挑到对方后场底线区域附近。

动作要领：击球前动作与正手接杀挑后场球一致。左脚（或右脚）向左侧迈出的同时，上体稍向左后侧转体，以肩、肘为轴心，前臂内旋带动手腕伸腕，在身体左前下方做半弧形回环引拍的动作。击球点在身体腰部位置，不可在身体后方击球。击球时，反手握拍，肘关节先摆动，前臂向前挥动的同时，手腕由外展至内收伸腕，手指突然紧握拍柄，产生爆发力，击球托后底侧部将球挑到对方后场。

3. 后场击球

高球一般在后场用来主动进攻或调动、控制对方，所以，也称后场主动进攻技术。后场击球可分为击高远球、吊球、杀球等。

（1）击高远球

由端线击到对方端线、几乎垂直落在有效区内的高弧线飞行球称为高远球。高动球的落点在对方端线附近，可以迫使对方远离中心位置而退到端线附近回击球。根据来球区域以及击球技术可分为正手、头顶、反手击高远球 3 种。

① 正手击高远球

采用正手握拍，击球点选择在右肩前上方、用正拍面击出的又高又远的高远球，称为正手高远球（见图 8-8）。可击直线高远球和斜线高远球。

动作要领：左脚在前、脚尖点地；右脚在后，脚尖朝右，两脚与肩同宽，侧身对网，重心落在右脚上；上体和头稍后仰，注视来球，正手握拍举于右肩上方，拍面面向球网，上臂与躯干和前臂的夹角都在 45°～90° 为宜；手臂放松微向后拉，前臂稍内旋，手腕与前臂保持伸直，左臂屈肘自然左上举，左肩高于右肩。当球下落到一定高度时，持拍手肘部上抬，手臂外旋，充分后仰，以肩为轴做回环引拍动作，手腕充分伸展，球拍垂于右肩后，形成击球前较长的力臂；重心前移落在左脚上，右脚脚尖触地；左手随转体动作伸向左侧，协调右手发力。击球时上臂上举，前臂急速内旋并带动手腕加速向前上方挥动，手腕屈收继续，手指屈指发力握紧

图 8-8 正手击高远球

拍柄，从手腕充分后伸至前屈闪腕动作产生爆发力，以正拍面将球击出。击球瞬间，持拍手臂自然伸直，击球点在右肩上方。右手随击球动作完成后的惯性向左下方挥动，减速后顺势收回至体前；右脚随身体重心前移并向前跨步向中心位置回动，成接球前的准备姿势。

② 头顶击高远球

在左后场区用正手握拍以正拍面在头顶上方击出后场高远球称为头顶击高远球。可击直

线高远球和斜线高远球。

动作要领：击球前动作以及收拍动作与正手击高远球基本一致。击球前，身体偏左倾斜；击球时，上臂带动前臂使球拍绕过头顶，从左上方向前加速挥动，充分发挥手腕的爆发力击球，击球点在头顶或左肩上方。击直线、斜线高远球的区别在于拍面角度的变化。

③ 反手击高远球

在左后场区用反手握拍以反拍面击出高远球称为反手高远球。

动作要领：反手握拍，右肘关节稍往左移，上臂与前臂约成90°，手臂与握拍都要放松，举拍于左胸前，拍头朝上。当右脚向左后场区跨出最后一步时，重心移到右脚上，膝关节微屈，左脚在后，脚跟提起，脚掌内侧点地，背向球网，微收腹，头上仰，眼睛盯球，击球点选准在右肩上方。当球降落到适当高度时，右脚蹬地，上体往后伸展以带动右肘关节往上提，形成肘关节先行之势以带动前臂加速往上挥拍击球。击球时，手腕由原来屈的姿势经前臂内旋至加速伸腕闪击，握紧拍柄，拇指顶压，将球击出。击球后，随着挥拍惯性和右脚向右后蹬转的力量，身体随即转成面对网，向中心位置回动，成接球前的准备姿势。

（2）吊球

吊球技术可分为正手吊球、头顶吊球以及反手吊球。

① 正手吊球（见图 8-9）：在右后场区用正手握拍以正拍面将对方打来的后场球还击到对方网前区域的位置。正手吊球根据出球角度不同，可以吊直线和吊斜线高远球。正手吊球的方法与正手击高远球的动作一致，区别在于击球力量小，击球点偏前一些。在击到球以前的刹那，突然减慢挥拍速度，以手指控制，使拍面适当前倾，作放松收腕、屈腕动作、完成吊球。

图 8-9 正手吊球

a. 正手吊对角球：在右后场区用正手握拍以正拍面将对方打来的后场球还击到对方右场网前区域。动作要领：准备姿势和击球前动作同击高远球。击球时运用前臂旋外使拍面向前下方切击球托右斜侧面，击球瞬间手腕内扣并控制好拍面角度，主要靠手腕、手指控制力量，使球向对角网前飞行。球拍随击球惯性和转体向左下方挥动，上臂旋外，收拍至体前，成接球前的准备姿势。

b. 正手吊直线球：准备姿势、引拍动作同正手吊对角球，不同的是正手吊直线球时，前臂稍内旋展腕，当拍面稍前倾正对前下方目标方向时，挥击球托后部，使球落到对方左边网前区域。最后收拍于体前，成接球前的准备姿势。

② 头顶吊球：在左后场区上空的高球，击球点选择在头顶前上方，用正手握拍法吊球，称为头顶吊球。头顶吊球根据出球角度不同，可以吊直线球和吊斜线球。头顶吊球的方法与正手吊球类似。

③ 反手吊球：在左后场区上空的高球，以反手握拍法，用反拍面吊球，称为反手吊球。反手吊球的方法与反手击高远球类似，不同的是挥拍速度较慢，力量小，拍面角度小（使反拍面略前倾），要准确地控制拍面角度，运用手腕转动进行明显的切击动作。

（3）杀球

杀球根据场地可分为正手、头顶以及反手杀球；根据出球角度不同，杀球可分为杀直线球和斜线球。以下以正手杀球和头顶杀球为例进行讲解。

①正手杀球（见图 8-10）：在自己右侧中、后场区上空的高球，用正手握拍，以正拍面在右肩前上方将对方击来的球，在尽可能高的击球点上全力将球从高处向对方场区扣压的一种击球方式。正手杀球可杀直线球和斜线球两种。动作要领：准备姿势和击球前动作与击高远球相似。击球点在右肩前上方（比击高远球的击球点稍靠前）。击球前身体后仰，几乎呈弓形。在击球瞬间，将上下肢的力量调动起来，以肩为轴，前臂内旋，通过手腕前屈微收，快速闪腕发力，以正拍面向前下方全力下压击球。杀球后，球拍随击球惯性向左下方挥动，然后回收到胸前，成接球前的准备姿势。杀直线球斜线球的区别是，拍面向正前下方扣杀，为杀直线球，拍面斜向一侧扣杀，为杀斜线球。

②头顶杀球：在左后场区上空的球，击球点选择在头顶上方，以正手握拍法，用正拍面扣杀球，称为头顶扣杀球。头顶杀球与

图 8-10　正手杀球

头顶击高远球技术动作相似，不同点在于击球点要偏前一些，这样才能使球往下飞。另外，头顶杀球的发力需要更多利用腰腹力量带动手臂发力，不借助腰腹力量难以杀出有威力的球，同时也容易丢失重心，难以回动。

8.2.4　步法

羽毛球运动的步法包括起动、移动、到位配合击球和回动 4 个环节。

（1）起动：对来球进行信息加工和判断，迅速从中心位置上的准备接球姿势转为向击球位置出发，称为起动。准备动作：两脚分开比肩稍宽，脚前掌着地，脚跟提起，膝关节微屈，上体稍前倾，重心落在两脚之间，持拍于腹前。来球时重心下降，双脚蹬地，朝来球方向移动。

（2）移动：指从中心位置起动后到击球位置的移动方法。影响移动速度的因素有步数的多少、步频的快慢和步幅的大小。移动的方法通常采用交叉步、并步、垫步、蹬转步、蹬跨步等。

（3）到位配合击球：移动本身不是目的，它是为击球服务的。所谓"步法到位"，就是指根据不同的击球方式，移动到最适合这种击球的最有利位置。

（4）回动：击球后，应尽力保持身体平衡，并即刻向中心位置移动，以便在中心位置上做好迎击下一个来球的准备，"中心位置"一般是指场区中心略靠后的位置。

本小节重点讲解 3 个重要步位。

1. 前场上网步法

前场上网步法指从场地中心位置向网前移动的步法。可视对方来球方向不同分为正手上网步法、反手上网步法和蹬跳上网扑球步法三种。为了便于随时起动，准备姿势应为两脚稍前后开立（右手持拍者右前左后），轮换弹动，以随时调整身体重心。

（1）正手上网步法：从球场中心准备姿势开始，运用交叉步或并步向右前场区域方向移动接球的步法。动作要领：成接球前准备站位姿势，左脚向身体右侧前方来球方向迈出一小步，紧接着左脚用力蹬地，同时右脚经左脚向右前方跨出一大步成弓箭步接球。右脚触地时，脚后跟先着地再过渡到前脚掌，脚尖朝外，左手自然后拉，以保持身体平衡。接球后左脚稍微向右脚跟进靠拢，保持右脚在前的并步撤退步法，还原成接球前的准备姿势。

大学体育与健康

（2）反手上网步法（见图8-11）：准备姿势同正手上网步法，只是移动时身体向左侧前场区域移动接球。

2. 左右两侧移动步法

两侧移动步法是指从中心位置向左、右两侧边线移动的步法。

（1）正手接杀球（见图8-12）：由中心位置向身体右侧的右场区域

图 8-11　反手上网步法

移动。起动后，左脚掌内侧用力起蹬，同时向右转髋，右脚向右侧跨出一大步，重心落在右脚上，脚尖偏向右侧以脚趾制动，身体略向右侧倒成侧弓箭步接球。击球后以右脚前掌回蹬。

图 8-12　正手接杀球

（2）反手接杀球：由中心位置向身体左侧的左场区域移动。起动后，右脚用力向来球方向蹬地，向左转髋的同时，左（或右）脚向来球方向跨一大步接球，左（或右）脚尖稍外展，脚跟触地成侧弓箭步，接球后左（或右）脚掌即向中心位置蹬地回位。

3. 后退步法

后退步法指从中心位置后退到端线的步法。后退步法是羽毛球步法中最常用且难度较大的动作。

（1）正手后退步法：身体面对球网，往身体右后侧后场区域移动接球，可分为蹬转一步起跳后退、并步后退和交叉步后退等。

此处介绍并步后退步法（见图 8-13）：起动后，右脚向来球方向后退一小步，左脚紧随其后蹬地向右脚并一步，重心放在右脚上。此时起跳击球动作可采用单脚起跳双脚落地或双脚起跳双脚落地，还可以使用交换腿起跳步法。击球后即向中心位置回位。

图 8-13　并步后退步法

（2）头顶后退步法：在身体左侧的后场区域运用正手击球。头顶后退步法与正手后退步法一样，分为头顶蹬转一步起跳后退、蹬转二步起跳后退和交叉步后退等。其区别在于起动后右脚第一步蹬转是向身体左后场区域迈出。

以头顶交叉步后退步法为例：起动后，右脚向身体左后侧场区来球方向后退一小步，左脚紧随其后经右脚往后交叉一小步，紧接着右脚再往左后撤一步，重心落在右脚上，呈后场侧身对网高手击球动作准备姿势。此时采用交换腿起跳协助完成击球动作，击球后即向中心位置回位。

（3）反手后退步法：运用反手击球法接救身体左侧后场区域来球，可根据来球与身体之间的距离远近分为垫步蹬转后退和蹬转交叉步后退两种。

以反手蹬转交叉步后退步法为例：起动后，以左脚前掌为轴，右脚向左后方蹬转，使身体转向左后方；紧接着右脚经左脚前向左后场区跨一步成背对网姿势；同时在移动过程中由正手握拍转换成反手握拍；接着左脚迈一步，右脚再迈一步，重心移至右脚上，在右脚着地时发力反手击球。击球后，右脚往右后方蹬转，身体随即转成面对网，向中心位置回动。

8.3　羽毛球运动的基本战术

8.3.1　单打战术

1．单打进攻战术

（1）发球战术

① 保持发球技术动作的一致性。做到各种发球技术前期的动作一致，就能使对方无法预先把握己方发球的时机和意图，从而回球质量不高，为本方再次进攻创造机会。

② 控制好发球的节奏。每次发球，从准备发球到球发出去（球从拍面弹出）的时间长短往往会扰乱对方判断，导致被动接球或接球失误（但应注意不要发生发球违例现象）。

③ 机动地变换发球点和发球的弧线。针对对手的技术特点，可将球发向对方接球能力最薄弱的部位，而等对方有了心理预判之后，又可出其不意地改变发球点。

④ 善于发现和把握对方接发球的习惯球路。在发球前要预判对方接发球的球路，并重点防备，抓住战机，果断出手。

（2）发球抢攻战术

发球抢攻是比赛中重要得分手段。运用不同的发球方法，配合发球抢攻战术可取得前几拍的主动权，并打乱对方的整个战略部署，让对方措手不及。

① 发前场区抢攻战术

不使对方马上进行攻击，同时准确、有意识地判断对方的回击球路，组织并发动快速、强有力的抢攻。如果抢攻质量高，可直接得分或获得下一次攻击的机会。

② 发平高球抢攻战术

首先是配合发前场区球抢攻；其次是让对手进行盲目进攻或在本方判断的范围之内进攻，使本方能从防守快速转入进攻；再是迫使对方失去场上主动从而出现失误。

③ 发平快球抢攻战术

首先要和发网前球相结合，以偷袭对方空当；其次是逼对方被动采用平抽快打；然后是把对方逼至后场区，使其出现网前区的空档。

（3）压后场战术

采用击高球、平高球、推球等技术反复、快速地将球击到对方后场底线附近，造成对方

大学体育与健康

被动；待回球质量差时发起进攻，或乘对方注意力只顾及后场时突然吊网前球。当遇到后场还击能力较差的对手时可采用此战术，攻对方后场底线两角（尤其是反手场区），效果甚佳。

（4）攻前场战术

采用吊球、放网前球、搓球、勾对角球等技术反复、快速地将球击到对方网前，调动对方不停地移动，打乱防守节奏，使其在网前对击中出现失误；或当对方勉强回击成高球时，立即进攻其后场。对网前技术较差的对手，此战术极为有效。

（5）四方球结合突击战术

利用击高远球、平高球，吊球，挑球，搓球，推球，放网前球等技术准确地将球击到对方后场底线两个角和网前两个角，调动对方前后左右奔跑，使其来不及回到中心位置或身体失去重心，回球质量降低或出现空档，令本方抓住弱点进行突击进攻。此战术针对移动慢、技术不全面、体力差、情绪易急躁的对手较为有效。运用该战术时要求击球落点角度大、稳、准，线路变化多。

（6）"杀上网""吊上网"战术

当对方击高球至后场时，本方采用吊球、杀球等技术将球下压，落点选择在网前两边线附近，将对手调至网前；当判断对方挡回网前球时，快速上网高点控制网前，采用搓球、勾球和推球取得主动，创造中场杀球机会。此战术针对接杀球、网前球技术较差，步法移动较慢的对手较为有效。采用此战术时，必须能很好地控制杀、吊球落点，才能使对手被动回球或回球质量下降，从而取得主动，迅速上网封杀或中场进攻得分。

2. 单打防守战术

单打防守战术指根据对手进攻特点，积极调整战术，变被动为主动，并伺机由守转攻。以下介绍2种简单的单打防守战术。

（1）接发球战术

接发球要力争不给对方直接进攻的机会，把球回击到远离对方所站位置的落点对方移动方向的反向落点，或对方回球技术薄弱的位置，迫使对方被动回球。接发球时须思想高度集中，见机行事。

（2）回击底线两角高远球战术（见图8-14）

采用高远球将球击到对方后场底线两个角，迫使对方退到底线附近，打乱其进攻节奏；利用高远球飞行时间，快速回到中心位置，调整节奏，寻找进攻机会，从而夺回主动权。运用此战术要求运动员具较强的回击后场高远球能力以及起动反应快、步法移动到位的能力。

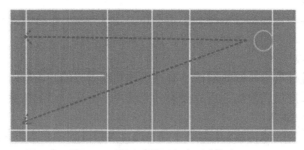

图8-14 回击底线两角高远球战术

8.3.2 双打战术

1. 双打进攻战术

（1）发球战术

① 根据接发球方站位进行发球：若接发球方站位靠后，应以发前场近网区球为主；若接

发球方站位靠前，可发后场区域平高球，还可以发平快球偷袭对手右接发球区底线内角处，以获得第三拍的进攻机会。

② 调整节奏进行发球：发球时间应快慢结合，使对方摸不准击球时间，扰乱其起动和回击节奏，以利发球方掌握主动。

③ 抓住对手打法上的弱点进行发球：根据对手在网前、后场击球能力和区域弱点进行发球，扰乱其队形，干扰其战术应用。

（2）接发球战术

① 接发网前球：若对手发来的网前球弧度较高，可快速上网将球追身扑向对手。若对手前后站位且网前球弧度控制良好，可用搓球将球回击到该对手一侧边线处，或沿边线快速平推至后场，或轻推至中场。

② 接发后场球：若对手发来后场球，应快速起动扣杀，可对发球者追身扣杀；若不能快速起动扣杀，则应以平高球回击至对方底线两端。若发球者发球后后退准备接杀球，可将球拦吊至网前两角。

（3）攻中路战术

① 当对方采用左右并列站位时，把球打在两人的中间。

② 当对方采用前后站位时，把球下压或轻推在边线半场处。前场队员拦截不到，后场队员又只能以下手击球放网或挑高球，容易导致回球质量下降，使己方获得封网或杀球的机会。

（4）避强打弱战术

又称"二打一"战术。当发现对方两人技术水平悬殊时，己方可把球集中攻向能力较弱者，使其频繁失误。如果强者抢打来球，场上便会出现空档，可乘虚进攻。还可先盯住弱者攻几拍后突然改攻强者，因为强者常想保护弱者，注意力集中在弱者一方，此时反攻强者往往奏效。

（5）后攻前封战术（快攻压网战术，见图 8-15）

双打比赛中最常见的进攻战术。当己方取得主动攻势时，后场队员逢高必杀，不断变换杀球路线，并配合吊球打乱对方防守阵脚；前场队员则在网前积极移动封网。

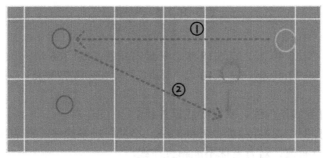

图 8-15　后攻前封战术

2. 双打防守战术

（1）挑压两底线伺机反击战术

己方处于防守状态，对方采用连续杀球进攻时，己方接杀球可直接挑球至对方底线。对方若杀直线球，己方便挑斜线球；若杀斜线球，己方则挑直线球，使对方在底线两角来回奔跑，消耗体力，迫使其放弃进攻，己方趁机寻找反攻机会。

（2）抽压两底线伺机反抽战术

己方处于防守状态，接到速度慢、弧度较平的杀球时，应以平抽球反击对手底线。对方若杀直线球，己方就抽斜线球；若杀斜线球，己方就抽直线球，并随时准备迎击对方回击的

大学体育与健康

平抽球，从而由被动防守转为对攻形势。若对方不再抽球而回底线或挡网前，已方可由一左一右的防守站位转换为一前一后的进攻站位，并猛攻对方空档和弱点。

8.4　羽毛球运动的基本规则与裁判

8.4.1　羽毛球比赛场地

1. 场地

羽毛球比赛场地是专门用于羽毛球比赛和训练的矩形空间，如图 8-16 所示，以下为详细介绍。

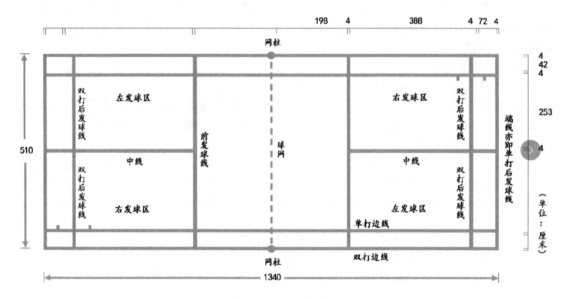

图 8-16　羽毛球场地

（1）场地尺寸

① 单打场地：长 13.40 米，宽 5.18 米，场地对角线长 14.366 米。

② 双打场地：长 13.40 米，宽 6.10 米，场地对角线长 14.723 米。

（2）场地界线

① 边线：单打界线是内线，双打界线是外线。

② 端线：单打和双打的界线都是外侧的线。不过后场发球线（离端线 0.76 米且与端线平行的线）只在双打有效，对方发球不能超过此线。

③ 前场发球线：距离球网 1.98 米，且与网平行的两条线。普通羽毛球比赛时，球员需站在前发球线之后发球，并且球一定要过对方的前发球线。

2. 网柱

网柱两端离地面的高度为 1.55 米，球网中央离地面的高度为 1.524 米。网柱必须稳固地同地面垂直，并使球网保持紧拉状态。网柱或代表网柱的条状物应放置在边线上。

8.4.2　羽毛球比赛方法

1. 比赛分类

羽毛球比赛分为男子单打、女子单打、男子双打、女子双打、男女混合双打 5 项。

2. 计分方法

除非另有商定，一场比赛采用三局两胜制，采用每球得分制。率先得到 21 分的一方赢得当局比赛；如果双方比分打成 20 比 20，获胜一方需超过对手 2 分才算取胜；如果双方比分打成 29 比 29，则率先得到第 30 分的一方取胜。

3. 发球

（1）发球员和接发球员应站在斜对角的发球区内，脚不触及发球区和接发球区的界线。

（2）从发球开始到球发出之前，发球员和接发球员的两脚必须都有一部分与球场地面接触，不得移动。

（3）发球员的球拍应首先击中球托。

（4）在发球员球拍击中球的瞬间，整个球应低于 1.15 米。

（5）在击球瞬间，发球员应使整个球拍头部明显低于发球员的整个握拍手部。

4. 违例

（1）球从网孔或网下穿过，球不过网，球触及运动员的身体和衣服，球触及球场外其他物体或人。

（2）比赛中，球拍与球的最初接触点不在击球者这一边（击球者在击中球后，球拍可以随球过网）。

（3）击球时，球停滞在球拍上，紧接着被拖带抛出。

（4）同一运动员两次挥拍，连续两次击中球。

（5）比赛时，运动员的球拍、身体或衣服触及球网或球网的支撑物。

（6）运动员的球拍或身体从网下侵入对方场区导致妨碍对方或分散对方注意力。

（7）比赛时，运动员故意做出分散对方注意力的任何举动，如喊叫、故作姿态等。

（8）同方两名运动员连续击中球。

（9）球触及运动员球拍后继续向其后场飞行。

（10）发球时，球挂在网上、停在网顶或过网后挂在网上。

5. 死球

（1）球撞网并挂在网上或停在网顶。

（2）球撞网或网柱后开始向击球者一方地面落下。

（3）球触及地面。

（4）宣报"违例"或"重发球"。

8.4.3　裁判员

主裁判员：负责比赛的全面工作，包括规则执行和比赛进程掌控，具有最终裁判权，有权判定和决定所有争议和问题。此外，主裁判员还需判断发球时接发球队员是否违例，负责其所在侧前场的界内界外判定。

副裁判员：协助主裁判员进行比赛监督和规则执行，观察比赛场地和运动员表现，判定球是否出界或违例。

发球裁判员：主要负责判断发球是否违例。

司线员：包括中线裁判员、底线裁判员、边线裁判员等。中线裁判员负责检查发球是否错区；底线裁判员负责判断球是否出底线，以及双打比赛中发球是否发出了长球；边线裁判员负责判断球是否出边线。

记分裁判员：负责翻分，监督比赛中每个球的计分，确保比赛准确计分。

本章小结

　　本章主要讲解羽毛球运动的各种基本技术的动作要领和特点，以及羽毛球运动的基本战术和基本规则。读者可以理解不同击球技术在不同场景下的运用时机与相互配合方式，以及各种规则对比赛进程和战术的影响，从而建立起对羽毛球运动全面且系统的认知框架。

思考与练习

1. 羽毛球运动的特点有哪些？
2. 羽毛球运动的基本技术包括哪些？
3. 试述羽毛球运动单打和双打的基本战术。
4. 简要叙述羽毛球运动的基本规则。

第9章

网球运动

网球运动被誉为世界第二大运动，亦是首届现代奥林匹克运动会的唯一的球类项目。本章讲解网球运动的起源与发展，其特点和带来的诸多健康益处；详细讲解基本技术，如握拍法、基本步法，还有发球、接发球等；同时讲解单打、双打战术，剖析网球运动的基本规则与裁判。

学习目标	掌握网球运动的基本知识与技能，激发对网球运动的兴趣，树立健康意识，为终身体育奠定基础。
能力目标	拓展网球运动的基本技术和战术，提高网球竞赛观赏水平，全面提高身体素质。
素养目标	培养集体主义、爱国主义精神，塑造优良品质，弘扬传统美德，促进身心全面发展，培养进取、团结的精神。

9.1 网球运动概述

9.1.1 网球运动的起源与发展

网球运动起源于法国。早在 12～13 世纪，法国的传教士就常常在教堂里的回廊里，用手掌击打一种类似小球的物体，以此来调节教堂生活。渐渐地这种活动传入法国宫廷，并很快成为王室贵族们的一种娱乐游戏，当时，他们把这种游戏称为"掌球戏"。开始这种游戏只是在室内进行，后来又移到室外，即在一块开阔的空地上，将一条绳子架在中间，两边各站一人，双方用手来回击打一种裹着头发的布球。14 世纪中叶，法国王储将这种游戏使用的球赠予英国国王亨利五世，这种游戏便传入了英国。当时这种球的表皮是用绒布制作的，英国人就将这种球称为"Tennis"，并且流传下来，到现在我们使用的球还保留着一层柔软的绒面，"Tennis"也就成了网球运动的专用语。

9.1.2 网球运动的特点

网球运动的特点是球小、速度快、变化多。在室内外都可以进行，运动量可大可小，不同年龄、不同性别、不同身体条件的人均可参加此项活动。网球运动可由两人组成单打比赛，四人组成双打比赛，也可由不同性别组成男女混合双打比赛。经常参加网球运动，可增强体质，促进身体的全面发展。

9.1.3 网球运动的健康益处

网球运动有诸多健康益处。

（1）能提高身体素质，运动员须具备力量、速度等多方面良好素质，网球运动对全面身

大学体育与健康

体素质发展有促进作用，使人反应灵敏、活动能力持久。

（2）促进体格均衡发展，击球过程需上下肢及多处肌群协调配合，可使身体各部位得到锻炼，矫正姿势，形成健美体形。

（3）增强呼吸系统功能，网球运动中有氧和无氧运动交替，以有氧运动为主，能提高肺活量等呼吸系统功能。

（4）强化人的心理品质，单打时需独自面对难题，高度集中精力，每球必争，有助于锻炼意志，培养优良心理素质。

（5）缓解压力、放松身心，网球运动中全神贯注的活动有利于摆脱身心压抑和束缚，促进身心健康。

9.2 网球运动的基本技术

9.2.1 握拍

1. 握拍分类

在所有的网球技术中，最基本的是握拍，它能直接影响球拍面接触球的角度。目前世界上流行的握拍法主要有 4 种，即东方式握拍、西方式握拍、大陆式握拍和双手握拍。

（1）东方式握拍分正手和反手。正手握拍又称握手式握拍，用食指底部关节压住拍柄右垂直面；反手握拍是在正手握拍时，左手握紧拍颈，将右手向内转动 90°，食指底部关节压住拍柄上平面。

（2）西方式正手握拍是将球拍平放在地上，手掌从上面握住拍柄，食指底部关节压住拍柄的右下斜面；西方式反手握拍是将正手握拍时的球拍面翻过来，用同一拍面击球。

（3）大陆式握拍（见图 9-1），又称握锤式握拍。正反手击球采用同一种握拍方法，不需要变换握拍方式，即用食指底部关节压住拍柄右上斜面。

（4）双手握拍（见图 9-2）一般用于反手击球，握拍方法变化很多。常见的一种握拍方法是左手的东方式正手握拍加上右手的东方式反手握拍，右手握在拍柄底端，左手握在拍柄上端。双手握拍也用于一些少儿的正手击球，但是左右手的上下位置颠倒。双

图 9-1 大陆式握拍　　　图 9-2 双手握拍

手击球无论正手还是反手，都必须将来球方向同侧的手握在拍柄上端，另一只手握在拍柄下端。

2. 握拍的选择

（1）正手击球的握拍法。正手击球有平击球、上旋球、切削球等几种打法。一般教学都采用东方式握拍平击球，这种方法易于掌握，便于击打不同高度的来球，因此特别适合初学者学习。随着技术的提高，可以选择西方式握拍，这种方法比较适合打高点球，但较难处理低点球。正手切削球技术一般选择大陆式握拍的效果比较好。

（2）反手击球的握拍法。反手击球时，一般运动员常常选择东方式反手握拍和双手握拍，其中最基本的是东方式反手握拍。轻式反手握拍在击球时动作流畅，比较容易处理高点球和低点球，击球点的有效范围较大。双手握拍较适合力量不足者或初学者，这种方法比较好掌握，便于对球施加上旋、容易发力；不足之处是较难击打较高或较低的来球，对步法要求较高，击球点的有效范围也较小。

（3）发球和高压球的握拍法。通常情况下，发球和高压球的握拍法是相同的。在初学阶段，

一般先用东方式正手握拍练习，等具有一定基础以后，再将握拍方法变换为大陆式握拍。

（4）上网截击球的握拍法。在初学阶段，正手截击球提倡采用东方式正手握拍；反手截击球采用东方式反手握拍。等到网前截击的球感增强后，再选择大陆式握拍。

（5）挑高球的握拍法。正手挑高球时基本以东方式正手握拍为主；反手挑高球时，以东方式反手握拍为主。双手握拍也可以用来挑上旋高球。

9.2.2 步法

为了适应激烈比赛的需要，步法训练越来越受到教练员和运动员的重视。没有灵活的步法，就不可能及时抢占有利的击球位置，无法有效地回击来球。网球运动中有一句俗语：手法是基础，步法是关键。由此可见步法在网球运动中的重要性。步法的好坏与专项身体素质练习及技术水平都有一定的关系，因此步法训练必须与专项身体素质练习及技术训练相结合。

1. 正手击球的步法

（1）东方式正手击球要充分利用身体重心的前后移动来击球，因此一定要保证向前迈步击球的步法。常采用关闭式步法，侧身迎来球，如图 9-3 所示。击球前重心在后脚，击球时重心移至前脚。

（2）西方式正手击球主要用转肩的力量来提拉上旋球，所以击球时重心落在后脚上，常采用开放式步法，如图 9-4 所示。

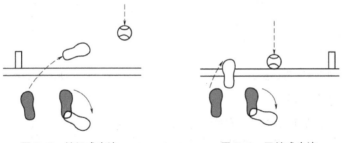

图 9-3　关闭式步法　　　　　图 9-4　开放式步法

2. 反手击球的步法

（1）单手反拍击球时，右脚要跨过左脚，保持背对来球，击球时重心在前脚，如图 9-5 所示。

（2）双手反拍击球基本有两种站姿：一种是侧对来球站立，如图 9-6 所示；另一种是双脚对球网开放式站立如图 9-7 所示。

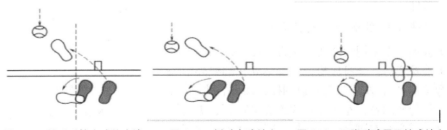

图 9-5　单手反拍击球的步法　　图 9-6　侧对来球站立　　图 9-7　双脚对球网开放式站立

3. 发球的步法

发球时，不论是站在右区还是左区，都要保持右脚脚尖指向右网柱，并且两脚尖的连线

大学体育与健康

指向相应的发球区。开始挥拍前重心在前脚，然后随向下、向后挥拍的同时将重心后移，再随着上举拍向前蹬腿，利用重心前后移动的力量来增加发球速度，如图 9-8 所示。另一种其步位是后脚靠近前脚的发球步法，如图 9-9 所示，随着上举拍结束，在准备向上击球之前，后脚靠近前脚，平稳地向前移动重心，保持双脚同时向上发力击球。

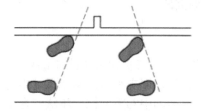

图 9-8　发球站位的步法

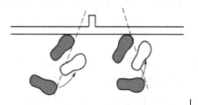

图 9-9　后脚靠近前脚的发球步法

4. 截击球的步法

正手截击球针对 3 种不同情况的来球，有 3 种步法，见图 9-10：一是来球恰好在正手击球位置，向前跨出左脚侧对来球迎击；二是来球稍远离身体，采用左脚跨过右脚的步法击球；三是来球直接奔向身体，要迅速撤右脚，再顶住左脚，用重心前移来挡击球。反手截击球步法与正手截击球步法相同，只是左右脚运动相反，见图 9-11。

图 9-10　正手截击球的步法

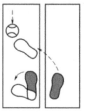

图 9-11　反手截击球的步法

5. 高压球的步法特点

高压球一定要保持侧对来球，右脚与底线平行，左脚尖稍指向右网柱。高压球的常用步法有 2 种：一种是向后交叉步法，一种是向后侧滑步法如图 9-12 所示。

9.2.3　发球

在现代网球运动中，发球是最重要的技术之一，是唯一由自己掌握的击球法，它可以不受对方制约，在较大程度上发挥个人特点，用以控制对方，为自己的进攻创造有利条件。

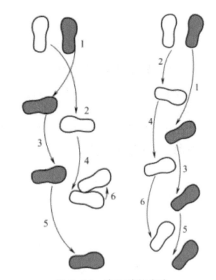

图 9-12　高压球的步法

1. 发球（见图 9-13）动作要领

（1）握拍。多采用大陆式或东方式反手握拍法。

（2）准备姿势。全身放松，侧身站立在端线外中场标记近旁（单打），左肩对着左边网柱，面向右边网柱，两脚分开约与肩同宽，左脚与端线约成 45°，右脚约与端线平行，重心在左脚上。左手持球轻托球拍于腰部，拍头指向前方，呼吸均匀，精神集中。

（3）抛球与后摆拉拍。抛球与后摆拉拍同步开始。抛球手拇指、食指和中指轻轻托住球，掌心向上。当球拍向下、向后拉拍时，抛球手同时下降至左腿处；紧接着当球拍从身后向头上方做大弧度摆动、身体左转体、屈膝、展肩时，持球手柔和地在身前左脚前上举，直至伸直并高及头顶时抛球，动作要协调、平稳。此时右肘向后外展约与肩同高，拍头指向天空；左侧腰、髋呈弓状，身体重心随着抛球开始先移向右腿，然后平稳地前移，此刻，肩与球垂直。

（4）击球。当左手抛出球时，球拍继续向上摆起，此时握拍手的肘关节放松，向前转动的身体和右肩自动化地使手臂产生一个完美的绕圈。当球下降至击球点时，迅速向上挥拍击球，左脚上蹬，使手臂和身体充分伸展。当身体向前上方伸展击球时，双肩已回转并与球网平行。挥拍击球时，握拍手腕带动小臂做旋内"鞭打"动作，这是发球发力的关键，也是重心前移、蹬腿、转体、挥拍等力量集聚的总和。

（5）随挥。球发出后，身体向场内倾斜，保持连续、完整的向前上方伸展随挥动作。球拍挥至身体左侧，重心移向前方，最终保持身体平衡。

图 9-13　发球动作

2. 发球的分类

发球基本分 3 类：平击发球、切削发球和上旋发球。每一种发球都有自己的特点和用途，好的发球具有相当大的攻击性，并使发出的球在力量、速度、旋转和落点方面有所变化。

（1）平击发球。平击发球的也称炮弹式发球。该发球的球速快，而且反弹力低。如果发球者身材高大，就可以借助高点击球的空中优势直接进攻对方；如发球者身材矮小，则不宜使用平击发球，因为这种发球虽然力量大、球速快、威胁大，但命中率较低。平击发球的击球点应在身体的右前方，以拍面中心平直对准球，击球的后中上部。此时手腕向前抖甩和前臂的旋内"鞭打"非常重要，身体充分向上、向前伸展，以获得最高击球点，提高发球命中率。

（2）切削发球。这是一种以右侧旋转为主的发球法，即由球的右上往左下切削击球。切削发球不仅球速快、威胁大，而且容易提高命中率，因此被世界上很多运动员采纳。切削发球时把球抛到右侧斜上方，球拍快速从右上方至左下方挥动，击球部位在中部偏右侧，使球产生右侧旋转。

（3）上旋发球。这是一种以上旋为主、侧旋为辅的发球法。由于球的旋转成分多于切削发球，球产生一个明显的从上向下的弧形飞行过网；发力越强，旋转越多，弧形就越大，命中率也越高。落地后球高弹至对方左侧，迫使对方离位接球，给对方造成很大压力，同时为发球上网争取足够的时间。

9.2.4　接发球

（1）握拍法。应根据个人的握拍习惯来决定握拍法。大陆式握拍在正反拍击球时无须变换握拍；东方式握拍或西方式握拍在正反拍击球时须变换握拍。球一离开对方球拍，就应决定是否转变握拍。向后小拉拍时改换握拍法要迅速及时，才能接好发球，特别是在快速场地上更需要争取时间。

大学体育与健康

（2）准备姿势及站位（见图 9-14）。接发球的准备姿势无固定格式，只要能以最快速度还击球即可。当对方发球前，可以膝盖弯曲，两腿开立；当对方抛球准备击球时，可以抬起两脚快速交替跳动，并判断来球位置，迎前回击。接发球的站位要根据对方的发球水平和自己接发球的水平、习惯、场地和战术需要而定，大致应站在对方能发到内外角的底线上。接第一发球时站位稍后些，接第二发球时站位略前。

（3）击球。击球动作一般根据对方发球质量和速度快慢而定，介于底线正反拍击球动作和截击球动作之间。面对发球差、速度慢的选手，可用自己的底线正反拍动作来接对方发球；面对发球好、速度快的选手，可用网前截击球的动作来顶接对方发球，这样接出的球近乎平击球，威胁较大。接好发球的关键在于快速判断、迅速反应、充分准备。击球点在身体前面。接发球时，一旦判断来球方向，即转动双肩，并马上向前迎击来球。接大力平击发球时，球靠近身体，多向左侧身用反拍顶击球；用正拍侧身抢攻则需要更快、更早的动作，即迎上去顶击球。击球时要握紧球拍，手腕保持固定，使拍面正对来球，身体的向前动作加上发球者的球速将提供接发球所需的力量。

图 9-14　接发球的准备姿势及站立

9.2.5　抽击球

抽击球分为底线正拍抽击球、底线反拍抽击球、侧身抽击球、中场抽击球四大部分，包括平击、上旋、下旋、混合旋转等各种抽击法。每种抽击法的特点不同，所起的作用也不一样。以下主要介绍底线正拍抽击球、底线反拍抽击球和侧身抽击球。

1. 底线正拍抽击球（见图 9-15）

（1）握拍法。正确的握拍法一般应为东方式正手握拍。

（2）准备姿势。正确的底线正拍抽击球总是提前进入准备状态，因为正手击球需要时间较长的挥拍动作。准备时，面对球网，两脚分开与肩同宽，身体前倾，双膝微屈，重心落在前脚掌上。右手握拍，左手轻托拍颈，拍面垂直地面并指向对方，注意力集中准备迎击来球。

（3）后摆。当判断对方击球朝正拍方向时，就应开始向后拉拍，转髋的同时转动双肩，带动球拍向后引，呈弧形后摆或直接向后拉拍，肘关节弯曲并稍抬起；与此同时左手向前伸出，以保持身体平衡。

（4）击球。当球拍由后摆进入向前挥动时，一定要向前迎击球，借助转髋和腰的快速、短促扭转用力，利用离心力大力摆动身体并挥击球拍。此时应紧握球拍并固定手腕，肘关节微屈，击球点在轴心脚侧前方。

（5）随挥。击球后，球拍沿着球飞行方向继续向上挥动，肘关节向前上方跟进前伸，转体动作也由后摆时的侧身对网转向正面对网。球拍随挥至左肩上方结束，动作放松，同时马上还原，准备回击下一次来球。

图 9-15　底线正拍抽击球

2. 底线反拍抽击球（见图 9-16）

（1）准备姿势和握拍法。准备姿势与底线正拍抽击球相同。当判断对方来球方向为反拍时，握拍法由东方式正手握拍转成东方式反手握拍。

（2）后摆。左手轻托球拍颈部，转动双肩。右肩侧身对网，几乎背对球网，同时右脚向左侧前方约 45°跨出。全身自然放松，注意力集中，握拍手肘关节弯曲并贴近身体。

（3）击球。要把球打得又凶又准，必须向前迎击球。力争打上升球，因为上升球比下降球有更快速度和更大力量可借，回击球的速度也比较快。当向前挥拍击球时，朝着球网一鼓作气地回身转腰，拍面垂直地面，肘关节微屈并外展，手腕紧锁，由下向前上方奋力挥出。击球瞬间，身体重心由后脚移向前脚。

（4）随挥。由于腰的扭转，击球后身体面向球网。为了控制球，跟进动作时球拍向上挥到肩或头部高度，同时保持身体平衡，准备下一拍击球（图 9-16）。

3. 侧身抽击球（见图 9-17）

以底线正拍侧身抽击球为例，动作要领基本同底线正拍抽击球。

（1）准确判断来球，以车方式正手握拍和底线正拍抽击球技术为基础。

（2）提高步法的移动能力，不但要移动到击球位，还要迅速调整好球与身体的距离。

（3）发力时重心由右脚迅速转向左脚，腰部发力并带动手臂，此时以开放式步位为好，挥拍击球方向应跟随球击出的方向。

图 9-16　底线反拍抽击球　　　　　　图 9-17　侧身抽击球

9.2.6　高压球

（1）高压球的动作与发球动作相似，握拍法也与发球握拍法类似。当对方挑高球时，应立即侧身转体并用短促的垫步向后退，同时侧身，持拍手上举，在头部向后引拍，重心在两脚前脚掌上，后腿弯曲，随时准备跳跃扣杀。

（2）准备击球时，非持拍手上举指向来球方向，击球法与发球时击球一样，击球点在右眼前上方。如果挑起高压球，用后脚起跳，转体，挺胸，收腹，击球后用左脚着地，同时右脚向前跨，准备再上网截击。

（3）近网高压球击球点可偏前，便于下扣动作的完成；远网后场高压球击球点可稍后，击球动作向前下方挥击，以防下网。

（4）击球后的跟进动作尽量与发球一样完整，起跳时要保持身体平衡。

9.2.7　截击球

截击球可分为中场截击和近网截击，又可分为低球截击和高球截击。中场截击又分为正拍中场截击和反拍中场截击。

1. 正拍中场截击

（1）面对球网，两脚分开与肩同宽，膝关节微屈，重心在两脚前脚掌上。在对方击球前，脚跟提起，转髋转肩。左脚向侧前方做 45°跨步，以转肩带动球拍后摆，后摆动作不超过肩，肘关节微屈，手腕成 45°，拍面略开。

（2）截击时手腕紧固，击球点在左脚尖的延长线上，以短促而有力的动作向前迎击来球，触球部位在球的中下部。

（3）由于中场截击距离较长，击球后的跟进动作要随着球的行进路线稍长一些，但不能过长，否则会影响下一次击球的准备动作。随后向网前逼近，准备近网截击或高压。

2. 反拍中场截击

（1）准备动作与正拍中场截击相同。判断来球后，向左侧转肩转髋，同时左手托拍颈向后引拍，拍面略开至身体前面，后引动作不超过左肩。

（2）击球时右脚向侧前方 45°跨出，重心前移到后脚上，同时向前向下截击来球，击球点位于右脚尖前面。手腕固定，肘关节微屈，利用前臂与手腕向前下方击球。

（3）击球后的跟进动作与正拍中场截击类似。

9.3　网球运动的基本战术

9.3.1　双打战术

（1）发球局战术：双打中的发球局与单打中的发球局一样，是直接对对方实施进攻并以发球为龙头，带动网前及抢网战术的运用。发球局战术包括发球上网、发球上网抢网、澳大利亚战术。

（2）接发球局战术：接发球局战术运用的成功与否取决于接发球的质量。为了变被动为主动，接发球时不能只在底线被动防御，而是要采取主动进攻、积极上网的战术。在运用接发球局战术时，要根据对方发球及网前的攻势，提高己方接发球的质量，做到灵活机动，防止瞎打瞎冲。接发球局的战术包括接发球双上网战术、接发球双底线战术、接发球网前抢网战术等。

9.3.2　单打战术

单打战术的运用要有独立作战的能力，头脑冷静，适应能力强，既能控制球路，又能大力抽杀，积极主动进攻。在战术的运用上，能根据自己的技战术特点，把各种战术有机地结合起来运用。单打战术主要有上网型打法、底线型打法、综合型打法等。

9.4　网球运动的基本规则

9.4.1　网球场地

网球场地分硬地、土地、草场、涂塑料地和沙地。硬地是水泥或沥青球场，球落地后反弹高、速度快，属快速场地，这种球场对上网打法很有利；土地是黄泥球场，球落地后的速度较慢，属慢速场地，适合以稳守为主的底线型打法；草地属中速场地，适合混合型打法；涂塑料地和硬地相近；沙地则属于慢速场地。

1. 场地各线的宽度

（1）全场除端线可宽至 10 厘米外，其他各线的宽度应为 2.5～5 厘米。

（2）全场各区域的丈量除中线外，都从各线的外沿计算。

2. 场地各线的长度

网球单打场地如图 9-18 所示，双打场地如图 9-19 所示。

（1）边线长 23.77 米。

（2）单打场地站线长 8.23 米，双打场地站线长 10.97 米。

（3）发球线至端线 5.485 米；发球线至球网地面 6.40 米。

（4）每半场有左右两个发球区，长 6.40 米，宽 4.115 米。

（5）中点位于端线中心，长 0.10 米，宽 0.05 米。

（6）网柱高 1.07 米，球网中央高 0.914 米。

（7）场地周围空地，端线外至少要有 6.40 米，边线外至少要有 3.66 米。

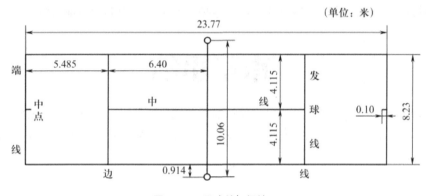

图 9-18　网球单打场地

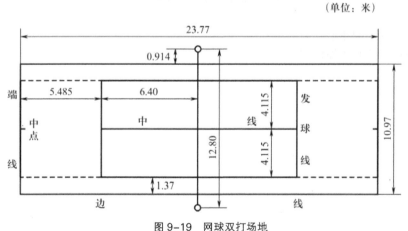

图 9-19　网球双打场地

9.4.2　主要规则

网球运动是两名或两队球员隔网相对，在单打或双打场地上，用球拍在来球第一次落地后或凌空击球过网，将球打在对方场区界线内或界线上，以造成对方失误而得分。

正式比赛时，男子单打或双打采取五盘三胜制，女子单打、双打和混合双打采取三盘两胜制。运动员每胜一球得一分，先得 4 分为胜一局；如双方各得 3 分，某一方须净胜 2 分才算胜一局。一方先胜 6 局为胜一盘，当局数为 6∶6 时，一般采用平局决胜制，即先得 7 分者为胜该局及该盘；若比分仍为 6∶6，某方须净胜 2 分才能胜该局及该盘。

目前，为了缩短比赛时间，国际网联推出了一种新计分法——无占先记分法，在世界各国不同等级的比赛中使用。具体运用规则是当比分为 3∶3 时,再打 1 分就决出该局胜负,由接发球员决定在左区或右区发球。

比赛时挑选到发球权的一方先发球,一局结束后,由对方发球(双打时第三局为先发球方的另一名队员发球),依此类推,直至决胜局。决胜局时,由轮到的发球员在右区发第一分球,然后由对方在左区和右区发第二分及第三分球,此后轮流交替发球(双打时仍按原来的发球顺序),直至决出胜负。

双方应在每盘的第一、三、五等单数局结束后,以及每盘结束对方局数之和为单数时交换场地。决胜局时,运动员应在每 6 分及决胜局结束时交换场地。

比赛过程中,发生下列情况,均判失分:发球员连续两次发球失误;在球第二次着地前未能还击过网;还击的球触及对方场区界线外地面、固定物;还击空中球失败、连击;过网击球;除手中的球拍外,运动员身体或穿戴的物件触球;抛拍击球;"活球"期间身体、球拍或穿戴的物件触网或网柱;接球员的身体、球拍在发球员发出的球着地前触球。

本章小结

本章对网球运动进行了全面探讨,包括对网球运动的起源、发展、特点和健康益处的概述,对基本技术如握拍、步法、发球、接发球等的详细讲解,以及对双打、单打战术以及基本规则的介绍。

思考与练习

1. 网球运动的健康益处有哪些?
2. 网球运动的基本技术包括哪些?

第10章

游泳运动

　　游泳是一项老幼皆宜的体育运动项目。随着人们生活水平的逐渐提高和游泳场馆的增加，游泳正在成为越来越多的人喜爱的运动项目。游泳比赛的项目众多，各种泳姿风格各异，其独特的魅力使得游泳成了最受欢迎的竞赛项目之一。本章主要阐述游泳运动的基本技术，并着重介绍蛙泳和自由泳的练习方法，还对游泳运动的竞赛规则做简要说明，以期能够有益于大学生游泳技能的掌握和提高，并使大学生对游泳竞赛具有一定的鉴赏能力。

学习目标	掌握游泳技能，了解游泳相关知识，培养定期游泳的习惯。
能力目标	提高身体协调性、增强心肺功能和肌肉力量，掌握游泳救生常识。
素养目标	培养坚韧不拔的意志，增强自信心和勇气，培养团队协作精神，倡导尊重生命、热爱运动的理念，促进身心全面健康发展。

10.1　游泳运动概述

10.1.1　游泳运动的起源和发展

　　古代先民在与大自然斗争的过程中学会了游泳。从5000多年前远古时代陶器雕绘的图案上，能看到祖先潜入水中猎取水鸟的泳姿，那时游泳是为了获取食物、躲避危险等。

　　现代游泳运动起源于英国。1828年，英国利物浦乔治码头修造了第一个室内游泳池，为人们提供了更稳定的游泳场所。1837年，英国伦敦成立了第一个游泳组织——伦敦游泳俱乐部，同时举办了英国最早的游泳比赛，这标志着游泳开始向竞技化方向发展。1869年，在伦敦成立了大城市游泳俱乐部联合会（现英国业余游泳协会前身），进一步推动了游泳运动的规范化。

　　游泳运动在奥运会等国际赛事中的发展也十分显著。1896年第一届奥运会上，自由泳成为正式比赛项目；1900年第二届奥运会，仰泳被列为正式比赛项目；1904年第三届奥运会，蛙泳成为正式比赛项目；1956年第十六届奥运会，蝶泳被列为正式比赛项目；1964年第18届奥运会，个人混合泳成为正式比赛项目；混合泳接力在东京奥运会上首次亮相。

　　随着时间的推移，游泳运动逐渐分为竞技游泳和实用游泳两大类。竞技游泳包括蝶泳、仰泳、蛙泳和自由泳4种泳姿的竞速项目。实用游泳包括反蛙泳、侧泳、潜泳、踩水、水中救生、武装泅渡等，在生产、生活以及军事等方面具有较高的实用性。

　　游泳的最高组织机构是世界游泳联合会（前身是1908年成立的国际业余游泳联合会）。中国游泳协会成立于1956年。如今，除奥运会外，世锦赛、世界杯和世界短池游泳锦标赛等也是游泳项目的重要赛事。

10.1.2　游泳运动的特点

　　游泳作为一项全身性的运动，具有众多显著特点。首先，它是一种绝佳的锻炼方式。在水中，身体许多部位参与运动，从手臂的划水、腿部的蹬腿，到核心肌群的稳定，能有效地增强肌肉力量、提高心肺功能和耐力。其次，游泳对关节的压力较小。水的浮力减轻了身体的重量，使得关节在运动中承受的负荷相对较小，特别适合有关节问题或者体重较大的人群，既能达到锻炼目的，又能降低运动损伤的风险。再者，游泳具有良好的放松和减压效果。沉浸在水中能让人忘却外界的喧嚣和压力，身心得到极大的舒缓和放松。此外，游泳还是一项适合不同年龄段和身体状况的运动。无论是儿童、中青年人还是老年人，无论是健康人群还是康复中的患者，都能在游泳中找到适合自己的运动方式和强度。最后，游泳也是一种生存技能。在某些紧急情况下，具备游泳能力可能会成为救命的关键。

10.2　游泳运动的基本技术

10.2.1　蛙泳

　　蛙泳是模仿青蛙动作的一种游泳姿势，确切地讲，是模仿蛙划水与蹬腿动作在水中游进。

1. 蛙泳基本技术

（1）身体姿势

　　蛙泳时应收腹塌腰，两腿并拢，两臂尽量伸直，头略抬起，眼睛注视前下方。当吸气时，下颚露出水面，肩部升起，这时身体与水平面的角度增大，约为15°。当蹬腿时，脸部浸入水中，头的一部分可露出水面。

（2）腿部动作

　　为了便于分析，我们把腿部动作分为收腿、翻脚、蹬腿、滑行4个阶段，它们之间是紧密相连的完整动作。

① 收腿

　　开始收腿时，屈膝屈髋，同时两膝自然逐渐分开，小腿向前回收，回收时两脚放松，脚跟向臀部靠拢。收腿时力量要小，两脚和小腿回收至大腿投影截面内，以减少回收阻力。

② 翻脚

　　收腿结束时，脚仍向臀部靠近，这时膝关节内扣，同时两脚向外侧翻开，使脚和小腿内侧对好蹬水方向。翻脚结束时，两脚之间的距离要大于两膝之间的距离。

③ 蹬腿

　　蹬腿时，应先伸展髋关节，从大腿发力向后蹬水。在蹬水动作中，小腿和脚掌做向下、向后的鞭打动作。腿在蹬水的同时向中间夹紧，蹬腿结束时两腿应并拢伸直。

④ 滑行

　　蹬腿结束后，由于惯性作用，有一个短暂的滑行阶段。这时两腿应尽量伸直并拢，腿部肌肉和踝关节自然放松，为下一个动作周期作好准备。

（3）臂部动作

　　为了便于分析，把臂部动作分为开始姿势、抓水、划水、收手和伸臂几个紧密相连的阶段。

① 开始姿势

　　蹬腿动作结束时，两臂自然伸直并与水平面平行，掌心向下，手指自然并拢，使身体保持较好的流线型。

② 抓水

从开始姿势起，手臂前伸，掌心略转向斜下方稍勾手腕，两手分开向斜下方压水，当手掌和前臂感到有压力时，开始划水。

③ 划水

划水开始时，两臂分成大约 40°～50° 夹角，手臂向外旋转，同时屈肘、屈腕，保持高肘划水。划水的整个过程始终保持高肘。肘关节弯曲的角度随划水的进行不断减小，到划水即将结束时，肘关节屈至约 90°，手位于肩前下方。

④ 收手

收手是划水阶段的继续。收手时前臂外旋，手逐渐转向朝内。当手收至头前下方时，两手掌心由向后转向内、向上的姿势。收手结束时，肘关节低于手，大小臂成锐角。

⑤ 伸臂

伸臂是在收手的基础上完成的。伸臂时肘关节和肩关节伸直，掌心由向上逐渐转为向下，同时向前伸出。

（4）臂、腿、呼吸的配合动作

划水时，腿保持放松伸直的姿势，收手时腿自然屈膝。当伸臂结束时，急速做收腿、翻脚、蹬腿，即在伸臂过程中作收腿、翻脚、蹬腿动作。

呼吸动作在划水阶段，口鼻露出水面时将气吐完，当双臂开始向下划时逐渐吸气。

2. 蛙泳练习方法

（1）练习腿部动作

① 陆上模仿

a. 坐撑模仿蛙泳腿：坐在板凳或池（岸）边上，上体稍后仰，两手支撑于体后侧，两腿伸 直并拢，髋关节展开，身体成一条直线，做蛙泳腿的收（腿）、翻（脚）、蹬（水）、停（一会儿）的动作练习。

初学者在练习时，可以先进行分解练习，即每做一个动作稍停，想清楚之后，再做下一个动作，逐渐过渡到连贯的动作。刚开始练习时，可以用眼睛看自己腿的动作是否正确。

这种练习只是在学习的初期用以理解正确的动作概念，其重点是体会翻脚时的肌肉感觉，其优点是自己能判断动作的错误与否，缺点是收腿时容易造成过多的错误动作。

b. 俯卧模仿蛙泳腿：以大腿的上三分之一处贴近板凳或池（岸）边，成俯卧姿式，这样既省力，又可控制大腿的收腿动作。

② 水上练习

a. 固定支撑做蛙泳腿的练习：手扶池（岸）边或同伴的手进行练习。水上练习要注意以下几点。

躯干：双肩浸入水中，腹部肌肉稍紧张。

收腿：放松慢收，稍挺髋，脚跟尽量贴近臀部，大腿与躯干的角度不得小于 90°。

翻脚：向外翻脚要充分，脚和小腿内侧对准蹬水方向，脚心向侧后斜上方。

蹬腿：向侧后做弧形蹬腿，动作要连贯，并逐渐加速、用力，要感觉到小腿内侧及脚心有阻力。

停：并拢伸直身体时间不能太长，以免身体下沉，要有意识地增加向上抬腿的力量。

以上练习是为了保证动作的准确性，最好在专业人士指导下练习。

b. 腿和呼吸的配合练习：基本掌握腿部动作之后，就开始做腿和呼吸的配合练习。边收腿边抬头，翻脚时已吸气完毕；边蹬腿边低头，用鼻或口鼻慢慢呼气，在抬头吸气前，迅速用嘴将体内的余气吐光。此练习应反复多练，在以后的学习过程中也用穿插进行附带的练习。

大学体育与健康

c. 滑行后做蛙泳腿的练习：蹬池（岸）边或者蹬池底滑行后做蛙泳腿的练习。身体自然放松，两腿蹬水后滑行的时间稍长，注意体会蹬腿的效果及动作的节奏。

d. 扶板做蛙泳腿的练习：两臂伸直，肩放松，两掌心相对，抓住扶板的边缘，小臂置于板上，肘关节正好处在扶板的末端。肩与水平面基本齐平，眼睛向前看，身体保持平稳。

在进行水上练习时，初学者最好在腰上带上浮漂，以帮助身体上浮，使蹬腿方向正确。

（2）练习臂部动作以及和呼吸的配合动作

① 陆上模仿

站立，上体前倾，两臂前伸，掌心向下做蛙泳臂部动作，基本掌握之后，配合呼吸练习。

② 水上练习

a. 站立水中做臂部练习。

b. 在水中边行进边做臂部和呼吸的配合练习。

c. 俯卧滑行做臂部练习。

d. 俯卧滑行做臂部和呼吸的配合练习。

（3）学习完整配合

① 陆上模仿

两脚分开站立，两臂上举并拢、伸直、紧贴耳际，两臂、单腿配合呼吸练习。这种练习重点是体会腿部、臂部与呼吸之间的配合，一般在学习的初期练习。

② 水上练习

a. 单臂、双腿和呼吸的配合练习：一手扶板、池（岸）边或抓同伴的手进行练习。注意身体要平，不能"立着"做。

b. 水中滑行做臂和腿的分解配合：即先划一次水，再蹬一次腿，体会先手后腿的动作概念。

c. 臂、腿连贯配合练习：可以低头憋气或抬头进行，重点体会臂、腿的配合时机。

d. 臂、腿、呼吸的完整配合练习：可以做多次划水、蹬腿配合一次呼吸的练习；也可做多次蹬腿配合一次划水和一次呼吸的练习；还可以做抬头不做呼吸的划水、蹬腿配合练习。

（4）注意事项

① 蛙泳腿部动作关键是翻脚、蹬腿的路线和慢收快蹬的节奏。注意蹬腿后一定要并腿滑行片刻。

② 两臂划水动作宜小不宜大，主要是配合好呼吸动作。

③ 抬头吸气时应向前伸下颚，不要抬头过高，注意呼吸的节奏。

④ 能配合游15～20米后，加强长距离游泳练习，在反复游泳的过程中体会和改进动作。

10.2.2 自由泳

自由泳时运动员在水中成俯卧姿势，两腿交替上下打水，两臂轮流划水，动作很像爬行，所以人们称之为"爬泳"。自由泳比赛中，运动员可以采取任何泳姿进行比赛，但因爬泳是种竞技游泳姿势中速度最快的姿势，所以运动员都采取这种姿势，因此久而久之，"自由泳"反而成为爬泳的代名词。

1. 自由泳基本技术

自由泳基本技术包括身体姿势、腿部动作、臂部动作、两臂的配合、呼吸与臂的配合技术和完整配合技术。

（1）身体姿势

自由泳时，身体保持水平姿势，形成较好的流线型。头颈部自然后屈，两眼注视前下方，水面接近发际，髋部略低于肩。游进时，身体可以围绕身体纵轴有节奏地转动，这种转动一般在 25°～45°。

（2）腿部动作

自由泳开始时，两腿分开的距离 30～40 厘米，膝关节弯曲约 160°。正确的打腿动作应从髋关节开始，大腿用力，带动小腿伸直向上移动，当移至水面并与水平面齐平时，大腿停止上移，转入向下打腿。由于惯性作用，小腿和脚仍继续上移，使膝关节弯曲成 160。这时小腿和脚达到了最高点。之后大腿继续向下移动和股四头肌的有力收缩，带动小腿和脚完成向下打水动作。

（3）臂部动作

为了便于分析，将臂部动作分为入水、抱水、划水、出水和移臂几部分。在实际自由泳动作中，它们是紧密相连的一个完整动作。

① 入水

臂入水时，肘关节略屈并高于手，手指自然伸直并拢，手指向斜下方切插入水，动作要自然放松。手的入水点应在肩的延长线上，过宽或过窄都不利于后面的划水。

② 抱水

臂入水后，积极插向前下方至有利于抱水部位。抱水开始时，手臂是直的，然后逐渐屈肘，使肘高于手。整个动作好像用手臂去抱一个大球，使手臂找到合适的发力点和支撑点。

③ 划水

划水分为两部分，从整个臂部划至肩部下方与水面垂直之前称为"拉水"，过垂直面后称为"推水"。

拉水时，手同时向内、向上和向后运动，保持高肘姿势。拉水结束时，手在身体下方靠近身体中线，手臂与水平垂直，肘屈角度约为 90°，此时转入推水阶段。

推水时，手同时向外、向上和向后运动。推水过程中，肘关节从屈过渡到伸直，手臂的推水速度是整个划水过程中最快的。当手臂到身体后方与水平面成 20° 时，推水结束，转入出水阶段。

④ 出水

划水结束后，由上臂带动肘部向外上方作提拉动作，将前臂和手提出水面。出水动作应快速连贯，但前臂和手应尽量放松。

⑤ 移臂

移臂是出水的继续，不能停顿。移臂要自然放松，肘高于手。移臂动作应借助肩关节自然转动，手的速度快于前臂和上臂的速度，即移臂开始时手落后于肘关节，移臂结束时手在最前方领先入水。

⑥ 两臂的配合

由于两臂所处的位置不同，两臂的配合可以分为 3 种组成形式，即前交叉、中交叉和后交叉配合。其中，前交叉配合系指一臂入水时，另一臂处于肩前方，与水平面成约 30°；中交叉配合系指一臂入水时，另一臂处于肩下垂直部位，与水平面成约 90°；后交叉配合系指一臂入水时，另一臂划水至腹部下方，与水平面成约 150°。这 3 种配合形式都有各自的特点，对于初学者，可以采用第一种形式，有利于掌握动作。采用第二种和第三种形式，则有利于发挥两臂力量和提高动作频率，加快速度，保持连续的推动力。

（4）呼吸与臂的配合

自由泳时一般在两臂各划水一次的过程中做一次完整的呼吸，即吸气、憋气、呼气。吸气时，肩和头应向一侧转动，口出水面即开始吸气。

以右转头吸气为例呼吸与臂的配合为：当右手入水后，开始慢慢呼气；右臂划水至体下，向右转头，呼气量加大；右臂推水结束时，呼气量进一步加大，右臂出水，张口吸气。移臂至体侧时，吸气结束并转头复原。当头部姿势稳定时，右臂入水，开始慢慢呼气。

（5）完整配合技术

自由泳配合技术有多种形式，其中6∶2∶1配合是较常见的一种，即6次打腿、2次划水、1次呼吸。此外还有4∶2∶1、2∶2∶1等多种配合形式。

2. 自由泳练习方法

（1）练习腿部动作

① 陆上模仿

a. 俯卧在池（岸）台（或其他地方），两腿伸直，脚尖稍内旋，做直腿上下打腿的练习。

b. 俯卧在池（岸）边，腿放在水中做以上练习。

c. 膝关节和小腿放松，大腿用力带小腿，做屈腿下打、直腿上抬的"鞭状"打水动作。

② 水上练习

a. 手扶池（岸）边或浅水底，身体呈水平，两腿上下交替打水。注意两腿上下的幅度不宜过大。

b. 同上练习，配合低头吸气和转头吸气的动作。

c. 滑行打水：由蹬池（岸）边或蹬水底开始，重复憋一口气进行练习。

d. 扶板打水：两手扶住扶板的近端进行打水练习，并逐渐配合低头呼气、转头吸气。

（2）练习臂部动作以及呼吸与臂的配合

① 陆上模仿

a. 单臂模仿：上体前倾，两腿前后成弓步，同侧臂扶住膝关节，另一臂做臂部动作练习，重点注意空中移臂的技术。

b. 同上练习，要求注意划水路线。

c. 同上练习，配合转头呼吸的动作。

d. 双臂模仿：两脚开立，上体前倾，先做分解动作，即一臂前伸，一臂划水。逐渐缩短两臂之间的停留时间进行练习。

e. 呼吸与双臂的配合：同侧臂开始划水时呼气，移臂的前半部转头吸气。

② 水上练习

a. 站在浅水中，做陆上模仿a～e的练习。

b. 在水中一边走动，一边做陆上模仿a～e的练习。

（3）练习完整配合技术

① 由滑行打腿开始，等身体平稳后做一臂划水的动作，另一臂前伸。无须注意屈臂和曲线划水，以推水为重点，不配合转头吸气。做一次或两次以上的划水动作，中间滑行打腿的时间较长。

② 重复以上练习。注意屈臂和曲线划水，缩短中间滑行打腿的时间，增加划水的次数。

③ 重复以上练习。用前交叉配合进行分解练习。

④ 重复以上练习。配合呼吸进行练习，可采用一次划水一次呼吸的练习，如果不习惯两边转头，也可采用两次划水一次呼吸的练习。注意为了能顺利地完成呼吸动作，在转头吸气时，身体可适当地加大转动的幅度。

⑤ 重复以上练习。由前交叉配合逐渐过渡到中交叉配合，反复练习，直至动作熟练。

（4）注意事项

① 加强踝关节灵活性的练习和肩关节灵活性的练习，加强手臂力量的练习。

② 注意高肘、屈臂划水，要求高肘、大拇指先入水；以移臂的惯性入水后，臂向前下方伸展，入水时大臂贴近耳缘；划水时屈臂向脚的方向做"S"形划水。抱水、划水、推水时，

注意力量从轻到重，速度从慢到快。移臂时，小臂放松，利用惯性移臂和入水。

③ 吸气时，移臂带动肩、躯干和头部进行滚动，在抬头吸气前，一定要把肺内的多余气体用口和鼻用力吐尽。

10.2.3　仰泳

仰泳是人体仰卧在水中进行游泳的一种姿势。仰泳技术基本内容包括身体姿势，腿部动作，臂部动作和臂、腿配合技术。

（1）身体姿势

游仰泳时，身体要仰卧伸展，呈流线型。头和肩部稍高，腰腹和腿部保持水平，身体纵轴在水平面上构成的角度较小，腹部和两腿均在水面下5~10厘米。

（2）腿部动作

① 下压动作

膝关节充分展开，当大腿下沉到一定深度，停止向下而过渡到向上移动，小腿继续向下，随着惯性和大腿带动，小腿也开始向上移动，此时脚仍继续向下，直到惯性消失。腿向下压的动作借助臀部肌群的收缩来完成。在整个腿下压动作中，前三分之二由于水的阻力，膝关节充分展开，腿部肌肉放松。腿下压到一定程度时，在腹肌和腰肌的控制下，停止向下，而过渡到向上移动，由于惯性的作用，小腿仍然继续向下，而造成膝关节弯曲，所以在腿下压的后三分之一是屈腿的。

② 上踢动作

当下压动作结束时，由于水对小腿的阻力和大腿肌肉的牵制，大腿与小腿成135°~140°，小腿与水平面成40°~45°。此时小腿弯曲到最大程度，小腿和脚触水面积较大。上踢动作开始后，需要用脚打的力量和速度来进行，并逐渐加大到最大力量和速度。当大腿向上移动超过水平面就结束上移，此时膝关节接近水面。随后小腿和脚也依次结束上移，使膝关节充分伸展，构成向下"鞭打"的动作。上踢动作以大腿带动小腿，小腿带动脚来完成，并且在任何情况下，尽量不要使膝关节或脚尖露出水面。上踢时，脚尖应内旋以加大触水面积。

（3）臂部动作

臂入水时保持直臂，小指向下、拇指向上，入水点应在身体纵轴和肩的延长线之间。臂入水后滑到一定深度抓水，然后屈臂抱水沿体侧向后划水，过肩侧以后，手掌、前臂和上臂同时用力向脚的方向推水。推水结束时，手臂要伸直。臂出水时，以小指先出水。出水后沿着肩的垂直面向肩前移动，为入水作好准备。

（4）臂、腿配合动作

目前竞技仰泳多采用6次打腿、2次划臂的配合动作，如表10-1所示。

表10-1　仰泳臂、腿配合动作

臂部动作		腿部动作	
右臂	左臂	右腿	左腿
抱水	出水移臂开始	上踢	下压
拉水	移臂中间	下压	上踢
推水	移臂结束入水	上踢	下压
出水移臂开始	抱水	下压	上踢
移臂中间	拉水	上踢	下压
移臂结束入水	推水	下压	上踢

10.2.4　蝶泳

蝶泳是从蛙泳技术基础上演变而来的一种泳姿。从外观上看，好像蝴蝶展翅飞舞，所以称之为"蝶泳"。

1．蝶泳基本技术

蝶泳基本技术包括躯干和腿的动作，臂部动作，臂部和呼吸配合动作以及臂、腿配合动作。

（1）躯干和腿的动作

蝶泳打腿时，两腿并拢、伸直、向上移动，臀部下沉。当两脚继续向上时，大腿开始下压，膝关节随大腿下压自然弯曲，随着屈膝程度的增加，脚抬至接近水面，臀部下降到最低点，脚向上抬到最高点时，开始向下打水。当两脚下打水尚未结束时，大腿又开始向上移动，当膝关节伸直时，向下打水动作结束。

（2）臂部动作

臂入水时，手掌领先，小臂和大臂依次入水。臂入水后，前臂外旋，掌心向后抱水。两臂屈肘经腹下向后划水。推水时，手的运动为向外、向下、向后。当两手推到髋关节两侧时，提肘出水，两臂放松，沿身体两侧低平前摆移臂。

（3）臂和呼吸配合动作

蝶泳的呼吸采用划水一次，呼吸一次。呼吸是在划水前三分之一开始，借助手划水的力量抬头吸气。臂出水和开始移臂时憋气，臂入水后呼气。

（4）臂、腿配合动作

两臂入水时，作第一次向下打水。臂抓水时，腿向上。当两臂划至胸腹下部时，作第二次向下打水。臂推水结束时，打水结束。移臂时，腿又向上，准备做下一周期打水动作。

10.3　游泳运动的竞赛规则

（1）出发：自由泳、蛙泳、蝶泳及个人混合泳的各项比赛必须从出发台起跳出发。总裁判员发出长哨音信号后，运动员应站到出发台上，当发令员发出"各就位"的口令后，运动员应做好出发准备。当所有运动员都处于静止状态时，发令员发出"出发信号"。

（2）自由泳：可采用任何姿势，但在个人混合泳及混合泳接力赛中，自由泳是指除蝶、仰、蛙以外的姿势。

（3）仰泳：在出发信号发出前，运动员在水中，面对出发端，两手抓住握手器。出发和转身后，运动员应蹬离池壁，除在做转身动作外，运动员在整个游进过程中应始终呈仰卧姿势。在整个游泳过程中，运动员身体的某一部分必须露出水面。

（4）蛙泳：出发和每次转身后，从第一次臂部动作开始，身体应保持俯卧姿势，两肩应与水面平行。任何时候都不允许身体呈仰卧姿势。在每个完整动作周期内，运动员头的某一部分应露出水面。在转身过程中，运动员身体的某部分必须触壁。

（5）蝶泳：从出发和每次转身后，从第一次手臂动作开始，身体应保持俯卧姿势，允许水下侧打腿，任何时候都不允许呈仰卧姿势。在整个游泳过程中，两肩应与水面平行，两臂应同时在水面上向前移动，或同时在水下向后划水。在转身过程中，运动员身体的某部分必须触壁。

（6）混合泳：个人混合泳须按照蝶泳、仰泳、蛙泳、自由泳的顺序进行比赛。混合泳接力赛中，各队运动员的顺序为仰泳、蛙泳、蝶泳、自由泳。

（7）到达终点：运动员必须在规定的泳道内完成比赛，触壁时手或身体的任何部分必须触及池壁。

10.4 游泳运动的安全卫生和救生常识

10.4.1 游泳运动的安全卫生

游泳最重要的是在健康情况下从事，如果任一环节不注意，都可能会造成严重的事故。

1. 游泳前注意事项

游泳前应了解自身健康状况，如有心脏病、高血压、传染病、癫痫、皮肤病、眼疾等不宜游泳，也要注意有无发烧（腋温 37℃以上）、心脏是否跳动过快、睡眠是否充足、是否腹泻、是否感冒等。热身时应从轻微的热身运动至强烈的运动，缓缓提高呼吸频率、脉搏数，尽量放松地伸展，动动关节。

在游泳前除了要做好热身运动，还要先行淋浴以适应水温，以排除在水中对水的陌生感。饱食、饥饿、情绪不好、酗酒后不得下水。醉酒是造成溺水的主要因素之一，酒精会降低体温并且减弱游泳能力，更重要的，酒精和药物都可能造成错误的判断，增加溺水概率。一般来说，可在饭后休息 1~2 小时后再行游泳，较为恰当。

2. 游泳中注意事项

若有打嗝、头痛或抽筋等身体的异常状况，应终止游泳。建议初学游泳者在游泳池先行学习正确泳姿。养成睁眼游泳或戴泳镜的习惯，做到清楚辨识目标，并避免被撞伤或踢伤。同时要评估自我能力，游泳时不可逞强好胜，量力而为。泳技差者，不可到深水处或离岸太远；参与水上活动要先告知家人并征得同意，并必须结伴以便互相照顾。

3. 游泳后注意事项

突然停止激烈运动后，在恢复到安静状态的过程中发生失调状况。因此不可突然停止运动，必须做一些缓和运动，以慢慢地恢复到较正常的身体状态。缓和运动包括水中缓缓地游泳调节呼吸速度、陆地上的徒手操，以及淋浴等。

10.4.2 游泳时遇到抽筋的解决方法

在抽筋时必须保持镇静，不要慌张，可呼救也可自救。在水中自救的方法主要是拉长抽筋的肌肉，使收缩的肌肉松弛和伸展。

（1）手指抽筋：将手握拳，然后用力张开，这样反复做几次，直到抽筋消除为止。

（2）小腿或脚趾抽筋：先吸一口气仰浮水上，用抽筋肢体对侧的手握住抽筋肢体的脚趾，用力向身体方向拉。同时用同侧的手掌压在抽筋肢体的膝盖上，帮助抽筋腿伸直。

对溺水者的施救方法

本章小结

本章围绕游泳运动展开，首先介绍游泳运动的起源、发展和特点，接着详细阐述了蛙泳、自由泳、仰泳和蝶泳等基本技术，还简要讲述了游泳竞赛规则。此外，本章强调游泳安全卫生、抽筋的解决办法以及对溺水者的施救方法。通过学习本章，大学生能掌握游泳技能与知识，提升身体素质和综合素养。

思考与练习

1. 游泳运动的特点是什么？
2. 游泳运动的基本技术包括哪些？
3. 简述游泳安全卫生注意事项。

第11章

形体运动

形体运动是一种结合了舞蹈、体操、健身等多种元素的综合性运动。形体运动一般以舞蹈基础为主，是一种舒展自身优美形体的健身项目。形体运动通过科学化、艺术化的身体训练，塑造优美体态，提升协调性与健康水平，改善神经系统功能。本章系统解析四大主流项目，通过健美操培养大学生的协调性，提升肌肉力量、耐力和身体灵活性；通过啦啦操增强大学生的协作能力和自信心；街舞的个性表达注入了自由与创造力，帮助大学生展现独特魅力；瑜伽的身心平衡训练通过呼吸控制和柔和体式，使大学生提升柔韧性、平衡感，缓解压力，达到身心和谐。这四种运动形式构建了"刚柔并济、动静结合"的现代运动范式，帮助大学生在力量、形态和气质上得到全面提升。

学习目标	熟练掌握健美操、啦啦操、瑜伽和街舞的基本动作和技巧，能够独立完成成套动作。
能力目标	提升身体的协调性、柔韧性和节奏感，增强肌肉力量和耐力，培养良好的平衡能力和空间感知能力。
素养目标	增强与他人沟通合作的能力。提高自我情绪管理和心理调适能力，塑造积极向上的生活态度，追求身心健康与和谐发展。

11.1 健美操

11.1.1 健美操的发展简况

1984年，原北京体育学院（北京体育大学）和原上海体育学院（上海体育大学）分别成立了健美操教研室，率先开设了健美操课程。其他大中专院校也逐步开设了健美操必修课或选修课。1995年，首届健美操裁判员和教练员培训班在瑞士举行。同年12月，首届国际体操联合会健美操世界锦标赛在巴黎顾拜旦体育场举行。1996年，国际体操联合会正式承认健美操是其下属的一个项目。近年来，健美操运动继续发展成为一项独立运动。这项运动在亚洲尤其流行。

随着人民生活水平的不断提高，健美操所特有的保健、医疗、健身、健美、娱乐等实用价值受到越来越多人的重视，吸引了不同年龄的爱好者参与，形成了一定规模的运动群体。

11.1.2 健美操的分类、特点和功能

1. 健美操的分类

健美操是体育的综合性边缘学科，分健身性和竞技性两大类。

（1）健身性健美操。按练习形式分徒手、器械和特殊场地健美操。其中徒手健美操融入多种新风格，如爵士、搏击、拉丁、瑜伽、街舞等，能提高心肺功能和有氧代谢能力；器械健美操

利用轻器械，以力量练习为主，如踏板操、哑铃操等，增强健身效果且形式多样。

（2）竞技性健美操主要目的是竞赛。比赛项目分竞技类的男子单人操，女子单人操，混合双人操、三人操、五人操，以及有氧类的有氧舞蹈和有氧踏板操，其参赛人数、场地、动作时间等须严格依规则，动作设计多样化，避免重复和对称，有观赏性和难度，对运动员体能、技术和表现力要求高，对健美操运动推广作用大。

2. 健美操的特点

健美操是在音乐伴奏下，融合体操、舞蹈、武术等内容，通过身体练习达到健身与完美体形的运动项目。健美操的主要特点如下。

（1）有氧运动。健身性健美操遵循有氧运动规律，帮助练习者摄入足够的氧，促进脂肪氧化分解，加快新陈代谢，强化呼吸和心血管系统机能，增进健康体质。

（2）健身的实效性。健美操在健身基础上融合形体、姿态、动作和精神美，依据相关学科理论编排，动作丰富，锻炼关节多，刺激频率和强度大，能全面锻炼并针对性修正身体形态，体现健与美的统一。

（3）广泛的适应性。健美操练习形式多样，运动量可控，对场地器材要求不高，适合各年龄、性别、身体素质和技术水平的人。

（4）健身的安全性。健美操所设计的运动负荷和节奏考虑周全，适合一般甚至较弱体质者，能让健身者安全锻炼、快乐健身。

3. 健美操的功能

健美操作为一项有氧运动，可全面提高身体素质，提高心肺功能和肌肉耐力，促进肌体各组织器官的协调运作，使人体达到最佳机能状态。此外，健美操不同于其他有氧运动项目的是，它是一项轻松、优美的体育运动，在健身的同时，不但能够带给人们艺术享受，使人心情愉快，陶醉于锻炼的乐趣中，减轻心理压力，促进身心健康发展，而且可以丰富生活、促进社会交往、协调人际关系，从而为生活开辟另一个新天地。

11.1.3 健美操的基本动作

健美操的动作由基本步伐和上肢动作组成，可以通过基本步伐和手臂动作进行组合，从而形成一个相对复杂多样的单元组合。

1. 基本步伐

（1）踏步（见图 11-1）。双脚交替抬起、落下，膝盖自然弯曲，有节奏地上下运动，类似原地走路，手臂可自然摆动或配合特定动作，是健美操中常见的起始或过渡动作。

（2）走步（见图 11-2）。与正常走路姿势相似，双脚依次向前迈出，步幅适中，身体重心随步伐移动，手臂自然摆动，用于调整节奏和位置。

图 11-1　踏步　　　　　　　　　　　　　图 11-2　走步

（3）一字步（见图 11-3）。双脚依次向前迈出，呈一条直线，先迈左脚时，右脚向前跟上，两脚间距约一脚宽，再换右脚先迈重复动作，可配合手臂摆动增加动作幅度。

（4）V 字步（见图 11-4）。双脚呈 V 字形站立，先将左脚向左前方迈出，右脚再向右前方迈出，形成一个较大的 V 字形，然后按原路线退回起始位置，换右脚先迈重复上述动作。

图 11-3　一字步　　　　　　　　　　　　　　　　图 11-4　V 字步

（5）漫步。动作较为缓慢、柔和，一脚向前迈出，重心随之移动，另一脚跟随向前并步，有漫步向前的感觉，可用于舒缓节奏或连接其他动作。

（6）并步（见图 11-5）。常见为侧并步，一脚向侧方迈出，另一脚迅速并拢，双腿并拢时膝盖伸直或微屈，用于改变方向或增加动作的轻盈感。

（7）交叉步（见图 11-6）。一脚从另一脚前方或后方交叉越过，向侧方迈步，例如左脚从右脚前方交叉，再向右迈步，接着右脚从左脚后方交叉，向左迈步，动作流畅且富有韵律。

（8）点地（见图 11-7）。单脚站立，另一脚伸直向不同方向点地，可脚尖点地或脚跟点地，点地时腿部伸直，保持身体平衡，主要活动脚踝和伸展腿部。

图 11-5　并步　　　　　　　　　图 11-6　交叉步　　　　　　　　图 11-7　点地

（9）后屈腿（见图 11-8）。双脚交替，脚跟尽量向臀部靠近，小腿后屈，过程中膝盖弯曲，用于锻炼腿部后侧肌肉。

（10）吸腿（见图 11-9）。单脚站立，另一腿屈膝向上抬起，小腿自然下垂，可左右腿交替进行，增强腿部力量和身体平衡能力。

（11）摆腿（见图 11-10）。单腿支撑，另一腿伸直向前后或左右方向摆动，摆动时腿部伸直，幅度适中，能有效活动髋关节和伸展腿部肌肉。

图 11-8　后屈腿　　　　　　　　图 11-9　吸腿　　　　　　　　图 11-10　摆腿

大学体育与健康

（12）踢腿（见图 11-11）。单腿支撑，另一腿伸直用力向前、侧或后方踢起，踢腿高度根据个人能力和动作要求而定，主要锻炼腿部力量和柔韧性。

（13）后踢腿跑（见图 11-12）。双脚交替向后踢，脚跟尽量踢到臀部，跑步时速度适中，提升心肺功能和腿部爆发力。

（14）双脚跳（见图 11-13）。双脚并拢，同时向上跳起，落地时膝盖弯曲缓冲，可原地跳或向不同方向移动跳，增加运动强度和节奏感。

图 11-11　踢腿　　　　　　图 11-12　后踢腿跑　　　　　　图 11-13　双脚跳

（15）单脚跳 Hop（见图 11-14）。单脚站立，用力向上跳起，落地后再换另一只脚重复动作，能锻炼单腿的力量和平衡能力。

（16）开合跳 Jumping jack（见图 11-15）。双脚初始并拢站立，随后向两侧跳开，然后双脚并拢，反复进行，可快速提升心率，增强心肺功能。

图 11-14　单脚跳　　　　　　　　　图 11-15　开合跳

（17）弹踢腿跳（见图 11-16）。单腿站立，另一腿伸直向前或侧方弹踢出去，踢腿时要有弹性，踢完后迅速收回，换另一条腿重复，主要锻炼腿部的爆发力和协调性。

（18）半蹲。双脚与肩同宽或略宽，缓慢下蹲，膝盖弯曲角度约为 90°，大腿与地面平行或接近平行，背部保持挺直，可锻炼腿部和臀部肌肉。

（19）弓步（见图 11-17）。双脚前后分开一大步，前腿屈膝，后腿伸直，前腿膝盖不超过脚尖，后腿膝盖可微微弯曲，左右腿交替，能有效锻炼腿部和臀部肌肉。

图 11-16　弹踢腿跳　　　　　　　　　　图 11-17　弓步

2. 上肢动作

（1）常用手形（见图11-18）

① 掌形。手指伸直并拢，大拇指自然弯曲，贴合在食指侧面，手掌呈自然伸展状态。掌形常用于一些较为舒缓、伸展性的动作，如手臂的侧平举、上举等动作时，展现出优雅、大方的姿态。

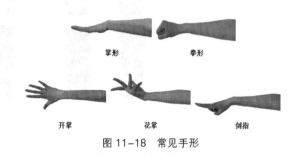

图11-18 常见手形

② 拳形。五指卷曲紧握，大拇指扣在食指和中指的第二指节上，拳心向内或根据动作要求调整方向。拳形常用于冲拳等具有力量感的动作，突出动作的力度和节奏感。

③ 开掌。手指伸直并尽量张开，大拇指与其他四指分开，形成较大的手掌伸展面。开掌在动作中增加了手臂的表现力和动作幅度，常出现在一些幅度较大的摆动或伸展动作中。

④ 花掌。花掌也叫"星掌"，五指分开，每个手指尽量向不同方向伸展，形状类似星星。花掌通常用于一些强调造型和美感的动作，为动作增添独特的视觉效果，在表演性较强的健美操动作中较为常见。

⑤ 剑指。食指和中指伸直并拢，其余三指弯曲，大拇指扣在无名指第一指节上。剑指常应用于具有指向性或特定风格的动作，如在武术风格融入的健美操动作中，增加动作的表现力和气势。

（2）上肢动作

① 屈臂（见图11-19屈臂）。手臂由伸直状态弯曲，以肘关节为轴，大臂保持相对固定，小臂向大臂方向靠拢。可以单手屈臂，也可以双手同时屈臂，屈臂程度根据动作设计而定，主要锻炼肱二头肌，增加手臂的力量感。

② 侧平举（见图11-20）。双手伸直，从身体两侧抬起，与肩同高，手臂保持笔直，手掌可根据不同手形要求调整。这一动作主要锻炼肩部三角肌中束，使肩部线条更加明显，增强上肢的稳定性。

③ 侧上举（见图11-21）。手臂从身体两侧抬起，向斜上方伸展，与身体呈一定角度（通常在45°～60°），双手高于肩部，充分伸展肩部和手臂肌肉，提升身体的伸展性和动作的立体感。

图11-19 屈臂　　　　　　图11-20 侧平举　　　　　　图11-21 侧上举

④ 绕环（见图11-22）。以肩部或肘部为轴，手臂伸直或弯曲进行圆周运动。可以是大绕环，即手臂以肩部为轴，做360°的圆周运动；也可以是小绕环，以肘部为轴，小臂做小幅度的圆周运动。

图 11-22　环绕

⑤ 交叉。双手或手臂在身体前或身体侧相互交叉。可以是水平交叉，即双手在胸前或腹部位置水平相交；也可以是斜向交叉，如一手在上、一手在下斜向交叉，丰富动作的变化和层次感。

⑥ 上举（见图 11-23）。双手伸直，向上抬起直到手臂垂直于地面，手掌可朝上或相对，充分伸展手臂和肩部肌肉，增强身体的挺拔感。上举常与下肢的伸展动作配合，展现整体的舒展姿态。

⑦ 前平举（见图 11-24）。双手伸直，从身体前方抬起，与肩同高，手掌同样可根据要求变化。前平举主要锻炼肩部三角肌前束和肱三头肌，使手臂前侧肌肉得到锻炼，提升上肢前向的力量。

⑧ 绕。手臂围绕身体某一部位或在空中做圆圈运动，比绕环动作更加灵活多样，幅度和轨迹可根据动作需要进行变化，增加动作的流畅性和连贯性。

⑨ 冲拳。（见图 11-25）。握拳，手臂由屈到伸，快速向前或向其他方向推出，发力点在拳面，动作干脆有力，体现出较强的力量和节奏感。冲拳常用于增加动作的力度和气势。

⑩ 侧下举（见图 11-26）。手臂从身体两侧向斜下方伸展，与身体呈一定角度（通常在 45°左右），低于身体侧面侧下举可以锻炼肩部和手臂的肌肉，同时调整身体的重心和姿态。

图 11-23　上举　　　　图 11-24　前平举　　　　图 11-25　冲拳　　　　图 11-26　侧下举

⑪ 上提。双手握住轻器械（如哑铃）或空手，手臂由下垂状态沿着身体两侧向上提拉，肘部微微弯曲，直到手臂接近肩部高度。上提主要锻炼斜方肌和肩部肌肉，增强上肢的力量和稳定性。

⑫ 下拉。与上提相反，双手从上方位置（如头顶上方或身体前上方），沿着身体两侧向下拉，手臂可伸直或微微弯曲。下拉锻炼背部肌肉和肱二头肌，使背部肌肉得到强化。

11.1.4　健美操的基本规则与裁判

1. 竞赛项目

男子单人操，女子单人操，混合双人操、三人操（三名运动员性别任选）、五人操（五名运动员性别任选）。

2. 比赛时间

单人操比赛时间限制在 1 分 30 秒上下浮动 5 秒，混合双人操、三人操、五人操的时间为1 分 45 秒上下浮动 5 秒。

3. 比赛场地

单人操比赛场地为 7 米×7 米（混合双人操、三人操、五人操场地为 10 米×10 米）。

4. 比赛服装

比赛服装一般为紧身的专业健美操服装。

5. 裁判员组成

（1）高级裁判组：由健美操委员会的 3 名指定成员组成，负责监督整个比赛情况，处理影响比赛进程的违纪或特殊情况，查看裁判员的评分，对表现不佳或倾向性打分的裁判员提出警告，并更换被警告后仍表现不佳的裁判员。

（2）艺术裁判员：通常有 4 名，职责是根据成套编排（编排健美操的内容）和表演（表现力与动作结合音乐的准确性）等标准评价运动员的"艺术分"。

（3）完成裁判员：通常有 4 名，主要评价运动员完成动作的质量。

（4）难度裁判员：通常有 2 名，负责评价运动员所展示动作的难度级别。

（5）视线裁判员：2 名，确保运动员的动作在规定的视线范围内。

（6）计时裁判员：1 名，负责记录运动员的比赛时间，确保其符合规定。

（7）裁判长：1 名，全面负责比赛的组织和裁判工作，对整个比赛过程进行监督和管理，确保比赛的公正、公平和顺利进行。

6. 评分方法

计分一般采用 10 分制，根据选手的完成度、难度、创新性、表现力等多个方面进行综合评分。其中完成度主要评估选手动作的准确性和规范性；难度评估选手所展示动作的难度级别；创新性考察选手编排健美操的新颖性和独特性；表现力评估选手在比赛中的表现力和感染力。

11.2 啦啦操

11.2.1 啦啦操概述

1. 啦啦操的起源与发展

啦啦操是指在音乐伴奏下，通过集体完成的难度动作、过渡配合、基本手位与舞蹈动作，展示团队的运动技能和青春活力，它强调团队精神和追求荣誉感。啦啦操不仅是一项体育活动，也是校园文化的重要组成部分，它融合了多种舞蹈元素和技巧动作，展现了运动员的团队协作和个人才艺。

现代啦啦操 1898 年起源于美国明尼苏达大学，最初是为了提升橄榄球队士气。20 世纪初，啦啦操在美国大学中流行开来，并逐渐扩展到全球。20 世纪 20 年代，体操和翻转动作被融入啦啦操。2001 年，第一届世界锦标赛的举办标志着啦啦操成为世界性竞技运动。2013 年啦啦操被国际单项联盟正式认可，成为与体操、篮球、足球并列的独立项目。2014 年，国家体育总局体操运动管理中心成立了"全国啦啦操委员会"，标志着啦啦操项目在中国的正式组织和推广。2021 年，啦啦操被国际奥委会正式认证，成为奥运会认可项目，随后啦啦操成为体育高考选考科目。2023 年，啦啦操成为亚洲室内运动会正式竞赛项目。2024 年，全国啦啦操社区运动会正式启动。

2. 啦啦操的分类

（1）依据场地划分

从开展的场地划分，啦啦操可以分为场地啦啦操与看台啦啦操。

① 场地啦啦操是在音乐的衬托下，通过运动员完成高超的啦啦操动作，结合各种舞蹈动作，集中体现青春活力、健康向上的团队精神，并追求团队荣誉的一项体育运动。

② 看台啦啦操是在指挥员的统一指挥下，观众席上的运动员通过口令、道具、变换的图形以及完成击掌、人浪等助威动作，集中展示运动员助威技巧与风貌的竞赛项目。

（2）依据动作的表现形式划分

依据动作的表现形式可将啦啦操划分为技巧啦啦操和舞蹈啦啦操。

① 技巧啦啦操：以翻腾、托举、抛接、罗汉造型组合、舞蹈动作、过渡连接及口号等为基本内容的团队竞赛项目。可以分为双人技巧啦啦操、五人技巧啦啦操和集体技巧啦啦操。

② 舞蹈啦啦操：以舞蹈动作为主，展示各种舞蹈技巧和元素，并结合道具的团队竞赛项目。可以分为花球啦啦操、爵士啦啦操、街舞啦啦操、自由舞蹈啦啦操等。

3. 啦啦操的特征

（1）啦啦操的外显性特征

① 啦啦操表演形象的动感活力性。啦啦操充分体现出一种朝气蓬勃、健康向上的精神。啦啦操队员必须具备青春的形象和健康的体魄，体现出当代青少年的青春美和健康美。这种动感活力不仅吸引观众，也激励其他参与者，形成积极向上的氛围。

② 啦啦操表演技术风格突出性。啦啦操的技术特点与其他运动形式有显著区别，其起源是为了加油鼓劲，因此所有的动作和编排都服务于这一目的。啦啦操的动作通常具有短暂加速和快速定位的特点，能够实现集体的快速变化和一致性，提升整个队伍的气场。与此同时，根据音乐和编排的需要，慢板动作和伸展性动作也被广泛应用，特别是在爵士啦啦操中，从而展现出独特的力度感和美感。

③ 啦啦操表演组织的团结协作性。啦啦操是以集体形式展开的活动，强调队员之间的团结与合作。只有在达到一定人数，才能编排出更多创造性和复杂性的动作，完成更丰富的空间转换和队形变换。这种集体活动要求队员之间进行技术和经验的交流，以实现精美动作和默契配合。

（2）啦啦操的内隐性特征

① 集中体现健康快乐、积极向上的精神。啦啦操队员无论是外部形象还是表演，都折射出青春美丽和蓬勃向上的气息。这种气息是由内而外、发自内心的。比赛时队员们通常身穿专业服装，仪表整洁、大方，展现出健康、阳光的时代感。

② 强调团队精神。啦啦操强调通力合作、集体至上的团队精神，集中体现出协作精神、服务精神和大局意识。

③ 凸显竞争精神。在啦啦操中，许多手势和口号代表着团结、力量、胜利和自信等含义，鼓励队员顽强拼搏，展现出奋斗与进取的精神。这些元素不仅激励队员在比赛中表现出色，也培养他们在生活中不畏困难、勇往直前的态度。

11.2.2　啦啦操的基本动作

啦啦操的基本动作是啦啦操的基础，内容丰富、多种多样，成套动作都是从基本动作的基础上变化和发展起来的。只要正确地掌握这些基本动作，通过不同的组合和运用，就能创编出难易不同、强度不同、风格不同的啦啦操。啦啦操基本动作主要区别于健美操的上肢动作，动作要领讲究"短平快"。

啦啦操上肢动作以 36 个基本手位为核心，啦啦操上肢动作有着特殊规定和要求，运动员必须按照规定的 36 个基本手位进行动作，要求所有啦啦操基本手位动作都锁肩并制动于体前，如图 11-27 所示。

图 11-27　啦啦操的上肢动作

图 11-27　啦啦操的上肢动作（续）

（1）下 A。双臂斜下举，分别与脊柱形成 30°夹角，拳心相对。

（2）上 A。双臂斜上举，分别与脊柱形成 30°夹角，拳心相对。

（3）上 V。双臂侧上举，分别与脊柱形成 45°夹角，但不能完全张开，应置于双耳斜前方 45°，拳眼朝前。

（4）下 V。双臂侧下举，分别与脊柱形成 45°夹角，且与肩形成 45°角，拳眼朝前。

（5）加油。双手握拳于胸前，拳心相对，肘关节朝下，双拳略低于下颚。

（6）大 T。双臂侧平举，但没有完全张开，分别与肩形成 30°夹角，拳眼朝前。

（7）短 T。双臂侧平举，胸前平屈，小臂略低于肩，两拳相对，拳轮朝前。

（8）W。双臂侧上举，肩上平屈，大小臂成 90°夹角，拳轮朝前。

（9）上 L。一臂前上举，与脊柱形成 30°夹角，拳心朝内；另一臂侧平举，拳心朝下。

（10）下 L。一臂前平举，略低于肩，拳眼朝前；另一臂侧平举，拳心朝下。

（11）斜线。一臂侧上举，与脊柱形成 45°夹角，拳心朝外；另一臂侧下举，与脊柱形成 45°夹角，拳心朝下。双臂不能完全打开。

（12）K。一臂前上举，与脊柱形成 45°夹角，拳心朝内；另一臂前下举，与脊柱形成 45°夹角，拳心朝内，两拳拳眼相对。身体向一侧转动，成后腿弯曲弓步。

（13）侧 K。手臂动作同 K，手臂朝向一侧，身体朝向正前方。

（14）弓箭。一臂胸前平屈，肘关节朝外，小臂略低于肩；另一臂侧平举，拳心朝下。

（15）小弓箭。一臂侧平举，拳心朝下；另一臂胸前平屈，肘关节朝下，拳轮朝前。

（16）短剑。一手握拳叉腰，手臂与肩形成 30°夹角，拳心朝下；另一臂胸前平屈，肘关节朝下，拳轮朝前。

（17）侧上冲拳。一手握拳叉腰，拳心朝下；另一臂侧上举，与脊柱形成 45°夹角，拳眼朝前。

（18）侧下冲拳。一手握拳叉腰，拳心朝下；另一臂下举，与脊柱形成 45°夹角，拳眼朝前。

（19）斜下冲拳。一手握拳叉腰，拳心朝下；另一臂斜下举，与脊柱形成 45°夹角，拳轮朝前。

（20）斜上冲拳。一手握拳叉腰，拳心朝下；另一臂斜上冲拳，与脊柱形成 45°夹角，拳轮朝前。

（21）高冲拳。一臂前上举，大臂贴近脸颊，拳轮朝前；另一手握拳叉腰，手臂与肩形成 30°夹角，拳心朝下。

（22）R。一臂斜下举，与脊柱形成 30°夹角，拳心朝下；另一臂侧上举，于头后屈肘，肘关节朝外，拳心紧贴后脑勺。

（23）上 M。双臂侧上举，肩上平屈，肘关节朝外，手腕向下屈，指尖触肩。

（24）下 M。双手握拳叉腰于髋部，双臂与肩形成 30°夹角，拳心朝下。

（25）曲臂 X。双臂屈肘交叉于胸前，拳心朝内。

（26）下 X。双臂交叉斜下举，分别与脊柱形成 30°夹角，拳心朝下。

（27）前 X。双臂交叉前平举，略低于肩，拳心朝下。

（28）上 X。双臂交叉斜上举于额头前上方，分别与脊柱形成 30°夹角，拳心朝前。

（29）后 X。双臂侧上举，在头后平屈，肘关节朝外，两拳相对，拳心紧靠后脑。

（30）上 H。双臂前上举与肩同宽，分别与脊柱形成 30°夹角，拳心相对。

（31）小 H。一臂前上举，与脊柱形成 30°夹角，拳心朝内；另一臂胸前平屈，肘关节朝下，拳轮朝前。

（32）下 H。双臂前下举，分别与脊柱形成 30°夹角，拳心相对。

（33）提桶式。双臂前平举，与肩同宽，双手握拳，拳心朝下。

（34）持烛式。双臂前平举，与肩同宽，双手握拳，拳心相对。

（35）后 M。双臂屈肘平行向身后伸展，双手握拳收于腰侧，拳心相对。

（36）O。双手握拳，举于头顶靠拢，拳心朝下。

11.2.3　啦啦操的基本规则与裁判

1．竞赛项目

常见的啦啦操竞赛项目包括花球啦啦操、街舞啦啦操、爵士啦啦操等。

2．比赛时间

啦啦操比赛时间通常有规定的时间范围，例如单人或多人啦啦操比赛可能限制在几分钟内。

3．比赛场地

啦啦操比赛一般会有特定的场地大小要求。

4．参赛队伍要求

（1）明确各类别参赛队伍的年龄范围，以确保竞赛公平性。

（2）对参赛队伍的人数有具体规定。

5．啦啦操竞赛规则

（1）成套动作设计应符合健身、娱乐、安全无损伤、全面发展身体以及符合年龄特点等原则。

（2）动作需体现啦啦操特有的技术特征，如通过短暂加速、制动定位来实现力度感，动作完成干净利落，具有清晰的开始和结束，运动过程中重心稳定、移动平稳，身体控制精确、位置准确。

（3）比赛中可以使用规定动作或自编动作，舞蹈风格不限。

6．裁判方法

（1）裁判组成通常包括多个方面的专业人员，例如艺术裁判员、完成裁判员等。

（2）评分办法。

① 成套动作的满分为100分，其中包括艺术编排（50分）和完成情况（50分）。

② 裁判员评分去掉1个最高分和最低分，中间几个分数的平均分即为得分，再减去裁判长减分即为最后得分。裁判员评分精确到1分，最后得分精确到0.1分。

③ 一般不接受对比赛成绩和结果的申诉。

（3）评分因素与分值（100分制）。

① 艺术编排（50分）。

a．创编内容（20分）：动作设计要求巧妙、造型漂亮，与成套动作协调、连接流畅自然；鼓励创新并突出个性特点和风格（10分）。成套动作中至少出现5次固定队形变化，至少出现3次流动队形变化，移动路线要合理，使用4种（如前、后、左、右、对角等）以上（10分）。

b．综合评价（30分）：包括对舞蹈风格、音乐选择与运用、表现力和感染力等方面的评价。

② 完成情况（50分）：主要评估动作的准确性、力度、节奏感、团队协作等方面的表现。

11.3　瑜伽

瑜伽起源于古印度。对现代人来说，瑜伽已成为一项追求平衡、放松的运动，强调和谐与身心协调。

11.3.1　瑜伽的健康益处

1．促进心肺功能发展

练习瑜伽时，呼吸要求"沉静稳定，匀细深长"，加强呼吸深度，膈肌有节律地收缩和舒张，使呼吸肌得到锻炼，提高肺组织弹性，增加胸廓活动度和肺活量，改变胸压和腹压，使呼吸器官得到良好的血液供应，从而提高身体呼吸功能。

瑜伽体式中的前屈、后展、扭转等体位，使身体的氧耗量增加，进而使静息心率下降，促进全身的血液循环，反射性地引起血管放松，使血管不易硬化，尤其是一些扭转体式，可进一步防止血管硬化，保持血管弹性，增强心肌力量，提高心血管系统功能。

2．塑造良好身体形态

瑜伽注重人的脊柱健康，通过模仿动物的姿态，锻炼人的脊椎、肌肉、韧带、关节，活化僵硬的关节部位，通畅经络，矫正不良体态，保持脊柱的正常生理曲度和弹性。瑜伽属于静态运动，练习者通过呼吸、体位和放松练习，可以达到舒展身体、塑造形体、疏通经络的效果。瑜伽还可以拉长肌肉线条，改善肌肉外形，使肌肉变得匀称、线条优美，从而塑造健康的体态。

3．提高身体素质

瑜伽的动作缓慢，没有明显的爆发性和跳跃动作，肌肉和关节在多种角度下完成一系列运动，屈伸肌群的负担较大。长期练习瑜伽还能增强下肢骨骼的支撑力量并增大肌肉体积，从而增加下肢肌肉力量和耐力，有利于保持身体平衡和稳定。

4．促进心理健康

练习瑜伽时配合轻柔舒缓的音乐和沉稳细长的呼吸，可以提高心理控制能力和调节能力，使压力大或处于紧张状态下的人集中精神并平静下来，减缓心跳，降低压力，集中思想。瑜伽冥想能够帮助练习者内心变得宁静、安详，呼吸均匀，心跳平和，使心情放松，安抚心灵平衡，获得身心合一的状态。

11.3.2　瑜伽的呼吸方式

瑜伽的呼吸也称为调息，瑜伽练习需要呼吸配合，在呼吸过程中感知身体的起伏，提高身体的觉知能力，更好地找到身体的平静与内心的安宁。呼吸能使身体变得稳定、放松，能更好地舒展筋骨，并且能最大限度地将氧气吸纳到肺部，对身体的健康有益。深呼吸能安抚人的情绪，使心灵获得平衡。所以，瑜伽的精髓是由呼吸来控制身体的放松、稳定、平衡，以达到身心合一的境界。

以下 3 种呼吸方式可根据体式的不同而转换。

1．胸式呼吸

（1）选择舒适的瑜伽坐姿。将双手轻放于第十二肋骨两侧，不要施加压力，保持骨盆中正，腹部内收。

（2）吸气。在保证腹部内收的前提下感受胸廓下部升高，肋骨向两侧扩张。

（3）呼气。感受胸廓回落，肋骨向内收缩。

在吸气与呼气之间，注意腹部微收，感受肋骨像手风琴一样扩张和收缩。

2．腹式呼吸

（1）选择舒适的瑜伽坐姿。将双手放在肚脐两侧，不要施加压力，保持骨盆中正，想象腹部是一个气球。

（2）吸气。感受腹部隆起，双手被缓缓推出，腹部像气球一样逐渐变得饱满。

（3）呼气。感受腹部向着脊柱方向回缩，腹部像气球排气一样慢慢还原，肚脐内收上提，彻底呼出肺部残留气体。

腹式呼吸是瑜伽练习中常用的呼吸方式，帮助身体调节在瑜伽练习过程中出现的呼吸紊乱，可让所有的腹部器官得到按摩，锻炼腹肌力量。

3．完全式呼吸

将胸式呼吸与腹式呼吸有技巧地结合便形成完全式呼吸，这 3 种呼吸方式应衔接得顺畅

大学体育与健康

自然。

（1）选择舒适的瑜伽坐姿。

（2）缓缓吸气，小腹隆起，在保持小腹隆起的前提下继续吸气至肋骨向外扩张，放松胸腔，微微上推锁骨肩部。

（3）缓缓呼气，肩部放平，锁骨下移，肋骨向内收缩，放松胸腔呼出浊气，呼气延长，腹部回缩，将残余气体排出。

完全式呼吸需要熟练掌握胸式呼吸和腹式呼吸之后再进行练习。完全式呼吸可以更好地锻炼呼吸肌和腹肌，增强身体耐性、专注力和协调感，使心神宁静下来，心率平稳。

11.3.3 呼吸冥想与休息术

1. 呼吸冥想

选择舒适的瑜伽坐姿坐于瑜伽垫中央；双手拨动臀部两侧肌肉，让坐骨稳定；双手食指抵住拇指，轻轻搭放在双膝上；脊柱由下至上延伸，头颅中正，下颌微收，轻闭双眼，舒展眉心，放松面部表情；双肩放松，放慢呼吸节奏。

抛开所有的不安与紧张，让心态变得平静祥和，将注意力放在呼吸上，慢慢地将呼吸调为腹式呼吸。用心体会身体的一呼一吸，感受呼吸变得均匀、顺畅、自然而稳定后逐渐将呼吸调为自然呼吸。这时感觉身体充满能量。逐渐将意识收回，稍稍拱背低头，放松脊柱，缓缓睁开双眼。完成呼吸冥想练习。

2. 休息术

平躺在瑜伽垫上，身体呈一条直线，双脚分开，脚尖朝外，两臂自然放在身体两侧，掌心向上，也可双手交叠轻搭在肚脐上，腰背尽量贴合地垫。微闭双眼，停止外在的一切动作，集中意识，放慢呼吸，关注呼吸带给身体的起伏。感受每次吸气将新鲜的氧气滋养身体的每个角落，每次呼气带走身体的浊气。随着每次呼吸，身体逐渐变得柔软，开始放松身体的每个角落。

11.3.4 瑜伽练习的注意事项

（1）保持空腹状态。进食2～3小时后练习为佳；饮用流食后1小时左右再练习。空腹状态能更好地提高身体觉知能力。

（2）瑜伽是一项自我练习。瑜伽练习时，以自己舒适的幅度伸展身体，切勿用力推拉，在最有拉伸感的位置配合顺畅的呼吸进行练习。在练习过程中，关注自身状况，避免出现运动损伤，不盲目与其他练习者攀比，学会接纳身体出现的不足。

（3）穿着柔软且能舒展自如的衣物或瑜伽服，不穿戴有束缚感的饰物，赤脚练习为佳。

（4）选择安静、不喧闹、空气流通、气温适宜且有足够空间伸展肢体的练习场所，并在瑜伽垫上练习。

（5）瑜伽练习结束后，等身体完全放松后再进食和洗浴。

（6）瑜伽不是高阶动作的展示，而是身心的合一。

（7）瑜伽的练习顺序：呼吸冥想→体式练习→休息术。

11.3.5 瑜伽的常见体式

1. 山式站姿

（1）动作要领

双脚内缘线并拢站立，大脚趾相触，十趾分开扒住地垫，膝盖上提，大腿肌收紧，尾骨内卷，骨盆中正，腹部微收，脊柱向上延伸，肩后旋，胸腔上提，下颌微收，头颅中正，双手自然放于体侧，眼睛平视前方，如图 11-28 所示。保持顺畅的自然呼吸或腹式呼吸。

（2）功效

有助于脊柱与骨盆正位，纠正不良体态，是站姿体式的起始姿势。

2．山式坐姿

（1）动作要领

双腿并拢，自然伸直，勾脚尖，坐骨两侧均匀受力，脊柱向上延伸，下颌微收，头颅中正，两手自然放于体侧，手指尖朝前，眼睛平视前方，如图 11-29 所示。保持顺畅的自然呼吸或腹式呼吸。

图 11-28　山式站姿

图 11-29　山式坐姿

（2）功效

有助于脊柱与骨盆正位，纠正不良体态，是坐姿体式的起始姿势之一。

3．简易坐姿

（1）动作要领

在山式坐姿基础上，屈双膝，两小腿交叉，把两脚分别置于大腿或膝盖下方，两膝外展，双手食指抵住拇指，轻搭在双膝上，脊柱向上延伸，肩后旋，胸腔上提，大臂下沉放松，眼睛目视前方。坐骨两侧均匀受力，如图 11-30 所示。保持顺畅的自然呼吸或腹式呼吸。两腿进行交替练习。

（2）功效

加强髋部、膝盖、踝关节的柔韧性和灵活性，帮助身体平缓气息。

4．平常坐姿

（1）动作要领

在山式坐姿基础上，屈双膝，左足跟置于会阴前，右足跟自然放在左脚前面，保持双脚足跟与会阴呈一条直线，两膝外展，双手食指抵住拇指，轻搭在双膝上，脊柱向上延伸，肩后旋，胸腔上提，大臂下沉放松，眼睛目视前方。坐骨两侧均匀受力，如图 11-31 所示。保持顺畅的自然呼吸或腹式呼吸。两腿进行交替练习。

图 11-30　简易坐姿

图 11-31　平常坐姿

（2）功效

促进骨盆区域血液循环，缓解膝关节僵硬，安定情绪。

5．金刚坐姿

（1）动作要领

跪立于瑜伽垫上，小腿胫骨和脚背压实瑜伽垫，双膝并拢，两大脚趾交叉或相触，足跟向外打开，臀部坐于足跟之间，脊柱向上延伸，肩后旋，胸腔上提，大臂下沉放松，两手置于大腿前侧，下颌微收，头颅中正，眼睛目视前方，如图 11-32 所示。保持顺畅的自然呼吸或腹式呼吸。

（2）功效

促进骨盆区域血液循环，加强消化系统功能，安定情绪。

6. 猫伸展式

（1）动作要领

在金刚坐姿基础上，身体前倾，双手置于双肩下方，中指指向前方，大拇指根部压实瑜伽垫，肘窝相对，两膝打开与髋部同宽，大腿与手臂平行，同时垂直于瑜伽垫，背部与瑜伽垫平行，小腿胫骨和脚背压实瑜伽垫。调整呼吸。

吸气，双肩向外打开，扩展胸腔，脊柱逐节向前延展，抬头，眼睛平视前方。

呼气，腹部内收，弓背，低头，眼睛看向肚脐方向，如图 11-33 所示。

保持几组呼吸，还原为金刚坐姿。

图 11-32　金刚坐姿　　　　　　　图 11-33　猫伸展式

（2）功效

增强脊柱灵活性，使其更有弹性，缓解肩颈背部疲劳。

7. 下犬式

（1）动作要领

在金刚坐姿基础上，身体前倾，双手置于双肩下方，中指指向前方，大拇指根部压实地垫，肘窝相对，两膝打开与髋部同宽，大腿与手臂平行，同时垂直于地垫，背部与地垫平行，勾脚尖，脚尖踩实地垫。调整呼吸。

吸气，臀部发力向上，抬足跟，提尾骨寻找天花板方向。

呼气，双肩外展，足跟向地垫方向下压，尝试膝盖伸直，脚跟踩地，眼睛看向两膝之间，脊柱延伸，使脊背、头颈在同一条斜线上，如图 11-34 所示。

保持几组顺畅的腹式呼吸，还原起始跪姿。

（2）功效

拉伸背部和腿部后侧肌群，增强手臂力量，缓解肩部疲劳，促进头部血液循环。

8. 摩天式

（1）动作要领

在山式站姿基础上，两脚分开与髋同宽，两手十指体前交叉。调整呼吸。

呼气，翻转掌心，手臂伸直；

吸气，双手臂向上延伸，大臂来到两耳旁侧，掌心指向上方。

再次呼气时，肩部下沉放松；

再次吸气时，足跟离开地垫，眼睛平视前方。

保持几组顺畅的自然呼吸或腹式呼吸，还原山式站姿，如图 11-35 所示。

（2）功效

有助于脊柱与骨盆正位，纠正不良体态，促进肩背部血液循环，提升专注力。

9.　树式

（1）动作要领

在山式站姿基础上，将身体重心放在左脚上，屈右膝，将右脚掌轻轻放置在左大腿根部，或轻搭在左小腿内侧。调整呼吸。

吸气，双手于胸前合掌，或由体侧向上于头顶上方合十，脊柱向上延伸。

呼气，右髋右膝向外展，尽量和右腿在同一平面上，眼睛平视前方。

保持几组顺畅的自然呼吸，尽可能长时间坚持此动作，最后双臂回落，同时缓慢放下右腿，活动双膝。两腿进行交替练习，如图 11-36 所示。

图 11-34　下犬式

图 11-35　摩天式

图 11-36　树式

（2）功效

缓解肩部不适，增强脚踝与腿部肌肉力量，提高身体稳定性和专注力。

10.　战士一式

（1）动作要领

在山式站姿基础上，两脚打开一肩半宽，左脚向外打开90°，右脚内扣60°，髋部转向左侧，身体中正。调整呼吸。

吸气，双手由体侧发力向上于头顶合十，脊柱向上延伸，肩后旋，扩展胸腔；

呼气，屈左膝，左膝盖不超过左脚脚尖，右脚踩实地垫，眼睛平视前方，如图 11-37 所示。

保持几组顺畅的腹式呼吸，尽可能长时间坚持此动作，然后还原至山式站姿。两腿进行交替练习。

图 11-37　战士一式

（2）功效

增强大腿力量，锻炼背部肌肉，促进髋部血液循环，提高髋、膝、踝关节的稳定性。

11.　战士二式

（1）动作要领

在山式站姿基础上，两脚打开一肩半宽，左脚向外打开90°，右脚内扣60°，髋部面向正前方。调整呼吸。

呼气，屈左膝，膝盖向外展，左膝盖不超过左脚脚尖，右脚踩实地垫；

吸气，双臂由体侧打开平举与地垫平行，两手指尖指向两端，脊柱向上延伸，肩后旋，扩展胸腔，眼睛看向左手指尖方向，如图 11-38 所示。

保持几组顺畅的腹式呼吸，尽可能长时间坚持此动作，然后还原至山式站姿。两腿进行交替练习。

图 11-38　战士二式

大学体育与健康

（2）功效

有助于双腿的肌耐力、柔韧性协调发展，提高髋、膝、踝关节的稳定性，锻炼手臂肌肉力量。

12. 战士三式

（1）动作要领

在山式站姿基础上。调整呼吸。

吸气，双手由体侧发力向上于头顶合十，脊柱向上延伸，扩展胸腔，将身体重心放在左脚上；

呼气，双手带动身体向前延伸，同时抬起右腿，让头、肩、背、腿在同一条直线上，不翻髋，眼睛看向下方，使身体像一个"T"字，勾脚尖，身体有向前与向后两个方向的力，腹部微微内收，有利于身体保持稳定，如图11-39所示。

保持几组顺畅的自然呼吸，尽可能长时间坚持此动作，还原至山式站姿。两腿进行交替练习。

（2）功效

锻炼腿、臀、肩、背部力量，提高踝关节的稳定性，提升专注力。

图11-39 战士三式

13. 大拜式

（1）动作要领

在金刚坐姿基础上，双手尽量向前延伸，额头触地，感受两侧腰的舒展。调整呼吸。

吸气，感受胸腔、腰部、背部逐渐扩张变得饱满；

呼气，感受身体的下沉与放松，如图11-40所示。

保持几组顺畅的自然呼吸，还原至金刚坐姿。

（2）功效

伸展腰部，缓解身体的紧张感，舒缓气息，放松整个身体，是一个放松体式。

14. 仰卧式

（1）动作要领

仰卧，身体呈一条直线，两脚微分，脚尖朝外，两臂微分，掌心朝上，或双手交叠搭放在肚脐上，腰背尽量贴合地垫，微闭双眼，放松身体，如图11-41所示。

保持几组顺畅的自然呼吸或腹式呼吸。

（2）功效

放松身心，培养身体觉知能力。

街舞

图11-40 大拜式　　　　　　图11-41 仰卧式

本章小结

本章在对健美操、街舞、啦啦操和瑜伽这几种形体运动的探索中，我们深刻领略了它们各自的魅力。健美操充满活力与节奏感，能有效提升身体协调性；街舞自由奔放，彰显个性与创造力；啦啦操热情洋溢，极具团队合作精神；瑜伽则注重身心的平衡与放松。

　　这些形体运动不仅能够塑造优美的体态，还能增强身体素质，舒缓压力。无论是追求激情活力，还是渴望内心宁静，都能在其中找到适合自己的方式。它们丰富了我们的运动选择，让我们在不同的节奏和姿态中，感受形体之美，拥抱健康生活。

思考与练习

1. 简述健美操运动的功能？
2. 健美操的基本动作包括哪些？
3. 啦啦操的基本动作包括哪些？
4. 简述瑜伽运动的健康益处。

第三部分 传统体育运动

第12章

传统武术

传统武术，源远流长，蕴含着深厚的文化底蕴与独特魅力。本章追溯武术的起源与产生，探讨武术的发展，领略武术的特点和作用，了解武礼的内涵。同时，本章深入讲解武术基本功，包括手型、手法、步型、步法、腿法平衡等。此外，本章简要介绍初级三路长拳、二十四式太极拳、八段锦的动作要领。

学习目标	掌握传统武术的基本功及初级三路长拳、二十四式太极拳、八段锦的动作要领，熟练相关套路。
能力目标	提升身体协调性、柔韧性和力量。
素养目标	通过学习传统武术，达到强身健体、修身养性，使身心在传统武术的滋养中得到全面发展，传承和发扬传统武术的精髓。

12.1 武术概述

12.1.1 武术的起源和产生

武术可以追溯到原始人类的生产活动、社会活动和宗教活动。

原始人类用粗陋的木石工具来采集果实和猎取鸟兽，也以这些工具抵御猛兽侵袭、与相邻部落争夺生存资料。这时，工具和兵器被视为一体。

在不晚于西周的奴隶社会末期，出现了构成武术基本因素的专用兵械及其使用技术，以及徒手格斗技术。它们沿着以格杀为目的的途径发展，形成了自己的形制、攻防方法和训练手段，从而形成了武术的雏形。

12.1.2 武术的发展

武术在历史长河中持续演进。夏商周时期，"武舞"以及"六艺"中的射、御使武术具有了系统性规范；诸侯争雄让武术在战场上的应用更为广泛，兵器战术更为理论化，"佩剑论剑""角抵之戏"的兴起，使武术的功能趋于多元化。秦汉时期，秦角力、击剑盛，汉武舞有技击性且成套路，多种流派萌生。三国、两晋、南北朝时期，手搏不衰，南北武术融合并与佛道相连，拓展武术的功能性与理论性。隋唐时期武举制度发展，器械武艺精进，与艺术交融。

宋元有武学、武举，兵器发展，民间涌现团体技术，城市武术表演兴起。明清时期武术门派繁多，如少林、太极，内功与养生结合，产生更多武术理论。民国时期武术进入学校，武术团体兴起，开展武术竞赛，传承、推广、创新传统武术。

中华人民共和国成立后传统武术地位提升，成为国家级竞赛项目，并出台相关规则与等级标准。1985 年国际邀请赛开启全球化，武术成为亚运会、世锦赛项目，2022 年武术进入青奥会。

12.1.3　武术的特点和作用

武术的特点突出，动作具有攻防技击性，源于实战，现代套路亦含攻防内核。武术追求内外合一、形神兼备，例如八卦掌以意领气，咏春拳眼神与动作尽显精神。武术内容丰富，流派多元，例如拳术、器械、对练、集体项目等武术适应性广，不限年龄、性别、体质，儿童练习武术可促发育，青少年练习武术能增强体能，中老年练习武术可养生，还可按需调整练习内容。

武术作用显著。在强身健体层面，借重器械、快拳快腿、基本功及跳跃翻腾动作，练习者力量、速度、柔韧性、协调性与平衡能力得到提升。在防身自卫时，武术中的攻防技击能让练习者遇危有策。在修身养性方面，武术倡导品德与精神境界提升，如尊师重道等品质可磨砺内心。武术还具有文化传承功能，可作为中华传统文化载体，使古老文化绵延不绝。

12.1.4　武礼

"未曾习武先学礼"，武礼是中国传统的礼法之一。武礼现已成为具有代表性的、规范统一的武术标准礼法。

武礼的行礼方式包括抱拳礼、持械礼、递械礼和接械礼等。下面主要介绍抱拳礼。

抱拳礼（见图 12-1）是中国武术独特礼仪。行礼时并步站立，左手四指并拢伸直成掌，拇指屈拢，右手成拳，左掌心掩贴右拳面，左指根线与右拳棱相齐；左掌、右拳胸前相抱，高度与胸前平齐，肘尖略下垂，拳、掌与胸间距为 20～30 厘米；头正、身直，目视受礼者。

图 12-1　武礼（抱拳礼）

抱拳礼的含义是左掌为文，象征和平，代表武德，寓意孝敬父母、尊敬师长、仁爱感恩；掌指并拢表示团结友好、虚心好学、永不自大；右拳为武，象征力量，代表武技，寓意尚武崇德、追求卓越、为国争光。左掌盖在右拳上表示礼让、爱心、止戈为武。两手相合，表示习武者要文武兼备、内外兼修，两手放于胸前表示尊重。抱拳礼的文化内涵深厚，受儒家思想影响，体现"仁""礼"理念，承载传统道德观念中的谦虚恭敬，是中华民族精神象征，展现中国人含蓄内敛性格，传达友好和平意愿，彰显中国文化独特魅力。

12.2　武术基本功

12.2.1　手型、手法

1. 手型

（1）拳。如图 12-2 所示，四指并拢卷握，拇指压于食指、中指第二指节上（五指卷紧）。拳分为拳面、拳背、拳眼、拳心、拳轮。拳心朝下为平拳；拳眼朝上为立拳。

大学体育与健康

（2）掌。如图12-3所示，四指伸直并拢，拇指弯曲紧扣于虎口处。掌分为掌指、掌背、掌心、掌根、掌外缘。手腕伸直为直掌；向拇指侧伸，掌指朝上为立掌。

（3）勾。如图12-4所示，五指第一指节捏拢在一起，屈腕。勾分为勾尖、勾顶。

图12-2 拳　　图12-3 掌　　　图12-4 勾

2. 手法

手法是主要运用拳、掌、勾三种手型，结合手型的变化即动作表现出的技法，如冲拳、架拳、推掌、劈掌、亮掌等动作。

（1）冲拳（见图12-5）

两脚左右开立，两拳抱肘，头正直。目视前方，右臂内旋，右拳随体左转约45°，向前平拳冲出，力达拳面。左拳不动；目视右拳方向，随体右转45°。右臂外旋屈肘，回拉右拳；同时，左拳顺势前伸，两拳心均向上，拳面向前。目视左侧斜前方，上动不停，下肢不变；左臂继续内旋，随体右转45°，向左侧平拳冲出，力达拳面；同时，右拳回拉抱肘，目视左拳方向。

要求：冲拳是拳法的主要基本动作。冲拳要旋臂、体拧转，钻力冲出。利用爆发力击拳。应体会最后用力的内含力和装打"寸劲"的技术要求。

（2）架拳（见图12-6）

并步站立。左脚向左前方迈出一步成左弓步；左臂屈肘使小臂内旋，掌心向上、屈肘置于左上方架掌，同时前冲右拳，上体向左扭转，目视右拳。

要求：上架时拧臂（内旋）屈肘，上体尽量扭转。

（3）推掌（见图12-7）

以并步直立开始为例。两拳收抱于腰间，头正直，目视前方。左脚向前上一步，成左弓步；同时，右拳变掌，右臂内旋，随左脚上步，向前立掌推击，力达小指一侧。左拳不变，目视推掌方向。

图12-5 冲拳　　　　　　图12-6 架拳　　　　　　图12-7 推掌

要求：推掌要快速、有力，蹬腿、拧腰、旋臂、擦肘、顺肩协调配合。

（4）劈掌（见图12-8）

以左前点步为例。左臂向左前平举成左立掌。右臂伸直向右侧上举，右掌翻腕于头上亮掌，掌心向上，指尖向左。头正直，目视前方。右腿伸直支撑。左脚向前上一步，成左弓步；同时，右臂外旋后屈肘，以小指一侧领先，随体左转45°，向体前下方用力劈击掌，力达小

图12-8 劈掌

指一侧，掌心向左，指尖向前。左臂屈肘，肘尖向下，左掌回收至右臂内侧扶触右大臂前端，掌心向右，目视前方。

要求：劈掌时要经屈肘过程，劈击时应快速有力。

（5）亮掌（见图 12-9）

以并步直立开始为例。两拳抱于腰间。头向右转，目视右方。下肢并步不动，右拳变掌，右臂伸直，由腰间向右侧下、右侧上仰掌上摆至右侧平举，掌心向上，指尖向右。左拳不动，目视右掌方向。上肢不停，下肢不动。右臂屈肘内旋，右掌向头右侧上方翻腕亮掌，掌心向斜前上方，指尖向左；同时，头向左侧转，目视前方。

要求：翻腕动作要干脆，与转头协调配合。摆臂幅度要大，动作自然放松。挺胸立腰。

图 12-9 亮掌

12.2.2 步型、步法

1. 步型

步型主要是下肢动作，步型练习可使练习者了解主要步型的要领，提高步型的规范性和稳定性，增强腿部力量。步型主要有弓步、马步、虚步、仆步、歇步、丁步等。

（1）弓步（见图 12-10）

左脚向前一大步（距离为本人脚长的 4～5 倍），脚微内扣，全脚着地，屈膝半蹲，应大腿呈水平，膝与脚尖垂直；另一腿挺膝伸直，脚尖里扣斜向前（约 45°），全脚着地。上体正对前方，两手抱拳于腰间，目视前方。

图 12-10 弓步

要点：挺胸、塌腰、沉髋，前腿成水平，后腿挺膝伸直，脚跟不可离地。

（2）马步（见图 12-11）

两脚左右开立（约为本人脚长的 3 倍），脚尖正对前方，屈膝半蹲，大腿呈水平，膝部不超过脚尖，两手握拳分别抱于腰间，目视前方。

要点：挺胸、塌腰、直背，膝微内扣，脚跟外蹬。

（3）虚步（见图 12-12）

两脚前后开立，后脚尖斜向前（均为 45°），屈膝半蹲，大腿接近水平，全脚着地；前腿微屈，脚面绷紧，脚尖虚点地面，重心落于后腿上；两手叉腰，眼视前方。练习时可左右交换。

图 12-11 马步

要点：挺胸、立腰、虚实分明。

（4）仆步（见图 12-13）

两脚平行开立（约为本人脚长的 4 倍），一腿屈膝全蹲，大腿和小腿靠紧，臀部紧贴小腿，膝与脚尖稍外展；另一腿伸直平铺，接近地面，脚尖内扣。两脚全脚掌着地。

要点：挺胸、塌腰、沉髋。

（5）歇步（见图 12-14）

两腿交叉屈膝全蹲，前脚全脚掌着地，紧贴后脚跟。前脚尖外展；后脚跟离地，臀部外侧下沉。

要点：挺胸、立腰、两腿靠拢贴紧。

大学体育与健康

（6）丁步（见图12-15）

两腿屈膝半蹲，一脚全脚着地支撑，另一脚脚跟抬起，脚面绷直，虚点地面，脚尖贴于支撑腿脚弓处；身体重心落于支撑腿上，目视前方。

要点：挺胸，立腰，虚实分明。

图12-12　虚步　　　　　图12-13　仆步　　　　　图12-14　歇步　　　　图12-15　丁步

2．步法

步法是下肢移动、变化的方法，或是步型转换的衔接动作。步法练习的主要目的是提高两腿的移动速度和灵活性、协调性，增强下肢力量。步法主要有插步、击步、弧形步等。

（1）插步（见图12-16）

开步站立，两手叉腰。右脚提起，经左脚后向左侧横迈一步，前脚掌着地，两腿交叉，重心偏于左腿。练习时可左右交替进行。

要点：沉髋、敛臀，步幅大小适中。

（2）击步（见图12-17）

两手叉腰，两脚前后开立，与肩同宽。上体前倾，前脚蹬离地面，后脚提起在空中向前碰击前脚跟。落地时，后脚先落，前脚后落，目视前方。

要点：跳起腾空时，上体保持正直并侧对前方。

（3）弧形步（见图12-18）

两腿膝关节弯曲，两脚快速连续向侧前方行步，两手抱于腰间。步幅略比肩宽，走"S"形路线，目视前方。

图12-16　插步

图12-17　击步　　　　　　　　图12-18　弧形步

12.2.3　腿法

腿法练习是集下肢柔韧性、腿部力量和速度的综合性训练，所谓"压路地合"是武术基本功训练必不可少的重要训练内容。腿法主要包括直摆性（正踢腿、斜踢腿、侧踢腿、外摆腿、里合腿）、屈伸性（弹腿、蹬腿、侧踹腿）、扫转性（前扫腿、后扫腿）和击响性（单拍、里合、外摆）四类腿法。本小节重点介绍前三类。

1. 直摆性腿法

（1）正踢腿（见图 12-19）

两脚并步站立，两手臂成侧平举，立掌，目视前方。左脚向前上半步，左腿支撑，右腿挺膝，脚尖勾起，向额前快速踢起。目视前方。练习时可左右交替进行。

要点：挺胸、收腹、立腰。腿上摆过腰后加速用力，收髋，上体正直。

（2）斜踢腿（见图 12-20）

两脚并步站立，两手臂成侧平举，立掌，目视前方。左脚向前上半步，左腿支撑，右腿挺膝，勾脚向异侧耳部踢起。目视前方。练习时可左右交替进行。

图 12-19　正踢腿

图 12-20　斜踢腿

要点：同正踢腿。

（3）侧踢腿（见图 12-21）

两脚开立，两手臂成侧平举。右脚向左前上半步，脚尖外展；左脚跟稍提起，身体略右转，左臂前伸，右臂后举。随即左腿挺膝，勾脚向左耳侧踢起，同时右臂上举亮掌，左臂屈肘立掌于右肩前。目视前方。

要点：挺胸、立腰、侧身、开髋，踢腿时快速有力。

图 12-21　侧踢腿

（4）外摆腿（见图 12-22）

两脚开立，两手臂成侧平举，两手立掌。右脚向前方上半步，左脚尖勾紧，向右侧上方踢起。左脚踢起时，经面前向左侧上方直腿摆动，直腿落于右脚旁，目视前方。练习时可左右交替进行，也可左右掌在面前依次迎击左脚面。

要点：挺胸、立腰、展颈，腿呈扇形向外快速摆动，幅度要大。

（5）里合腿（见图 12-23）

两脚开立，两手臂成侧平举，两手立掌。右脚向前方上半步，左脚尖勾紧，向左侧上方踢起。左脚踢起时，经面前向右侧上方直腿摆动，直腿落于右脚旁，目视前方。练习时可左右交替进行。

要点：挺胸、立腰、合髋。支撑腿脚尖正对前方，腿成扇形里合，幅度要大。

2. 屈伸性腿法

（1）弹腿（见图 12-24）

两腿并步站立，两手握拳抱于腰间。右脚屈膝提起，高与腰平，右脚绷直，目视前方。

大学体育与健康

左腿支撑，右腿屈膝提起接近水平时，小腿猛力向前弹出，挺膝，力达脚尖，目视前方。练习时可左右交替进行。

图 12-22　外摆腿

图 12-23　里合腿

要点：挺胸、立腰、收髋、脚面绷直；弹腿由屈到伸要快速，力达脚尖。

（2）蹬腿（见图 12-25）

两手握拳抱于腰间，左腿支撑，右脚屈膝提起，高与腰平，右脚脚尖勾紧，目视前方。右腿屈膝踢起接近水平时，以脚跟为力点向前猛力蹬出，力达脚跟，挺膝，脚高过腰，目视前方。练习时可左右交替进行。

图 12-24　弹腿

图 12-25　蹬腿

要点：挺胸、立腰、脚尖勾紧；蹬出要脆、快、有力，力达脚跟。

（3）侧踹腿（见图 12-26）

两脚开步站立，两手叉腰。右脚经左脚前盖步，随即右腿伸直支撑，左腿屈膝提起，脚尖勾起内扣，用脚底向左上方快速踹出，脚高过腰，上体右倾，目视左侧方。

要点：挺膝、展髋、脚外侧朝上；踹腿先屈后伸，踹出快速有力。

3. 扫转性腿法

（1）后扫腿（见图 12-27）

左弓步双推掌，两掌向前推出，指尖向上，目视前方。随后上体右转并前俯，左脚尖内扣，左腿屈膝全蹲，成右仆步，随上体向右后控转的惯性力量，以左脚掌为轴，脚尖内扣，右脚伸直紧贴地面，快速向后扫转一周。

要点：转体、俯身、撑地、扫转要连贯协调，一气呵成。

图 12-26　侧踹腿

（2）前扫腿（见图 12-28）

两腿屈膝半蹲，左脚跟提起；右掌平举于身体右侧，指尖向上；左掌附于右臂内侧，指尖向上；目视右方。左脚向左开步，屈膝全蹲，以前脚掌为轴；右腿伸直，脚尖内扣，脚掌擦地向前扫转一周。

要点：支撑腿屈膝全蹲，扫转腿伸直，脚尖内扣，脚掌擦地。

图 12-27　后扫腿

图 12-28　前扫腿

12.2.4　平衡

平衡动作是武术中常见的动作之一。平衡可分为持久性平衡动作和非持久性平衡动作两种。持久性平衡要求动作完成后保持三秒以上的静止状态；非持久性平衡对静止时间未作要求，只要求出现明显的静止状态。练习平衡动作，能有效提高腿、腰的柔韧性和肌肉的控制力量，同时有助于协调能力的发展。平衡动作的种类很多，下面重点介绍常见的提膝平衡、燕式平衡、望月平衡三种。

（1）提膝平衡（见图 12-29）

右腿伸直支撑，左腿屈膝提起，左大腿高提近胸部，脚面绷直，垂扣于右前侧。右臂上举于头上亮掌，左手反臂后举成勾手，目视左前方。

要点：支撑腿伸直、挺胸、立腰、收腹。平衡要站稳，提膝过腰，脚内扣。

（2）燕式平衡（见图 12-30）

左腿伸直支撑站稳，右腿屈膝提起，两掌在胸前交叉，掌心向里。随后，两掌向两侧直臂分开平推，掌心向外，指尖向上；上体前俯，左脚面绷平向后上蹬伸，目视前方。

要点：两腿伸直，上体前俯，挺胸、抬头、腰后屈。

（3）望月平衡（见图 12-31）

右腿伸直支撑站稳，两手左右分开上摆亮掌。同时上体侧倾拧腰向支撑腿同侧方上翻，

大学体育与健康

挺胸塌腰。左腿在身后向支撑腿同侧方上举，小腿屈收，脚面绷平。目视右后方。

要点：展髋、拧腰、抬头。

图 12-29　提膝平衡　　　　　图 12-30　燕式平衡　　　　　图 12-31　望月平衡

12.2.5　跳跃

跳跃是武术套路中常见动作，此练习对增强腿部及腰腹力量，提高弹跳力、协调性和速度具有重要作用。常见的跳跃动作有腾空飞脚、旋风脚等。

（1）腾空飞脚（见图 12-32）

并步站立，右脚快速上步，准备起跳。左脚前上摆踢，右脚蹬地跃起，两臂向头上摆起，右手背迎击左手掌。在空中，右脚向前上方快速踢摆，脚面绷直；右手迎击右脚面，击响点略高于肩；左腿屈膝收控于右腿侧，脚面绷直；左掌摆至左侧方变勾手，勾尖向下；上体微前倾，目视前方。

图 12-32　腾空飞脚

要点：踢摆腿脚高必须过腰，左腿在击响一瞬间屈膝收控于右腿侧。在腾空最高点完成击响动作，击响点略高于肩。空中拍击动作必须快速、连续、准确、响亮。空中上体正直、微向前倾，不要坐臀。

（2）旋风脚（见图 12-33）

并步站立。左脚向前上步，脚尖微外展；随后，右脚向前屈膝扣脚上步；同时，右臂上摆至右上方，目视前方；重心右移，右脚蹬地跳起左转；左腿随体转向左摆腿，右腿向左上方踢起经面前里合；左拳变掌于面前迎击右脚前脚掌；身体向左后旋转360°。

要点：空中身体中正，脚高度过肩，击拍准确。

图 12-33　旋风脚

12.3　初级三路长拳

长拳，是一种拳术流派的总称。长拳是以套路为主的拳术，既适合基础武术训练，又适合进行竞赛提高。长拳的共同特点是：姿势舒展、动作灵活、快速有力、节奏鲜明，并有多起伏转折、蹿蹦跳跃、跌扑滚翻等动作和技术。

12.3.1　初级三路长拳简介

初级三路长拳编创于 1957 年。全套除了预备式和结束动作，分为四段，每段八个动作，合计三十六个动作。套路内容充实，包括了拳、掌、勾三种手型；弓、马、虚、仆、歇五种步型；手法有冲、劈、抡、砸、栽等拳法，推、挑、穿、摆、亮等掌法，盘、顶等肘法；腿法有弹、踹、踢、拍等；还有跳跃和平衡等动作。初级三路长拳编排合理，由简而繁，由易到难，有利于循序渐进地进行练习；套路布局和路线变化前后呼应，左右兼顾，均匀合理；在强调动作规格化、注重功力的同时，还较好地体现了攻防意识，增强了练习的乐趣。

经常练习长拳，能有效地增强体质，发展各种身体素质。长拳中的各种手法、步法、腿法和身法，动作幅度大，牵动关节多，使肌肉、韧带拉长并富有弹性，柔韧性大大提高；套路中许多踢打摔拿、蹿蹦跳跃和跌扑滚翻等动作，可很好地发展灵敏、速度、力量等身体素质；一套初级三路长拳要在很短的时间里完成几十个动作，动作又多起伏转折，节奏多变，因此强度和运动量很大，有效地提高了循环系统、呼吸系统和消化系统的机能；初级三路长拳要求每一动作都能做到"手、眼、身、步、精神、气、力、功"八法协调，对神经系统有良好的影响，运动中枢和其他自主神经系统能很好地配合工作；运动节奏的变化，增强了中枢神经系统快速转换的能力和兴奋与抑制交替转换的灵活性。

12.3.2　初级三路长拳套路动作要领

1.　预备动作

（1）预备势（见图 12-34）

两脚并步站立，两臂垂于身体两侧，五指并拢贴靠腿外侧，平视前方。

要点：头颈正直，下颌微向后收，挺胸，塌腰，收腹。

（2）虚步亮掌（见图 12-35）

① 右脚向右后方撤步成左弓步。右掌向右、向上、向前划弧，掌心向上；左臂屈肘，左掌提至腰侧，掌心向上。目视右掌。②右腿微屈，

图 12-34　预备式

大学体育与健康

重心后移。左掌经胸前从右臂上向前穿出伸直；右臂屈肘，右掌收至腰侧；左掌心向上。目视左掌。③重心继续后移，左脚稍向右移，脚尖点地，成左虚步。左臂内旋向左、向后划弧成勾手，勾尖向上，右手继续向后、向右、向前上划弧，屈肘抖腕，在头部上方成亮掌（即横掌），掌心向前，掌指向左。目视左方。

图 12-35　虚步亮掌

要点：三个动作必须连贯。成虚步时，重心落于右腿上，右大腿与地面平行。左腿微屈，脚尖点地。

（3）并步对拳（见图 12-36）

①右腿蹬直，左腿提膝，脚尖内扣，上肢姿势不变。②左脚向前落步，重心前移。左臂屈肘，左勾手变掌经左肋前伸；右臂外旋向前下落于掌右侧，两掌同高，掌心均向上。③右脚向前上一步，对拳。④左脚向右脚并步，两臂向外向上经胸前屈肘下按，两掌变拳，拳心向下，停于小腹前。目视左侧。

要点：并步后挺胸、塌腰。对拳、并步、转头要同时完成。

图 12-36　并步对拳

2.　第一段

（1）弓步冲拳（见图 12-37）

① 左脚向左上一步，脚尖向斜前方；右腿微屈，成半马步。左臂向上向左格打，拳眼向后，拳与肩同高；右拳收至腰侧，拳心向上。目视左拳。②右腿蹬直成左弓步。左拳收至腰侧，拳心向上，右拳向前冲出，高与肩平，拳眼向上。目视右拳。

要点：成弓步时，右腿充分蹬直，脚跟不要离地。冲拳时，尽量转腰顺肩。

（2）弹腿冲拳（见图 12-38）

①重心前移至左腿，右腿屈膝提起，脚面绷直，猛力向前弹出伸直，高与腰平。②右拳收至腰侧，左拳向前冲出，目视前方。

要点：支撑腿可微屈，弹腿要用爆发力，力点达于脚尖。

（3）马步冲拳（见图 12-39）

①右脚向前落步，脚尖里扣，上体左转。②左拳收至腰侧，两腿下蹲成马步；右拳向前

冲出。目视右拳。

图 12-37　弓步冲拳　　　　　　　　　图 12-38　弹腿冲拳

要点：成马步时，大腿要平，两小腿平行，脚跟外蹬，挺胸、塌腰。

（4）弓步冲拳（见图 12-40）

① 上体右转 90°，右脚尖外撇向斜前方，成半马步。右臂屈肘向右格打，拳眼向后。目视右拳。②左腿蹬直成右弓步。右拳收至腰侧；左拳向前冲出。目视左拳。

要点：与本段（1）相同，但左右相反。

（5）弹腿冲拳（见图 12-41）

①重心前移至右腿，左腿屈膝提起，脚面绷直，猛力向前弹出伸直，高与腰平。②左拳收至腰侧；右拳向前冲出。目视前方。

图 12-39　马步冲拳

图 12-40　弓步冲拳

图 12-41　弹腿冲拳

要点：与本节的弹腿冲拳相同。

（6）大跃步前穿（见图 12-42）

图 12-42　大跃步前穿

①左腿屈膝，右拳变掌内旋，手背向下挂至左膝外侧，上体前倾。目视右手。②左脚向前落步，两腿微屈。右掌继续向后挂，左拳变掌，向后向下伸直。目视右掌。③右腿屈膝向前提起，左腿立即猛力蹬地向前跃出。两掌向前向上划弧摆起。目视左掌。④右腿落地全蹲，左腿随即落地向前铲出成仆步。右掌变拳抱于腰侧，左掌由上向右向下划弧成立掌，停于右胸前。目视左脚。

要点：跃步要远，落地要轻，落地后立即接做下一个动作。

（7）弓步击掌（见图12-43）

①右腿猛力蹬直成左弓步。②左掌经左脚面向后划弧至身后成勾手，左臂伸直，勾尖向上；右拳由腰侧变掌向前推出，掌指向上，掌外侧向前。目视右掌。

（8）马步架掌（见图12-44）

① 重心移至两腿中间，左脚脚尖里扣成马步，上体右转。右臂向左侧平摆，稍屈肘；同时，左勾手变掌，经左腰从右臂内侧向前上穿出，掌心均朝上。目视左手。②右掌立于左胸前；左臂向左上屈肘抖腕，亮掌于头部左上方，掌心向前。目转右视。

图12-43 弓步击掌　　　　　　图12-44 马步架掌

要点：同马步冲拳。

3. 第二段

（1）虚步栽拳（见图12-45）

① 右脚蹬地，屈膝提起；左腿伸直，以前脚掌为轴向右后转体180°。右掌由左胸前向下经右腿外侧向后划弧成勾手；左臂随体转动并外旋，掌心朝右。目视右手。②右脚向右落地，重心移至右腿上，下蹲成左虚步。左掌变拳下落于左膝上，拳眼向里，拳心向后；右勾手变拳，屈肘向上架于头右上方，拳心向前。目视左方。

（2）提膝穿掌（见图12-46）

①右腿稍伸直。右拳变掌收至腰侧，掌

图12-45　虚步栽拳

心向上，左拳变掌由下向左向上划弧盖压于头上方，掌心向前。②右腿蹬直，左腿屈膝提起，脚尖内扣。右掌从腰侧经左臂内向右前上方穿出，掌心向上，左掌收至右胸前成立掌。目视右掌。

要点：支撑腿与右臂充分伸直。

（3）仆步穿掌（见图12-47）

右腿全蹲，左腿向左后方铲出成左仆步。右臂不动，左掌由右胸前向下经左腿内侧，向左脚面穿出。目随左掌转视。

（4）虚步挑掌（见图12-48）

① 右腿蹬直，重心前移至左腿，成左弓步；右掌稍下降，左掌随重心向前挑起。②右脚向左前方上步，左腿半蹲，成右虚步。身体随上步左转180°。在右脚上步的同时，左掌由前向上向后划弧成立掌，右掌由后向下向前向上挑起成立掌，指尖与眼平。目视右掌。

图 12-46　提膝穿掌　　　　　图 12-47　仆步穿掌

要点：上步要快，虚步要稳。

（5）马步击掌（见图 12-49）

①　右脚落实，脚尖外撇，重心稍升高并右移，左掌变拳收至腰侧；右掌俯掌向外捋手。②左脚向前上一步，以右脚为轴向右后转体 180°，两腿下蹲成马步。左掌从右臂上方成立掌向左侧击出；右掌变拳收至腰侧。目视左掌。

图 12-48　虚步挑掌　　　　　　　图 12-49　马步击掌

要点：右手做捋手时，先使臂稍内旋、腕伸直，手掌向下向外转，接着臂外旋，掌心由下向上翻转，同时抓握成拳。收拳和击掌动作要同时进行。

（6）插步双摆掌（见图 12-50）

①　重心稍右移，同时两掌向下向右摆，掌指均向上。目视右掌。②右脚向左腿后插步，前脚掌着地。两臂继续由右向上向左摆，停于身体左侧，均成立掌，右掌停于左肘窝处。目随双掌转视。

要点：两臂要划立圆，幅度要大，摆掌与后插步配合一致。

（7）弓步击掌（见图 12-51）

①　两腿不动。左掌收至腰侧，掌心向上；右掌向上向右划弧，掌心向下。②左腿后撤一步，成右弓步。右掌向下向后伸直摆动，成勾手，勾尖向上；左掌成立掌向前推出。目视左掌。

图 12-50　插步双摆掌　　　　　　　图 12-51　弓步击掌

大学体育与健康

（8）转身踢腿马步盘肘（见图12-52）

① 两脚以前脚掌为轴向左后转体180°。在转体的同时，左臂向上向前划半圆，右臂向下向后划半圆。②上动不停，两脚不动，右臂由后向上向前划半圆，左臂由前向下向后划半圆。③上动不停，右臂劈向下成反臂勾手，勾尖向上；左臂向上成亮掌，掌心向前上方。右腿伸直，脚尖勾起，向额前踢。④右脚向前落地，脚尖内扣。右手不动，左臂屈肘下落至胸前，左掌心向下。目视左掌。

图12-52　转身踢腿马步盘肘

4.　第三段

（1）歇步抢砸拳（见图12-53）

①重心稍升高，右脚尖外撇。右臂由胸前向上向右抢直；左拳向下向左抢直。目视右拳。②上动不停，两脚以前脚掌为轴，向右后转体180°。右臂向下向后抢摆，左臂向上向前随身体转动。③紧接上动，两腿成歇步。左臂随身体下蹲向下平砸，拳心向上，臂部微屈；右臂伸直向上举起。目视左拳。

要点：抢臂动作要连贯，划成立圆。歇步要两腿交叉全蹲，左大、小腿靠紧，臀部贴于左小腿外侧，膝关节在右小腿外侧，脚跟提起，右脚尖外撇，全脚着地。

图12-53　歇步抢砸拳

（2）仆步亮掌（见图12-54）

①左脚由右腿后抽出前上一步，左腿蹬直，右腿半蹲，成右弓步。上体微向右转。左拳收至腰侧，右拳变掌向下经胸前向右横击掌。目视右掌。②右脚蹬地屈膝提起，上体右转。左拳变掌从右掌上向前穿出，掌心向上，右掌平收至左肘下。③右脚向右落步，屈膝全蹲，左腿伸直，成仆步。左掌向下向后划弧成勾手，勾尖向上，右掌向右向上划弧微屈，抖腕成亮掌，掌心向前。头随右手转动，至亮掌时，目视左方。

图12-54　仆步亮掌

　　要点：仆步时，左腿充分伸直，脚尖内扣，右腿全蹲，两脚脚掌全部着地。上体挺胸塌腰，稍左转。

　　（3）弓步劈拳（见图 12-55）

　　①右腿蹬地立起；左腿收回并向左前方上步。右掌变拳收至腰侧，左勾手变掌由下向前上经胸前向左做捋手。②右腿经左腿前方向左绕上一步，左腿蹬直成右弓步。左手向左平捋后再向前挥摆，虎口朝前。③在左手平捋的同时，右拳向后平摆，然后再向前向上做抡劈拳，拳高与耳平，拳心向上，左掌外旋接扶右前臂。目视右拳。

　　要点：左右脚上步稍带弧形。

　　（4）换跳步弓步冲拳（见图 12-56）

　　①重心后移，右脚稍向后移动。右拳变掌，右臂内旋，以掌背向下划弧挂至右膝内侧；左掌背贴靠右肘外侧，掌指向前。目视右掌。②右腿自然上抬，上体稍向左扭转。右掌挂至体左侧，左掌伸向右腋下。目随右掌转视。③右脚以全脚掌用力向下震踩，与此同时，左脚急速离地抬起。右手由左向上向前捋盖而后变拳收至腰侧，左掌伸直向下、向上、向前屈肘下按，掌心向下。上体右转，目视左掌。④左脚向前落步，右腿蹬直成左弓步。右拳向前冲出，拳高与肩平；左掌藏于右腋下，掌背贴靠腋窝。目视右拳。

图 12-55　弓步劈拳　　　　　　　　　　图 12-56　换跳步弓步冲拳

　　要点：换跳步动作要连贯、协调。震脚时腿要弯屈，全脚掌着地，左脚离地不要高。

　　（5）马步冲拳（见图 12-57）

　　上体右转 90°，重心移至两腿中间，成马步。右拳收至腰侧，左掌变拳向左冲出，拳眼向上。目视左拳。

　　（6）弓步下冲拳（见图 12-58）

　　右脚蹬直，左腿弯屈，上体稍向左转，成左弓步。左拳变掌向下经体前向上架于头左上方，掌心向上，右拳自腰侧向左前斜下方冲出。目视右拳。

　　（7）叉步亮掌侧踹腿（见图 12-59）

图 12-57　马步冲拳

图 12-58　弓步下冲拳　　　　　图 12-59　叉步亮掌侧踹腿

大学体育与健康

①上体稍右转。左掌由头上下落于右手腕上，右拳变掌，两手交叉成十字。目视双手。②右脚蹬地并向左腿后插步，以前脚掌着地。左掌由体前向下向后划弧成勾手，勾尖向上，右掌由前向右向上划弧抖腕亮掌，掌心向前。目视左侧。③重心移至右腿，左腿屈膝提起，向左上方猛力蹬出。上肢姿势不变，目视左侧。

要点：插步时上体稍向右倾斜，腿、臂的动作要一致。侧踹高度不能低于腰，大腿内旋，着力点在脚跟。

（8）虚步挑拳（见图 12-60）

①左脚在左侧落地。右掌变拳稍后移，左勾手变拳由体后向左向上挑，拳背向上。②上体左转180°，微含胸前俯。左拳继续向前向上划弧上挑，右拳向下向前划弧挂至右膝外侧，同时右膝提起。目视右拳。③右脚向左前方上步，脚尖点地，重心落于左脚，左腿下蹲成右虚步。左拳向后划弧收至腰侧，拳心向上，右拳向前屈臂挑出，拳眼斜向上，拳与肩同高。目视右拳。

图 12-60　虚步挑拳

5．第四段

（1）弓步顶肘（见图 12-61）

①重心升高，右脚踏实。右臂内旋向下直臂划弧，以拳背下挂至右膝内侧，左拳不变。目视前下方。②左腿蹬直，右腿屈膝上抬。左拳变掌，右拳不变，两臂向前向上划弧摆起。目随右拳转视。③左脚蹬地起跳，身体腾空，两臂继续划弧至头上方。④右脚先落地，右腿屈膝，左脚向前落步，以前脚掌着地。同时两臂向右向下屈肘停于右胸前，右拳变掌，左掌变拳。右掌心贴靠左拳面。⑤左脚向左上一步，左腿屈膝，右腿蹬直成左弓步。右掌推左拳，以左肘尖向左顶出，高与肩平。目视前方。

图 12-61　弓步顶肘

要点：交换步时不要过高，但要快。两臂抡摆时要成圆弧。

（2）转身左拍脚（见图 12-62）

①以两脚前脚掌为轴向右后转体180°。随着转体，右臂向上、向右、向下划弧抡摆，同时左拳变掌，掌心向下，经后方向前向上抡摆。②左腿伸直向前上踢起，脚面绷平。左掌变拳收至腰侧，右掌由体后向上向前拍击左脚面。

要点：右掌拍脚时手掌稍横过来，拍脚要准而响亮。

（3）右拍脚（见图 12-63）

①左脚向前落地，左拳变掌向下向后摆，右掌变拳收至腰侧。②右腿伸直向前上踢起，脚面绷平。左拳变掌由后向上向前拍击右脚面。

要点：与转身左拍脚相同。

（4）腾空飞脚（见图 12-64）

①右脚落地。②左脚向前摆起，右脚猛力蹬地跳起，左腿屈膝继续前上摆。同时右拳变掌向前向上摆起，左掌先上摆而后下降拍击右掌背。③右腿继续上摆，脚面绷平。右手拍击右脚面，左掌由体前向后向上举。

图 12-62　转身左拍脚　　　　　　图 12-63　右拍脚　　　　　　图 12-64　腾空飞脚

要点：蹬地要向上，不要太向前冲，左膝尽量上提。拍击要在腾空时完成，右臂伸直成水平。

（5）歇步下冲拳（见图 12-65）

①左、右脚先后落地。左掌变拳收至腰侧。②身体右转 90°，两腿全蹲成歇步。右掌抓握、外旋变拳收至腰侧；左拳由腰侧向前下方冲出，拳心向下。目视左拳。

（6）仆步抢劈拳（见图 12-66）

①重心升高，右臂由腰侧向体后伸直，左臂随身体重心升高向上摆起。②以右脚前脚掌为轴，左腿屈膝提起，上体左转 270°。左拳由前向后下划立圆一周；右拳由后向下向前上划立圆一周。③左腿向后落一步，屈膝全蹲，右腿伸直，脚尖内扣成右仆步。右拳由上向下抢劈，拳眼向上；左拳后上举，拳眼向上。目视右拳。

图 12-65　歇步下冲拳　　　　　　　　图 12-66　仆步抢劈拳

要点：抢臂时要划立圆。

（7）提膝挑掌（见图 12-67）

①重心前移成右弓步。同时右拳变掌由下向上抢摆，左拳变掌稍下落，右掌心向左，左掌心向右。②左、右臂在垂直面上由前向后各划立圆一周。右臂伸直停于头上，掌心向左，掌指向上，左臂伸直停于身后成反勾手。同时右腿屈膝提起，左腿挺膝伸直独立。目视前方。

要点：抢臂时要划立圆。

（8）提膝劈掌弓步冲拳（见图 12-68）

①下肢不动。右掌由上向下猛劈伸直，停于右小腿内侧，用力点在小指一侧；左勾手变掌，屈臂向前停于右上臂内侧，掌心向左。目视右掌。②右脚向右后落地；身体右转 90°。

大学体育与健康

同时左掌变拳收至腰侧，右臂内旋向右划弧做劈掌。③上动不停，左腿蹬直成右弓步。右手抓握变拳收至腰侧，左拳由腰侧向左前方冲出。目视左拳。

图 12-67　提膝挑掌

6. 结束动作

（1）虚步亮掌（见图 12-69）

①右脚扣于左膝后，两拳变掌，两臂右上、左下屈肘交叉于体左前。目视右掌。②右脚向右后落步，重心后移，右腿半蹲，上体稍右转。同时右掌向上、向右、向下划弧停于左腋下；左掌向左、向上划弧停于右臂上与左胸前，两掌心左下右上。目视左掌。③左脚尖稍向右移，右腿下蹲成左虚步。左臂伸直向左、向后划弧成反勾手；右臂伸直向下、向右、向上划弧抖腕亮掌，掌心向前。目视左方。

图 12-68　提膝劈掌弓步冲拳　　　　　　图 12-69　虚步亮掌

（2）并步对拳（见图 12-70）

①左腿后撤一步，同时两掌从两腰侧向前穿出伸直，掌心向上。②右腿后撤一步，同时两臂分别向体后下摆。③左脚后退半步向右脚并拢。两臂由后向上经体前屈臂下按，两掌变拳，停于腹前，拳心向下，拳面相对。目视左方。

（3）还原（见图 12-71）

两臂自然下垂，目视正前方。

图 12-70　并步对拳

图 12-71　还原

12.4　二十四式太极拳

太极拳源于中国古老的武术流派，是中华文化的重要组成部分，它不仅是一种强身健体的武术，更是一种融合了哲学、医学、艺术和文化的综合体。太极拳通过缓慢、连续的动作，强调内外兼修，意气相合，旨在达到锻炼身体和内心的效果。

太极拳的发展和完善是在清朝。如今，太极拳已经传播到世界各地，成为全球范围内广受欢迎的武术和健身运动。

太极拳的动作缓慢而连续，如行云流水，绵绵不断，每一个动作都包含了阴阳哲学的理念，如开合、进退、虚实等。通过反复练习，练习者可以逐渐体会到身体的协调性和内在力量的提升。同时，太极拳强调意气相合，要求练习者内心平静、意念集中，以达到身心和谐的状态。

太极拳还蕴含了丰富的哲学思想，它教导人们顺应自然，与宇宙的阴阳变化相呼应。这种哲学思想对于调节身心健康、提高生活质量具有深远的影响。

12.4.1　二十四式太极拳简介

二十四式太极拳简称"简化太极拳"，是 1956 年国家体委组织专家编创的。这套太极拳遵循由简到繁、由易到难的原则，对已在群众中流传较为广泛的杨式太极拳进行改编、整理，改变了过去那种先难后易的锻炼顺序和过多的重复动作，集中了原有套路中的重要结构和技术环节，以便于群众掌握，易学易练。

二十四式简化太极拳全套共分八组动作，包括起势、收势共二十四个式，内容简单、易学，动作全面、规范，结构合理。其动作特点是：体松心静、呼吸自然，轻灵沉着、圆活连贯，上下相随、虚实分明，柔中寓刚、以意导动。此外，这个套路的动作姿势及造型较之传统套路更加开阔舒展、美观大方、气势不凡。

12.4.2　二十四式太极拳动作要领

1．起势

两脚并拢，身体自然直立，双臂自然垂直置于身体两侧，左脚向左柔和缓慢开步，比肩稍宽；两臂向身体前侧平举，与肩同高同宽，两手心向下，屈膝下蹲按掌，两掌下按至腹前，如图 12-72 所示。

2．左右野马分鬃

（1）接上式，收左脚，两手心相对成抱球状，重心移至右腿，同时右臂收于胸前平屈，左臂收于腹前平屈，左脚收至右脚内侧成丁字步；身体左转出，左脚向左前方迈步成左弓步，同时左手经体前向左上分出，掌心斜向上，右手向下按于右髋旁，成左弓步分手。如图 12-73 所示。

图 12-72　起势

图 12-73　左右野马分鬃（1）

158

大学体育与健康

（2）身体向后坐撤脚，重心由左腿移至右腿，左脚尖翘起并外展 45°，跟右腿，两手心相对成抱球状；重心移至左腿，右转出步，成右弓步分手。如图 12-74 所示。

（3）身体向后坐，撤脚，上体微右转，跟左腿，两手心相对成抱球状；身体左转出步，左手经体前向左上方向划弧分出，成左弓步分手。如图 12-75 所示。

图 12-74　左右野马分鬃（2）　　　　图 12-75　左右野马分鬃（3）

3. 白鹤亮翅

（1）接上式，右腿由弓步向前跟半步，手臂在胸前抱球。身体后坐，随右手微向右转，再向左转，面向右前方，眼视右手；右手向上划弧，手心转向上。重心移至右腿，右腿屈曲，左脚向前稍移动，脚尖点地，成左虚步。如图 12-76 所示。

（2）上体再微向左转，目视前方，两手随转体缓慢由左下向右上分开，右手上提停于右额前，手心向左后方，左手落于左髋前，手心向下，指尖向前，眼平视前方。如图 12-77 所示。

图 12-76　白鹤亮翅（1）　　　　图 12-77　白鹤亮翅（2）

4. 左右搂膝拗步

（1）接上式，右手体前下落，向后上方举至右肩外侧；左臂由身体左侧收于腹前平屈，再从左下方向右上方划弧至右胸前，掌心向下。左脚收至右脚内侧，脚尖点地。目视右手。身体向左转，左脚向前迈出，同时右手屈回由耳侧向前推出，左手向下由左膝前搂过落于左髋旁，成左弓步搂手。如图 12-78 所示。

图 12-78　左右搂膝拗步（1）

（2）右腿屈膝，重心移至右腿；左脚尖翘起微向外撇。身体左转，重心移至左腿，右脚收至左脚内侧，脚尖点地；左手划弧至左肩外侧，右手向左下划弧落于左脚前，成右弓步搂手。如图 12-79 所示。

图 12-79　左右搂膝拗步（2）

（3）左腿慢慢屈膝，身体后坐，重心移至左腿；右脚尖翘起微向外摆。身体右转，重心移至右腿，左脚收至右脚内侧，脚尖点地；同时右手向外翻掌由右后向上划弧至右肩外侧，肘微屈，手与耳同高，手心斜向上；左手随转体向上、向左下划弧落于左脚前，手心斜向下，成左弓步搂手。目视右手。如图 12-80 所示。

5. 手挥琵琶

接上式，右脚向前进半步，重心在左腿。身体后坐，重心移至右腿上，顺势右转；左脚稍前移，呈左虚步；随后左脚跟着地，脚尖勾起；右腿微屈。左手由左下向上挑掌，掌指与鼻齐平，掌心向右，臂略屈；右手收回放在左臂肘部里侧，掌心向左，两手成侧立掌合于身体前面。如图 12-81 所示。

图 12-80　左右搂膝拗步（3）

图 12-81　手挥琵琶

6. 左右倒卷肱

（1）接上式，身体右转，右手翻掌经腹前由下向后向上划弧平举，臂微屈；左手随即翻

大学体育与健康

掌向上。目随着转体先右视再左视。右臂屈肘折向前，右手经耳侧向前推出，手心向前；左腿轻提向后（偏左）退一步，重心移到左腿上，成右虚步。如图 12-82 所示。

（2）右脚随转体以脚掌为轴扭正，目视右手；上体微向左转，同时左手随转体向后上方划弧平举，手心向上，右手随即翻掌，掌心向上，目随转体先左视再转向前方视右手，成右倒卷肱；右倒卷肱姿势，身体先右转，左手向前贴耳侧推出，腿后撤一步，重心由左腿变向右腿，成左虚步，即左倒卷肱。如图 12-83 所示。

图 12-82　左右倒卷肱（1）　　　　　　　　图 12-83　左右倒卷肱（2）

（3）再进行一次右倒卷肱和左倒卷肱，完成左右倒卷肱动作。

7. 左揽雀尾

（1）接上式，收左脚，重心移至右腿，两手心相对成抱球状，左脚收于右脚内侧，成丁字步；身体微向左转，左脚向左前方上步，左臂向左前方掤出，右手向右下落放于右髋旁，成左弓步分手。如图 12-84 所示。

（2）左手向左侧上引，右手翻掌向上，身体后坐转转，双臂下捋；两手经腹前向右后上方划弧，至右手心向上，高与肩平。身体转正，右手往前方，左手往前上方，右手搭于左手，弓步前挤；后坐，分手屈肘收掌，再弓步按掌。如图 12-85 所示。

图 12-84　左揽雀尾（1）

图 12-85　左揽雀尾（2）

8. 右揽雀尾

（1）接上式，收右脚，重心移至右腿，两手心相对成抱球状，右脚收于左脚内侧，成丁字步；身体右转，右脚向右前方上步，右臂向右前方掤出，左手向左下落放于左髋旁，成右弓步分手。如图 12-86 所示。

图 12-86　右揽雀尾（1）

（2）右手向右侧上引，左手翻掌向上，身体后坐左转，双臂下将；两手经腹前向左、向后、向上方划弧，至左手心向上，高与肩平。身体转正，左手向前方，右手向前上方，左手搭于右手，弓步前挤；后坐，分手屈肘收掌，再弓步按掌。如图 12-87 所示。

图 12-87　右揽雀尾（2）

9. 单鞭

接上式，重心移至左脚，身体左转，右脚扣转，同时右手从上往下落于右腹前，再向右上方划弧，手经胸前时掌心向里，转到侧面时掌心向外。左手向下经腹前向右上划弧停于右肩前。收左脚，重心移至右腿，右手由掌变为勾手，前臂与肩平，右手略高于肩。上体微向左转，左脚向左前方迈出，右脚跟后蹬，成左弓步；重心移向左腿的同时，左掌随上体继续左转慢慢翻转向前推出，手心向前，手指与眼齐平，成左弓步推掌。如图 12-88 所示。

10. 云手

（1）接上式，收右脚，重心移至左腿，右手经左下方向右上方划弧，手经胸前时掌心向里，转到侧面时掌心向外；左手经右下方向左上方划弧。如图 12-89 所示。

图 12-88 单鞭

图 12-89 云手（1）

（2）左腿向左开步，收右脚，重心移至左腿，右手再经左下方向右上方划弧，手经过胸前时掌心向里，转到侧面时，掌心向外，左手再经右下方向左上方划弧。如图 12-90 所示。

（3）左腿继续向左开步，收右脚，重心移至左腿，右手再经左下方向右上方划弧，手经过胸前时掌心向里，转到侧面时，掌心向外，左手再经右下方向左上方划弧。如图 12-91 所示。

图 12-90 云手（2）

图 12-91 云手（3）

11. 单鞭

接上式，重心落在右腿，左脚尖点地；右手变为勾手，前臂与肩平，右手略高于肩。上体微向左转，左脚向左前方迈出，右脚跟后蹬，成左弓步推掌。如图 12-92 所示。

12. 高探马

接上式，右脚向前跟半步，重心移至右腿上，右手变掌，身体后坐，两手心翻转向上，右掌经右身旁向前推出，左手收至左侧腰前，手心向上；同时左脚微向前移，脚尖点地，成左虚步推掌。如图 12-93 所示。

13. 右蹬脚

接上式，收左脚，两手收于胸前相互交叉（蹬右脚时右手在外），左脚提起向左前方进步；重心前移，右脚向左脚靠拢，脚尖点地，右腿提膝，右脚向右前方慢慢蹬出；同时双手微向上掤，经面前向两侧平撑分开，腕与肩平，掌心向外，成分手蹬脚。如图 12-94 所示。

图 12-92　单鞭　　　　　　　　　　　　图 12-93　高探马

图 12-94　右蹬脚

14.　双峰贯耳

接上式，右腿屈膝收回，左手由后向上、向前下落至体前，两手向下划弧，分落于右膝两侧；右脚向右前方落下，重心前移，两手下落变拳，两拳相对，高与耳齐，拳眼斜向内下，成右弓步贯拳。如图 12-95 所示。

图 12-95　双峰贯耳

15.　转身左蹬脚

（1）接上式，身体后坐，重心移至左腿，上体左转，右脚尖里扣，同时两拳变掌，由上向左右划弧分开平举；重心再移至右腿，左脚收至右脚内侧，脚尖点地。如图 12-96 所示。

（2）两手由外圈向里圈划弧合抱于胸前，再左右划弧分手平举，掌心向外；同时左腿屈膝提起，左脚向左前方慢慢蹬出。如图 12-97 所示。

16.　左下势独立

接上式，左腿屈膝收回，右手变勾手，左手由上向右下方落。右腿屈膝下蹲，成左仆步；转身，左手下落从左腿内侧向前穿出。重心前移，左脚跟为轴，左腿前弓，右腿后蹬，右脚尖内扣。右勾手下落，勾尖向后；右腿慢慢提起平屈，成左独立式，同时右勾手变掌，屈臂

大学体育与健康

立于右腿上方，左手落于左髋旁，提膝挑掌。如图 12-98 所示。

图 12-96 转身左蹬脚（1）　　　　图 12-97 转身左蹬脚（2）

图 12-98 左下势独立

17. 右下势独立

接上式，右脚落于左脚旁，左脚以前掌为轴转动，身体随之左转，同时左手向后平举变勾手；左腿屈膝下蹲，成右仆步。右手下落从右腿内侧向前穿出，重心前移，以右脚跟为轴，右腿前弓，左腿后蹬，左脚尖里扣。左勾手下落，勾尖向后；左腿提起平屈，成右独立式，同时左勾手变掌，屈臂立于左腿上方，右手落于右髋旁，提膝挑掌。如图 12-99 所示。

图 12-99 右下势独立

18. 左右穿梭

接上式，身体左转，左脚落于右脚旁，两手在胸前成抱球状；身体右转，右脚向右前方迈出，成右弓步架推。身体后坐，重心移到右腿，两手在胸前成抱球状；左转出步，成左弓步架推。如图 12-100 所示。

图 12-100 左右穿梭

19. 海底针

接上式，右腿跟进落手，重心移至右腿，左脚稍向前移。右手下落经体前向后，左脚尖点地；身体稍向右转，右手再随身体左转，由右耳旁斜向前下方插出；左手向前、向下划弧落于左髋旁，成虚步插掌。如图 12-101 所示。

20. 闪通臂

接上式，左脚回收，两手向上举；左脚向左前方迈出，重心前移，左腿屈膝成左弓步。右手屈臂上举，左手由胸前随重心前移慢慢向前推出，翻掌，成左弓步架推。如图 12-102 所示。

图 12-101　海底针　　　　　　　　　　图 12-102　闪通臂

21. 转身搬拦捶

接上式，身体后坐，重心移至右腿，左脚内扣；收右腿，右手变拳，经胸前向前翻转搬出。跟步旋臂，左手落于左髋旁：重心移至右腿，左腿向前迈步。左手上起经左侧向前上划弧拦出，掌心向前下方；同时右拳向右划弧收至右腰旁，拳心向上，目视左手。左腿前弓成左弓步，右拳向前打出，拳眼向上，高与胸平，左手附于右前臂里侧，成左弓步打拳。如图 12-103 所示。

图 12-103　转身搬拦捶

22. 如封似闭

接上式，两手穿臂翻掌，身体后坐收掌，左脚尖翘起，重心移至右腿。两手在胸前翻掌，向下经腹前再向上、向前推出，腕与肩平，手心向前；左腿前弓成左弓步，成左弓步推掌。如图 12-104 所示。

图 12-104　如封似闭

23. 十字手

接上式，身体后坐，重心移至右腿，左脚内扣。两臂侧举，右脚随着体转稍向外摆，成右侧弓步；重心移至左腿，右脚尖内扣，随即向左收回，两脚与肩同宽。两手向下经腹前向上方划弧交叉合抱于胸前，两臂撑圆，腕高与肩平，右手在外，成十字手。如图 12-105 所示。

图 12-105　十字手

24. 收势

接上式，收左脚，双手合抱于胸前。两手向外翻掌，手心向下，旋臂分手，两臂慢慢下落；两腿随手臂动作缓慢蹬直。两掌下落至大腿侧，然后成并步直立，呈收势。如图 12-106 所示。

图 12-106　收势

12.5　八段锦

健身气功是以机体形体活动、呼吸吐纳、心理调节相结合为主要运动形式的传统体育项目，是中华悠久文化的重要组成部分。健身气功是根据中华传统文化的人体生命整体观，通过调心、调息、调身有机统一的锻炼，增进人的身体健康状况，激发人的潜力，使身心达到高度和谐的运动。一直以来，健身气功被视为中华民族的文化精粹，具有悠久的历史和深厚的文化意蕴，作为一种特有的身体锻炼方法在传统体育养生中占有非常重要的地位。本节主要介绍八段锦。

八法五步

12.5.1　八段锦概述

1. 八段锦的起源与发展

八段锦是中国传统导引养生术的核心功法之一，最早记载于南宋，成熟于明清。其名称中"八"指八个动作，"段"为分段练习，"锦"比喻功法如丝锦般柔顺连贯且功效显著。八段锦融合了中医经络学说、道家养生思想和武术基础动作，强调"形、气、意"三者协调统一，具有"外练筋骨皮，内调脏腑气"的独特作用。2003 年，八段锦被国家体育总局列为重点推广的健身气功项目。

2. 练习原则与安全须知

三调合一：调身（姿势正确）、调息（腹式呼吸）、调心（意念专注）。

渐进原则：分阶段掌握动作、呼吸配合、意念引导。

严重骨质疏松、急性腰扭伤、妊娠中后期人群需谨慎练习。

12.5.2　八段锦动作要领

1. 预备式：无极桩（调息凝神）

动作分解（见图 12-107）如下。

① 双脚平行分开，与肩同宽，脚尖向前，膝微屈（5°～10°）。

② 双手掌心向上合抱于小腹前，双肩下沉，下颌微收。

③ 双目微闭或平视前方，舌尖轻抵上腭，意守丹田。

2. 第一式：两手托天理三焦

（1）动作分解（见图 12-108）

① 起势：双手从腹前缓缓上抬至胸前，掌心向上，十指相对（如抱球状）。

图 12-107　预备式

② 上托：翻掌上举至头顶，双臂伸直，目视手背。

③ 下落：双手向两侧划弧下落，经体侧按至腹前。

（2）呼吸配合

上托时吸气，下落时呼气。

图 12-108　两手托天理三焦

3. 第二式：左右开弓似射雕

（1）动作分解（见图 12-109）

① 马步开弓：左脚横跨一步成两倍肩宽，双手交叉于胸前（左外右内）。

② 拉弓定式：屈膝下蹲成马步，左手立掌向左推出（八字掌），右臂屈肘后拉（成勾手），目视左指尖。

③ 收势换边：双手收回胸前，重心右移收左脚，换右侧重复。

（2）呼吸配合

开弓时吸气，回收时呼气。

图 12-109　左右开弓似射雕

4．第三式：调理脾胃须单举

（1）动作分解（见图 12-110）

① 单举定式：左手掌心向上托举至头顶，右手下按至右胯旁（力达掌根）。

图 12-110　调理脾胃须单举

② 对拔拉伸：左掌上撑，右掌下按，形成上下对拉。

③ 回落换边：双手缓慢回落至腹前，换右侧重复。

（2）呼吸配合

上举时吸气，下落时呼气。

5．第四式：五劳七伤往后瞧

（1）动作分解（见图 12-111）

① 手臂配合：双脚不动，双手向身体侧后方伸出。

② 转体后瞧：双手掌心向外，头向左转，盯住左手小拇指。

③ 回正换边：缓慢转回正位，换右侧重复。

（2）呼吸配合

转体时吸气，回正时呼气。

图 12-111　五劳七伤往后瞧

6．第五式：摇头摆尾去心火

（1）动作分解（见图 12-112）

① 马步下蹲：两腿分开立成低马步，双手扶按大腿。

② 摇转脊柱：上体右倾、前俯、左旋、后仰，划立圆轨迹。

③ 摇头摆尾：后仰，摇头摆尾，划立圆轨迹，换右侧重复。

④ 结束：左右各三次后，双手上托，目视右手，收右脚至与肩同宽，双手指尖相对。

（2）呼吸配合

俯身时吸气，仰头时呼气。

图 12-112　摇头摆尾去心火

7. 第六式：两手攀足固肾腰

（1）动作分解（见图 12-113）

① 上举上顶：双手上举至头顶，身体上顶。

② 反穿摩运：双手下按至胸前，反穿至背部，向下摩运。

③ 前俯攀足：直膝俯身，双手沿腿后侧下探至足背。

④ 起身还原：双手贴地面前推，直腰起身。

（2）呼吸配合

后仰时吸气，前俯时呼气，起身时自然呼吸。

图 12-113　两手攀足固肾腰

大学体育与健康

8. 第七式：攒拳怒目增气力

（1）动作分解（见图12-114）

① 马步抱拳：左脚开立成两肩宽，双拳置于腰间（拳心向内）。

② 怒目冲拳：左拳缓慢前冲，同时瞪目视拳。

③ 抓握回收：五指张开，旋转抓握并后拉，收回腰间换右侧重复。

（2）呼吸配合

冲拳时呼气，回收时吸气。

图12-114　攒拳怒目增气力

9. 第八式：背后七颠百病消

（1）动作分解（见图12-115）

① 提踵上颠：双脚并拢，脚趾抓地，提踵至极限（保持3秒）。

② 震踵下落：脚跟快速轻震地面，带动全身微微颤动。

③ 收势调息：重复7次后，双手环抱丹田静立1分钟。

（2）呼吸配合

提踵时吸气，下落时呼气。

图12-115　背后七颠百病消

本章小结

本章全面探讨了传统武术，包括武术的起源、发展、特点和作用、武礼，以及武术基本功的各项练习。本章详细介绍了初级三路长拳、二十四式太极拳的相关内容，还对八段锦进行了阐述。通过这些内容，大学生可对传统武术有系统的了解，为进一步学习和传承传统武术奠定基础。

思考与练习

1. 简述武术的特点和作用。
2. 简述武术基本功的动作与要求。

第13章

民俗运动

民俗运动是传统文化的璀璨瑰宝，承载着民族的智慧与精神。本章讲解舞龙舞狮和彩带龙。舞龙舞狮呈现出独特魅力，包括基本特点、参加舞龙舞狮的益处和基本技巧；彩带龙也别具特色，涵盖运动益处、器材与场地、基本技巧。

学习目标	深入了解舞龙舞狮和彩带龙的各项知识，如健康益处、基本技巧等。
能力目标	掌握舞龙舞狮和彩带龙的基础套路，提升身体协调与运动能力。
素养目标	培养对民俗文化的热爱与尊重，传承和弘扬优秀传统文化，增强民族自豪感和文化自信，以更开放的心态对待民俗运动在现代社会中的发展与创新。

13.1　舞龙舞狮

舞龙舞狮起源于中国古代的龙狮文化，距今已有两千多年的历史。龙和狮子作为中国传统文化中的吉祥物，一直以来都被赋予了特殊的意义。人们相信，龙和狮子能够带来好运、驱邪避祟，是吉祥的象征。因此，人们开始模仿龙和狮子的形态和动作，逐渐形成了舞龙舞狮的表演形式。

舞龙舞狮随着时代和社会的发展不断创新和发展。传统表演吸收了新元素，如电子音乐和灯光等技术，使表演更现代化和娱乐化。现代舞龙舞狮也在不断创新，以更好地推广这一传统民俗运动。通过结合现代科技和运用新媒体平台等途径，现代舞龙舞狮已经逐渐走向世界舞台，受到越来越多人的关注和喜爱。

13.1.1　舞龙舞狮的基本特点

（1）民族性。舞龙舞狮的服装、编排以及所采用的运动器材都具有民族传统文化的特色。

（2）民间性。舞龙舞狮最初起源于民间，之后又在民间发展、流传，和人们的生产生活活动有密切联系，具有广泛的群众基础。

（3）传承性。舞龙舞狮的传承性主要体现在形态传承与性质传承这两个方面。形态传承指的是舞龙舞狮的活动方式与外部形态的传承。性质传承指的是对龙与狮子的喜爱没有改变。

（4）历史性。虽然政治、经济、文化等各个方面的因素都会影响到舞龙舞狮，且舞龙舞狮也从最初的祭祀庆典转变为日常的表演节目，但是舞龙舞狮一直都具有传统文化特色，也可以展现民俗的历史变迁。

（5）地方性。地方性指的是舞龙舞狮在空间发展中呈现出的特征。在地域生产条件、生活条件以及地缘关系等因素的影响下，舞龙舞狮运动具有一定的地方色彩。

（6）群众性。舞龙舞狮起源于民间，发展并流传于民间。舞龙舞狮的基本特征以及健身功能具有较强的稳定性，使得舞龙舞狮被更多的群众认识、接受并传承。

（7）健身性。舞龙舞狮是集武术、舞蹈、杂技以及音乐于一体的体育项目，以身体活动为主，具有较强的健身性。

13.1.2　参加舞龙舞狮的益处

（1）增强肌肉力量。人们在参加舞龙舞狮过程中，全身肌肉都会参与运动，能够增强肌肉力量。

（2）促进脂肪消耗。由于需要较大的体力消耗，舞龙舞狮有助于促进脂肪消耗，起到减肥效果。

（3）提高新陈代谢。舞龙舞狮能够促进全身血液循环，从而提高自身新陈代谢，帮助提高自身免疫力。

（4）缓解压力。舞龙舞狮能够有效缓解压力，这对于当代大学生尤为重要。

（5）增进社交互动。舞龙舞狮通常需要团队合作，这不仅能促进社交互动，还能增进人际关系。

（6）提高心肺功能。作为一种全身性的身体活动，舞龙舞狮能增强心肺功能。

（7）提高身体灵活性和力量水平。

13.1.3　舞龙的基本技巧

舞龙是一种极具观赏性和技巧性的传统民间表演艺术，包含了众多的基本技巧，以下分别介绍持龙珠者、舞龙头者、舞龙身和龙尾者所需掌握的技巧。

1. 持龙珠者的技巧

（1）引龙动作

① 要点：持龙珠者要通过舞动龙珠的高低、左右、前后等不同方向的变化，引导龙的行进和动作；动作要灵活多变，有节奏感。

② 作用：龙珠是龙的引导者，持龙珠者的动作决定了龙的走向和表演节奏，能调动全场气氛，引领龙做出各种精彩动作。

（2）与龙互动

① 要点：与舞龙者保持良好的默契，通过眼神和动作交流；当龙做出扑、跳等动作时，持龙珠者要适时调整龙珠的位置和高度，配合龙的表演。

② 作用：增强表演的连贯性和协调性，使龙仿佛在追逐真实的目标，增加表演的生动性。

（3）步伐移动

① 要点：步伐要轻盈、灵活，根据龙的舞动速度和方向及时调整自己的位置；可以运用碎步、滑步、跳步等多种步伐。

② 作用：确保能够灵活引导龙的行动，使表演更加流畅自然。

2. 舞龙头者的技巧

（1）掌握龙头动态

① 要点：龙头是龙的核心部位，舞龙头者要控制好龙头的高低、左右摆动以及旋转等动作；动作要有力、稳重，展现出龙的威严。

② 作用：龙头的动作直接影响龙的整体形象，能够体现出龙的气势和精神。

（2）跟随龙珠

① 要点：时刻关注龙珠的位置和动作，迅速做出反应，带领龙身和龙尾跟随龙珠的引导。

② 作用：保证龙的行动一致，使表演能够顺利进行。

（3）配合龙身

① 要点：与舞龙身的队员密切配合，根据龙身的动作调整龙头的节奏和力度；当龙身做出起伏动作时，龙头要相应地做出高低变化。

② 作用：使龙的整体动作协调统一，增强表演的视觉效果。

3. 舞龙身和龙尾者的技巧

（1）协调配合

① 要点：舞龙身和龙尾者要相互配合，保持动作的一致性和连贯性；每个人都要清楚自己的位置和动作顺序，按照节奏舞动。

② 作用：使龙的身体看起来流畅自然，仿佛一条真正的龙在舞动。

（2）跟随龙头

① 要点：紧密跟随龙头的动作，按照龙头的引导进行舞动；当龙头转弯时，龙身和龙尾要依次跟随转弯，保持龙的形态完整。

② 作用：确保龙的行动统一，使表演更加整齐有序。

（3）体现龙的形态

① 要点：通过身体的起伏、摆动和弯曲，表现出龙的蜿蜒曲折；在舞动过程中，要注意保持龙身的弧度和线条美。

② 作用：让观众更直观地感受到龙的形态特征，增强表演的艺术感染力。

（4）掌握节奏变化

① 要点：根据音乐的节奏和表演的需要，灵活调整舞动的速度和力度；在高潮部分加快速度、加大力度，在舒缓部分则放慢速度、减小力度。

② 作用：使表演更有层次感和节奏感，吸引观众的注意力。

4. 常见舞龙动作技巧

（1）游龙

① 要点：龙体轻柔地摆动，各节之间相互协调，如同龙在水中游动；动作要流畅、自然，速度适中。

② 作用：展现龙的灵动和优雅，是舞龙表演中最基本的动作之一。

（2）滚龙

① 要点：龙体做圆弧形滚动，形成波浪式的翻滚动作；需要舞龙者之间密切配合，用力均匀。

② 作用：增加表演的动态感和力量感，展示舞龙者的团队协作能力。

（3）盘龙

① 要点：龙体围绕一个中心盘绕，形成各种图案，如盘柱、盘圆等；动作要紧凑、有序，体现出龙的威严。

② 作用：展示舞龙者的技巧和创意，使表演更加丰富多彩。

（4）跳龙

① 要点：龙体在舞动过程中突然跳起，做出各种跳跃动作，如单跳、双跳等；跳跃要有力、轻盈，高度适中。

② 作用：增加表演的惊险性和观赏性，将表演推向高潮。

13.1.4 舞狮的基本技巧

1. 狮头操作技巧

（1）眼神运用

① 要点：通过狮头眼部的开合、转动来展现狮子的神态。例如，眼睛睁大并快速转动可

表现狮子的警觉；缓慢闭合再睁开，能体现出狮子的慵懒。

② 作用：眼神是传递情感的关键，能让观众更直观地感受到狮子的情绪变化，增强表演的感染力。

（2）嘴部控制

① 要点：灵活控制狮嘴的张合幅度和频率。快速张合嘴巴可表示狮子的兴奋或愤怒；缓慢张合表现出温顺、好奇。

② 作用：嘴部动作能生动地模拟狮子的习性，使狮子的形象更加逼真。

（3）头部摆动

① 要点：头部的摆动要有节奏感和方向感。左右小幅度摆动可表示狮子在观察周围环境；大幅度的前后摆动可表现狮子的威武气势。

② 作用：头部摆动是展现狮子活力和动态的重要方式，能够吸引观众的注意力。

2. 狮尾配合技巧

（1）跟随动作

① 要点：狮尾要紧密跟随狮头的动作，保持身体的连贯性。当狮头前进时，狮尾要同步向前移动；狮头转弯，狮尾也要迅速调整方向。

② 作用：使狮子的整体动作协调一致，让观众看到一个完整、灵动的狮子形象。

（2）助力动作

① 要点：在狮头做出一些高难度动作，如跳跃、攀爬时，狮尾要通过自身的动作给予助力。例如，在狮头向上跳跃时，狮尾可以向下蹲并用力蹬地，增加向上的力量。

② 作用：帮助狮头更好地完成动作，提升表演的难度和观赏性。

（3）神态呼应

① 要点：狮尾要根据狮头所表现的神态做出相应的反应。如果狮头表现出惊恐，狮尾可以通过身体的颤抖、尾巴的摆动来呼应。

② 作用：进一步强化狮子的情绪表达，让观众更深刻地感受到表演的氛围。

3. 步伐移动技巧

（1）碎步

① 要点：脚步快速而小幅度地移动，频率较高。碎步通常用于表现狮子的轻盈、谨慎。

② 作用：在一些需要体现狮子小心翼翼探索环境的场景中使用，增加表演的细腻感。

（2）马步

① 要点：双脚分开，略宽于肩，膝盖弯曲，大腿与地面平行。马步是一种稳定的步伐，能展现狮子的沉稳和力量。

② 作用：在进行一些力量型动作，如站立、对抗时使用，给人一种威严的感觉。

（3）弓步

① 要点：一条腿向前迈出，膝盖弯曲，大腿与地面接近平行；另一条腿在后伸直。弓步可用于表现狮子的进攻或防御姿态。

② 作用：增加表演的动态感和力量感，使狮子的动作更加生动形象。

（4）跳步

① 要点：双脚同时离地跳跃，可根据表演需要控制跳跃的高度和距离。跳步常用于表现狮子的活泼、敏捷。

② 作用：为表演增添活力和趣味性，吸引观众的目光。

4. 道具使用技巧

（1）绣球引导

大学体育与健康

① 要点：舞球者通过绣球的晃动、高低变化来引导狮子的行动。绣球的动作要富有变化，吸引狮子的注意力。

② 作用：在表演中起到引导和互动的作用，增加表演的趣味性和观赏性。

（2）配合道具场景

① 要点：当舞狮场景中设置了如梅花桩、高台等道具时，舞狮者要熟练掌握在这些道具上表演的动作技巧。例如，在梅花桩上行走、跳跃时，要保持平衡，动作稳健。

② 作用：利用道具增加表演的难度和多样性，展现舞狮者的高超技艺。

13.2　彩带龙

彩带龙，也叫"甩龙"，是舞龙舞狮运动的衍生品，是群众文化健身运动的一项新生事物。彩带龙是通过手臂的摆动、脚步的移动、腰部的扭动等身体多部位的动作进行协调配合的表演，同时，伴随音乐的舞动，彩带龙呈现出多样形态和表现风格，给人以美的享受，启发运动者的表现力和想象力，极具民族文化内涵及锻炼价值，可单人、双人及集体演绎。

2021 年，彩带龙正式被编入中国龙狮运动协会的龙狮竞赛项目。因其喜庆、欢快、大众化，又极具普及性、趣味性、观赏性，深受广大群众喜爱。

13.2.1　参加彩带龙的益处

1. 增强文化自信、体现民族特色

彩带龙作为一项值得传承并发扬的优秀民间艺术，承载着历史、民俗和习惯，可以帮助人们更好地理解和欣赏自己的文化遗产。

彩带龙被部分高校引入体育课程后，有利于大学生深入了解舞龙舞狮运动，进而受到中华传统文化的熏陶，提高对中华传统文化的学习兴趣。

2. 强身健体价值

彩带龙运动是一种有氧运动，可以提高心肺功能、增强身体力量和灵活性，还可以改善身体的控制能力，增强肌肉的协调性。运动员在舞动过程中，要通过手臂的摆动、脚步的移动、腰部的扭动等身体多部位的动作进行协调配合的表演，从而有效地锻炼全身肌肉，这有助于改善循环系统、增加耐力和增强体质。

3. 娱乐休闲价值

彩带龙同舞龙舞狮相比具有更高的观赏性，同时还具有更大的锻炼价值，它是运动与娱乐相结合。另外，彩带龙也可以陶冶人的情操，磨炼人的意志，真正起到健身娱心的功能。

4. 表演鉴赏价值

彩带龙的全套动作有动有静、有刚有柔、以动为主、形神并茂，从而产生出美妙的节奏感、韵律感，给人以美的享受。运动员必须根据音乐的节奏进行舞蹈，这培养了他们对节奏感的敏感性和音乐的理解能力。

彩带龙还注重健身和表演元素的融合，运动员通过优美的动作和编排精彩的套路来展示个人的艺术才华和创造力。

5. 教育推广价值

（1）团队合作：彩带龙需要运动员之间的密切合作和协调。每个人都必须根据指导者或团队领导者的信号进行配合，以保持整体舞蹈的协调性和一致性。运动员必须学会倾听他人

的需求，并相互支持和鼓励，以达到共同的目标。

（2）自我表达和创造力：彩带龙为个人提供了展示自己的机会。每个运动员可以通过舞蹈动作、表情和姿态来表达自己的个性和创造力。他们可以根据自己的喜好和特点，添加个人独特的动作和风格，从而在团队中展示自己的才华和创意。

（3）个人成长和自信心：在彩带龙比赛过程中，运动员需要克服压力、展现个人才华，并在观众面前进行表演。这种经历有助于培养个人的自信心、自尊心和表达能力，对运动员的个人成长和发展非常有益。

6. 竞技比赛价值

（1）体育精神和团队合作：彩带龙是一项需要团队协作的竞技项目。运动员需要在紧密配合下完成各种动作，这培养了他们的团队合作意识和精神。

（2）传统文化和国际交流：彩带龙源于中国传统文化，它体现了中华民族的智慧和创造力。彩带龙表演可以促进不同地区和国家之间的文化交流与合作。

13.2.2 彩带龙的器材与场地

1. 器材

（1）龙头：直径不少于 15 厘米，长度不少于 26 厘米，高度（含龙角）不少于 22 厘米。

（2）龙身：2 米龙，长度 200 厘米，宽度不少于 50 厘米；4 米龙，长度 400 厘米，宽度不少于 50 厘米；6 米龙，长度 600 厘米，宽度不少于 50 厘米。

（3）牵引绳：长度不少于 65 厘米。

2. 场地

竞赛场地为边长 20 米的正方形场地（特殊情况下，最小面积不得小于边长 18 米的正方形），要求地面平整、清洁。场地边线宽 5 厘米，边线内为比赛场地。边线周围至少有 1 米宽的无障碍区。

13.2.3 彩带龙的基本技巧

1. 总体要求

动作要求为龙体运动轨迹要圆顺，人体造型姿态要优美；快舞龙要突出速度、力量；抛接类舞龙要求抛掷有力，迎龙时应悄无声息，及时顺势作弧形引化；舞龙动作应大方有力，以突出表现龙灵活且威猛的形象。

（1）八字形旋转：以手臂为轴心，将彩带龙沿着八字形曲线进行旋转。手臂的运动应流畅而有节奏感，在舞动过程中保持稳定。

（2）牵引绳握持：手持牵引绳时，应使其处于绷紧状态，但不要过于用力。同时，手部要保持灵活，以便在彩带龙舞动过程中进行旋转、游龙、抛接和组合动作。

（3）手部协调：运动员需要相互协调手部动作，确保彩带龙的旋转方向和速度一致。手臂活动范围应适度，避免过大或过小。

（4）身体平衡：保持身体平衡非常重要。彩带龙可通过锻炼核心肌群力量，增强腹部、背部和臀部的稳定性，确保能够在原地保持平衡。

2. 八字舞龙动作

（1）原地八字舞龙（见图 13-1）、原地倒八字舞龙（见图 13-2）。

① 动作说明：双脚开立，左脚在前，使龙体在人体左右两侧由上至下交替做八字形环绕的舞龙动作，可快可慢；原地倒八字舞龙同原地八字舞龙相似，舞龙方向相反。

大学体育与健康

② 动作要领：练习八字舞龙时要求龙体运动轨迹圆顺，人体造型姿态优美；快舞龙要突出速度、力量。学习原地八字舞龙时要灵活多变，掌握力点变化技巧，以便后期掌握更多难度的舞龙动作。

③ 身体姿势：站立时保持自然直立姿势，双脚分开与肩同宽，身体放松，保持平衡。

图 13-1　原地八字舞龙　　　　　　　　　　　图 13-2　原地倒八字舞龙

（2）行进八字舞龙（见图 13-3）、行进倒八字舞龙（见图 13-4）。

① 动作说明：使龙体在人体左右两侧由上至下交替做八字形环绕的舞龙动作，同时向前行进。行进倒八字舞龙与行进八字舞龙相似，舞龙方向相反，舞龙可快可慢，快舞龙要突出速度、力量。

② 动作要领：手持彩带时，将彩带沿着八字形曲线进行旋转。与原地八字舞龙不同的是，在行进过程中需保持彩带的旋转方向和速度一致，确保彩带轨迹流畅而协调。在行进过程中，要保持均匀节奏，不要过快或过慢。

图 13-3　行进八字舞龙　　图 13-4 行进倒八字舞龙

③ 行进步伐：确定行进的方向和节奏。队员们需要在行进过程中保持一致的步伐，并保持与其他队员的距离和间隔相等。

（3）单跪八字舞龙（见图 13-5）、单跪倒八字舞龙（见图 13-6）。

① 动作要领：使龙体在人体左右两侧由上至下交替做八字形环绕的舞龙动作的同时单腿跪地；单跪倒八字舞龙同单跪八字舞龙相似，舞龙方向相反。舞龙可快可慢，快舞龙要突出力量、速度。跪地状态下，手臂活动范围有限，需要特别注意手部灵活性和协调性。在使彩带旋转时，保持均匀节奏。

图 13-5　单跪八字舞龙　　　　　　　　　　　图 13-6　单跪倒八字舞龙

② 准备姿势：保持良好身体姿势，单膝跪地，膝盖与地面接触。同时，上身挺直，背部伸直，目视前方。

③ 身体稳定：由于跪地姿势较为困难，保持身体稳定非常重要。需要锻炼核心肌群力量，增强腹部、背部和臀部的稳定性，确保跪地状态下能够保持平衡。

3. 画圆舞龙动作

（1）原地立圆舞龙（见图 13-7）、原地平圆舞龙（见图 13-8）、原地斜圆舞龙（见图 13-9）。

① 动作要领：双脚开立，左脚在前，原地使龙体在人体单侧做立圆形环绕、在人体头顶处做圆形环绕、在人体中线两侧做斜圆形环绕的舞龙动作，舞龙可快可慢。

② 准备姿势：站立直立，双脚分开与肩同宽，上身挺直，背部伸直，目视前方。

③ 画圆运动：以手臂为轴心，在空中画出圆形运动轨迹。手臂运动应流畅而有节奏感，确保圆形轨迹连续稳定。

图 13-7　原地立圆舞龙　　　图 13-8　原地平圆舞龙　　　图 13-9　原地斜圆舞龙

（2）行进立圆舞龙（见图 13-10）、行进斜圆舞龙（见图 13-11）

① 动作要领：初始姿势为双脚开立，左脚在前，使龙体在人体单侧做立圆形环绕、在人体中线两侧作斜圆形环绕的同时向前行进，舞龙可快可慢。

② 行进姿势：确保队员保持整齐行进队形，步伐一致，身体挺直。行进过程中要注意稳定步速和节奏。

③ 画圆运动：在行进过程中，以手臂为轴心，在空中画出圆形运动轨迹保证连续性和稳定性。

图 13-10　行进立圆舞龙　　图 13-11 行进斜圆舞龙

（3）单跪平圆舞龙（见图 13-12）、单跪斜圆舞龙（见图 13-13）

① 动作要领：双脚前后分开，左脚在前，右腿跪地。运动员使龙体在人体头顶处做平圆形环绕、在人体中线两侧做平圆形环绕的同时单膝跪地，舞龙可快可慢。队员需相互协调手部动作，确保彩带旋转方向和速度一致。同时，要注意手臂的灵活性和柔软度，以便可以在跪地状态下完成画圆动作。

② 跪地姿势：跪地时，采用半跪姿势。

图 13-12　单跪平圆舞龙　　图 13-13 单跪斜圆舞龙

大学体育与健康

上身挺直，背部伸直，目视前方。跪地时要注重身体的平衡和控制。通过加强核心肌群的锻炼，提高腹部、背部和臀部的稳定性，保持平衡和控制能力。

③ 画圆运动：以手臂为轴心，在空中画出圆形运动轨迹。手臂的运动应该流畅而有节奏感，确保圆形轨迹的连续性和稳定性。因跪地限制身体自由度，需更多协调和力量完成画圆动作。

（4）单手撑地画圆舞龙（见图 13-14）

动作要领：单手撑地画圆舞龙多以头顶平圆舞龙转换。首先单手叉腰，持龙手在头顶上方做平圆舞龙动作，随后下蹲，下蹲时将身体重心放在叉腰手同侧脚上；完成下蹲后，叉腰手迅速撑地，双腿向外伸直，注意撑地手臂不能弯曲，腰腹部用力，身体不能下塌。

（5）胯下画圆舞龙（见图 13-15）

动作要领：胯下画圆舞龙多以头顶平圆舞龙转换。首先单手叉腰，持龙手在头顶上方做平圆舞龙动作，随后将龙头舞向自己脚下做胯下画圆舞龙动作。胯下画圆舞龙时需注意同舞龙手同侧脚先抬起跨过牵引绳，随后另一只脚迅速发力跟上。此动作需高度集中注意力，把握好抬脚时机。

图 13-14　单手撑地画圆舞龙　　　　　　图 13-15　胯下画圆舞龙

4. 游龙类舞龙动作

（1）倒八字游龙（见图 13-16）

动作要领：运动员较大幅度奔跑游走，在跑动过程中使龙体在人体左右两侧由上至下交替做八字形环绕舞花动作；倒八字游龙与正八字游龙相似，舞花方向相反。运动员需协调随龙体起伏行进。

（2）立圆游龙、平圆游龙、斜圆游龙

① 立圆游龙（见图 13-17）

动作要领：运动员较大幅度奔跑游走，在跑动过程中使龙体在人体单侧作圆形环绕舞花动作，龙体循圆、曲、弧线规律运动。

② 平圆游龙（见图 13-18）

动作要领：运动员较大幅度奔跑游走，在跑动过程中将龙体在人体头顶处作圆形环绕舞花动作，龙体循圆、曲、弧线规律运动。

图 13-16　倒八字游龙　　　　　　　图 13-17　立圆游龙

③ 斜圆游龙（见图 13-19）

动作要领：运动员较大幅度奔跑游走，在跑动过程中将龙体在人体中线两侧作斜圆形环绕舞花动作，龙体循圆、曲、弧线的规律运动。

图 13-18　平圆游龙　　　　　　　　　　图 13-19　斜圆游龙

5. 抛接类舞龙动作

（1）倒八字抛接（见图 13-20）

动作要领：运动员使龙体在人体左右两侧交替做八字形环绕舞花动作，在彩带龙舞动过程中，利用龙体惯性将龙抛至空中，并在龙体腾空或下坠中顺势接住牵引绳持续舞动。接龙应主动引龙，时机准确，抛掷有力；迎龙时应悄无声息，及时顺势做弧形引化。

图 13-20　倒八字抛接

（2）画圆抛接（见图 13-21）

动作要领：运动员使龙体在人体单侧做圆形环绕舞花动作，在舞动过程中利用龙体惯性将龙抛至空中，并在龙体腾空或下坠中顺势接住牵引绳持续舞动。接龙应主动引龙，时机准确，抛掷有力；迎龙时应悄无声息，及时顺势做弧形引化。

图 13-21　画圆抛接

图 13-21　画圆抛接（续）

6. 组合动作类舞龙动作

（1）双人组合动作：以站腿舞龙（见图 13-22）为例

动作要领：站腿运动员使龙体在人体两侧作立圆环绕舞花动作；底座运动员呈半蹲姿势做好准备。待站腿运动员完成双站动作（站腿运动员双腿内八，双脚紧扣底座运动员髋关节）后，底座运动员保持身体稳定，站腿运动员保持身体直立的同时，继续使手中彩带龙做立圆环绕动作。

图 13-22　站腿舞龙

（2）三人组合动作：以三人站腿舞龙（见图 13-23）为例

动作要领：三人站在一起，保持稳定姿势，可依次排列，或成三角形。两名底座运动员，其中一人扎马步进行八字舞龙，另一人呈弓步进行单侧立圆舞龙或八字舞龙；站腿运动员双脚分别紧靠两底座运动员髋关节，在完成三人站腿动作的同时，还要保持手中彩带龙做头顶平圆舞龙动作。

图 13-23　三人站腿舞龙

本章小结

本章讲解了舞龙舞狮和彩带龙，包括舞龙舞狮的基本特点、益处和基本技巧，以及彩带龙的益处、器材场地和基本技巧。通过学习，不仅达成了深入了解知识、掌握基础套路和提升身体能力的目标，更重要的是培养了对民俗文化的热爱与尊重，增强了民族自豪感。我们应以开放心态传承弘扬，让民俗运动在现代社会绽放魅力，彰显其宝贵价值。

思考与练习

1. 简述舞龙舞狮和彩带龙的益处。
2. 舞龙舞狮的基本技巧包括哪些？
3. 彩带龙的基本技巧包括哪些？

第四部分 休闲体育运动

第 14 章

走跑类健身运动

健步走、健身跑是一种简单的运动，是有氧运动的一种锻炼方式，它技术含量低，非常容易掌握，而且参与人群广泛，不受年龄、性别影响，老少皆宜，不受场地、运动器材等因素的限制，可以在公路、林间、公园、河边等地锻炼，广泛应用于我国基层群众之中。

学习目标	深入了解健步走和健身跑的健康益处、锻炼要领。
能力目标	熟练掌握健步走和健身跑的正确开展方法，能依据自身情况选择合适的锻炼方式，提高走跑运动能力和身体机能。
素养目标	培养坚持运动的习惯和健康生活意识，增强在运动中欣赏自然、促进交流的能力，提升身心素养。

14.1 健步走

健步走是一项以促进身心健康为目的，讲究姿势、速度和时间的一项有氧代谢运动，它的速度和运动负荷介于散步和竞走。健步走易于掌握，不易发生运动伤害；不受年龄、时间和场地的限制，适合不同年龄人群身体锻炼；运动装备简单，在良好自然环境中结伴健步走，不仅能锻炼身体，还能欣赏自然美景、促进人际交流、陶冶身心。

14.1.1 健步走概述

健步走是一项以促进身心健康为目的，讲究姿势、速度和时间的一项有氧代谢运动。广义的健步走是指以获得和保持健康为目的的行走锻炼活动；狭义的健步走是指以健身为主要目的的行走活动。健步走不同于人们平常所熟悉的行走活动，而是有所设计并遵循一定规则进行的活动。狭义的健步走要达到一定的心率和运动负荷，通过多方面科学、系统的控制，使人体产生有效的运动健身累积效应，从而达到持续性的体质改善。

14.1.2 健步走的健康益处

（1）提高心肺功能和耐力。突出地表现在健步走降低安静时和同等负荷下运动时的心率，以及提高肺活量。

（2）改善血液质量。健步走可以增加全血容量、降低血液黏稠度，增加红细胞携带氧气的能力，增加组织器官的血流量，有效防止动脉粥样硬化的发生和发展，也能防止如脑血栓、心肌梗死这些并发症的发生。

（3）调节血管机能。健步走可以增加毛细血管数量、改善末梢循环、降低安静时血压、改善冠状动脉循环，降低动脉粥样硬化的危险因素。

（4）减肥。坚持健步走能明显减少体脂百分比，增加和维持肌肉质量、耐力和力量。

（5）促进骨关节健康。健步走可以增加骨密度、骨和关节力量，增加韧带、肌腱的力量，防止多种骨、关节、肌肉、肌腱的损伤，降低骨质疏松发生的危险性。

（6）增强人体免疫能力。健步走可以提高抗病能力，加快病后康复速度。

（7）改善心理状态。健步走可以减小精神压力、增加自信心、增加自我控制能力；同时，健步走能改善睡眠质量，缓解精神压力，使兴奋转移，促进睡眠。

14.1.3　健步走的锻炼要领

健步走是在自然行走的基础上，伸直躯干，收腹、挺胸、抬头，随走步速度的加快，肘关节自然弯曲，以肩关节为轴自然前后摆臂，同时腿朝前迈，脚跟先着地，过渡到前脚掌，然后推离地面。健步走时，上下肢应协调运动，并配合深而均匀的呼吸。

健步走速度的快慢是决定锻炼效果的关键因素，通常因人而异，可分为慢速走（每分钟70～90步）、中速走（每分钟90～120步）、快速走（每分钟120～140步）、极快速走（每分钟140步以上）。

健步走常见以下错误。

（1）腰背不直

许多喜欢健步走的人一开始还能做到抬头挺胸，但后来慢慢变得"弯腰驼背"，长此以往，不仅达不到好的锻炼效果，反而会导致软组织的损伤。

调整方法：走路时身体尽量挺直，让脊椎成一直线，眼睛直视前方。此时要注意肩膀放松，不要刻意紧张地保持一种固定的姿势，以免出现颈肩背部不适。

（2）大口呼吸，不收小腹

不少人在健步走时大口呼吸、不收小腹，这样不但走起来吃力，也会影响健步走的保健效果，甚至诱发心肺不适。

调整方法：健步走时要慢慢收紧小腹，然后随着运动的频率慢慢舒展，这样一收一舒之间就能很好地锻炼腹部肌肉，慢慢过渡到腹式呼吸，同时有助于腹部减肥。

（3）负重行走

有些人健步走时背着双肩包等物品，如果背太重的东西，膝盖承载过重，时间久了会造成损伤。

调整方法：健步走时最好少带不必要的物品，如果一定要带，也要注意质量控制，以行走时不觉负重吃力为宜。

（4）不做热身运动

未做热身运动就出发，容易造成肌肉拉伤。

调整方法：健步走前要进行适度热身锻炼，慢慢起步，等到足部有些发热，再递增速度。快完成运动计划时，要慢慢减缓速度，不要马上停下来。

14.2　健身跑

14.2.1　健身跑概述

健身跑又称慢跑，它是采用较长时间、较慢速度、较长距离的有氧锻炼方法。其技术简单，易于掌握，男女老少均可参加。健身跑不受场地、器材限制，可在田径场、公路、树林、公园及田间小路等地练习，是我国群众性体育活动中普遍开展的项目之一。

14.2.2　健身跑的健康益处

（1）对心血管系统的影响。健身跑能使心脏腔室增大，每搏输出量增加，心动徐缓，心脏的舒张期延长，心肌可以得到更多的休息，工作能力更加持久；随着心血管系统功能的增强，人体外周的供血量增加，为机体的氧运输提供了便利条件，从而增强肌肉耐力，不易疲劳。健身跑对降低血脂、稳定血压，预防和治疗冠心病也具有良好效果。

（2）对呼吸系统的影响。长期参加健身跑可以使呼吸肌在跑步过程中得到锻炼，加强呼吸肌力量，加大呼吸深度；可以使肺活量适应性增大，扩大肺通气量，减少呼吸次数，提高呼吸功能储备，提高身体对氧的利用率。

（3）对神经系统的影响。健身跑是人体各个部分有规律而协调地运动，长期进行跑步锻炼，能使神经的兴奋与抑制、传导与反应等机能得到明显改善，使人体对外界的适应能力显著提高。

（4）对肌肉和骨骼的影响。经常参加健身跑，可以提高肌肉的充实度，提高线粒体中氧化酶的活性，提高骨骼肌持久工作的能力；还可以健美体形，增强关节灵活性，改善骨骼结构，促进青少年的骨骼发育，减缓老年人的骨质疏松。

（5）对肝功能的影响。人跑步时体内糖分的消耗增加，促使肝脏的供糖能力加强，所以长期参加健身跑可以改善肝脏的工作能力。实验证明，长期从事健身跑锻炼的人肝脏机能比一般人的水平高，对疾病的抵抗能力强。

（6）对心理的影响。研究表明，长期参加健身跑可以改善机体的特质焦虑、抑郁、精神分裂等不良心理状态。健身跑的时间非常重要，每次锻炼的时间必须超过 20 分钟，至少 10 周以后才能显著降低机体的特质焦虑。

14.2.3　健身跑的锻炼要领

跑步时，步伐轻快富有弹性，脚掌柔和地着地，身体重心起伏小，左右不晃动，步幅小，上下肢协调配合，直线性好。

1．腿部动作

一个单步技术可分为三个阶段。

（1）着地缓冲

用脚跟或脚外侧柔和着地并很快滚动到全脚掌，着地点距离身体投影点 20～30 厘米处为宜，脚落地没有明显"扒地"动作，落地瞬间身体重心不要过多下降。

（2）后蹬与前摆

后蹬向前性要好，摆动腿前摆时不要抬得过高，髋部没有明显前送动作。

（3）腾空

要求身体重心腾空不要过高，放松蹬地腿的肌肉，迅速省力地将大腿向前摆出，大小腿顺惯性自然折叠。

2．上体姿势与摆臂

上体正直稍前倾，头部自然，眼平视，摆臂以肩为轴，两手半握拳，前后摆动。

3．呼吸

呼吸要和跑步的节奏相吻合，一般是两步一呼、两步一吸；也可三步一呼、三步一吸。呼吸时，要用鼻和半张开嘴（舌尖卷起，微微舔上颚）同时进行。对初练跑步者，呼吸快、慢、深、浅因人而异，可在不感到憋气的情况下，自然地加深呼吸。

14.2.4　健身跑的类型

1. 慢速跑

慢速跑是主要的健身跑，是以匀速跑的方式完成一定的距离，可根据自己的实际情况确定运动强度。开始跑步时，速度以每分钟 90～100 步为好，当身体微微出汗、心跳加速时，可逐渐将速度增加到每分钟 110～120 步、120～130 步。运动时间以每天 20～30 分钟，每周锻炼 5 天为宜，距离 2500～3000 米，或先从 1000 米开始，适应运动量后，每月或每两周增加 1000 米，增加至 3000～5000 米即可。速度可参考下列指标：如 1000 米距离，12～15 岁用 8～9 分钟；16～29 岁用 7～8 分钟；30～49 岁用 8～9 分钟；50～59 岁用 9～10 分钟完成。老年人和体弱者可以比走步稍微快一些，身体素质良好者可在锻炼过程中加快速度。慢速跑时，心率保持在每分钟 110～120 次最好；也可采用以下方法来计算运动心率：适宜运动心率＝180－实际年龄。

2. 变速跑

变速跑又称法特莱克跑，是指在跑步过程中快速跑一段，慢速跑一段，快速跑与慢速跑相互交替进行的一种跑步方式。这种方法适合身体素质较好的健身跑爱好者。慢速跑过程中，肌肉活动相对平稳，摄氧量能够满足肌肉活动的需求，身体处于有氧代谢状态；快速跑过程中，肌肉剧烈活动，氧需求量急剧增加，此时身体处于无氧代谢状态。有氧运动和无氧运动交替进行，不仅对发展一般耐力有好处，而且也能提高机体的素质，对提高人体机能大有益处。变速跑可根据自身情况随时改变速度，逐步提高变速跑的速度、增加运动量，以最大限度发挥健身跑的作用。

3. 定时跑

定时跑有两种情况。一种是每天跑一定的时间，不限速度和距离。如开始时每周跑 3 次，每次跑 20 分钟，习惯以后增加至每周 4～6 次，每次跑步的时间也延长至 30～60 分钟。另一种定时跑是限定在某段时间内跑完一定的距离。如开始时 5 分钟内跑完 800 米，随着运动水平的提高可缩短时间、加快速度或延长距离。这种方法可提高速度耐力素质，并且可以以此来检验自身的耐力素质。

4. 有氧跑

有氧跑一般是指较长距离、较长时间的中速跑和慢速跑。有氧跑可称为"健身锻炼之王"，是健身运动最常采用的形式，其原因在于两方面：其一，对场地器材的要求不高，运动强度和量可以随意控制，便于操作；其二，有氧跑对机体的健康促进能力最大。

本章小结

本章聚焦走跑类健身运动，涵盖健步走与健身跑。健步走的速度和运动负荷介于散步和竞走，有诸多健康益处。健身跑即慢跑，技术简单，场地限制小。二者均属有氧运动，时间长、速度慢、距离远，适合各年龄段的人开展。大学生学习本章后可以掌握健步走和健身跑的锻炼要领，为开展走跑运动、提升健康水平打下基础。

思考与练习

1. 阐述健步走的健康益处和锻炼要领。
2. 阐述健身跑的健康益处和锻炼要领。

第15章

格斗类运动

格斗类运动作是人类历史悠久的运动项目，兼具竞技对抗、体质强化与精神修习的多重功能。在全民健身的背景下，跆拳道与散打因其独特的技术风格与文化属性，成为普及性较高的现代格斗项目。本章从技术体系、基本规则等维度，分别对跆拳道与散打进行系统性阐述，旨在帮助大学生建立对两类运动的科学认知，理解其技术特点与练习方法，为安全、规范的训练实践奠定基础。

学习目标	掌握跆拳道前踢、横踢等基础腿法和散打拳法、腿法等基本技术。
能力目标	拓展大学生对格斗类运动的技能知识，提高大学生对格斗类运动竞赛的兴趣和观赏水平。
素养目标	培养勇于斗争、奋力拼搏的精神。

15.1 跆拳道

跆拳道有悠久的历史。1961年9月，韩国成立了唐手道协会，后更名为跆拳道协会。1966年国际跆拳道联盟（ITF）成立。1973年世界跆拳道联合会成立。2000年跆拳道被正式列为奥运会比赛项目，分男女多个级别。

1992年，中国跆拳道协会筹备小组正式成立。王薪获得了我国第一个世界冠军；陈中在2000年悉尼奥运会上获得我国第一个奥运冠军；在2004年雅典奥运会上陈中再夺奥运金牌，罗薇也走上冠军领奖台，显示了中国跆拳道后来居上的气势。

15.1.1 跆拳道的基本技术

1. 准备姿势和步法

（1）准备姿势

准备姿势也称实战姿势或预备姿势，是跆拳道比赛中双方开始时的基本站立姿势。准备姿势应便于进攻、防守反击以及移动。

动作过程：见图15-1。两脚开立，与肩同宽，两臂自然垂于体侧。左脚或右脚向另一脚的前方迈出，两脚相距一步，前后站立，使身体侧对对方；同时两手半握拳，沉肩，两臂屈肘自然垂放（左脚在后是左架准备姿势，右脚在后是右架准备姿势）。重心落在两脚之间，膝部略弯曲，眼睛平视对方面部，下颌微收。

要领：两臂所放位置不是固定的，也可以一臂垂放或两臂垂放（见图15-2）。两脚之间的距离和重心的高低可根据具体情况进行调整，原则上是在移动时能最快调整好身体重心。若重心下降，大小腿之间的夹角几乎90°，则为低位准备姿势（图15-3）。

图 15-1　准备姿势

图 15-2　两臂垂放的准备姿势

图 15-3　低位准备姿势

（2）步法

在跆拳道技术体系中，步法是重要的一环，尤其是运动员刚开始接触跆拳道时，要用较多的时间来进行专门的步法练习。由于规则限制，运动员在比赛中主要用腿攻击和防守反击，因此运动员的步法是否灵活，在一定程度上决定了他的进攻、防守和反击是否能够达到目的，这也使得步法训练在跆拳道训练中占据着重要地位。

① 上步（见图 15-4）

动作过程：右架准备姿势（以下简称"右架"）站立，右脚向前上一步，成为左架准备姿势（以下简称"左架"）。左架转换为右架同理。

要领：上步通过向左拧腰转髋完成，两臂在体侧自然上下移动，重心不要起伏过大。

② 后撤步（见图 15-5）

动作过程：右架站立，右脚向后撤一步，成为左架。左架转换为右架同理。

要领：后撤步时重心保持平稳，通过向左拧腰转髋完成，两臂在体侧自然上下移动。

③ 前跃步（见图 15-6）

动作过程：右架站立，两脚同时向前跃进一步，保持右架。左架同理。

要领：向前跃步时，重心不宜起伏过大，尽量使重心平稳移动，两脚稍离地即可。

图 15-4　上步

图 15-5　后撤步

图 15-6　前跃步

④ 后跃步（见图 15-7）

动作过程：右架站立，两脚同时向后回撤一步，保持右架。左架同理。

要领：向后回撤时，重心不宜起伏过大，尽量使重心平稳移动，两脚稍离地即可。

⑤ 原地换步（见图 15-8）

动作过程：右架站立，两脚原地前后交换，由右架换成左架。左架转换为右架同理。

要领：重心不宜起伏过大，尽量使重心平稳移动，两脚稍离地即可。

⑥ 垫步（见图 15-9）

动作过程：右架站立，右脚向左脚内侧上步，同时右腿迅速抬起以便进攻和防守。

要领：右脚垫步时，右腿要迅速提起，重心落在左腿上，左膝微屈。

⑦ 侧移步

动作过程：第一种步法是以前脚为轴，后脚插向左（右）侧方向移动，用以改变与对手的站位方向；第二种步法是右架站立，右脚先向右（或左）侧移动一步，随即左脚也迅速向右（或向左）侧移动一步。

大学体育与健康

要领：一般将身体重心移向前脚，以利于后腿攻击。

图 15-7 后跃步　　　　　图 15-8 原地换步　　　　　图 15-9 垫步

2. 拳的进攻与防守

（1）拳的进攻

拳的进攻是跆拳道比赛中较为常用的动作之一，但往往很难得点，不是运动员得分的主要技术，它主要用来防守和配合腿的进攻。运动员右架站立，左手拳为前手拳，右手拳为后手拳。这里介绍后手拳的动作过程。

动作过程：见图 15-10 右架站立，右脚向后蹬地，腰部与上体快速有力地向左前方扭转，借以增加出拳的速度和力量。在右脚蹬地的同时，右臂快速前伸，肘关节抬起，前臂内旋，拳心向下方转动，使拳面、前臂、肘关节与肩成一条直线。同时身体重心移至左腿上，用拳击打对方胸、腹部。

图 15-10 拳的进攻

要领：用拳击打的刹那，腕关节要紧张，将拳握紧，同时憋气，以加大出拳的力量。也可以用前手拳击打。在距离较近时，出拳击打后两人间的距离会拉大，此时可趁机使用腿法，如使用劈腿、横踢等。

（2）拳的防守

在实战中，除了躲闪外，格挡是防守的基本形式。防守技术按身体姿势和防守位置可分为上段防守、中段防守和下段防守。上、中、下段的区分以锁骨和髋关节为界限。

① 上段防守

上段防守保护头颈部不受打击的技术。

a. 单臂格挡法：准备姿势开始，当对方的拳或脚攻向自己的头部时，左（右）手（拳）自内向外做格挡动作，将来拳或来脚挡在左前臂外面。过程中手臂要用力，但动作幅度要小。

b. 单臂上架法：准备姿势开始，当对方的上劈拳或劈腿自上而下击向自己的头顶时，自己的左（右）手臂屈肘自下而上横架于头顶之上，阻挡来拳或来脚的攻击。

c. 双臂格挡法：当对方连续攻击自己的头颈两侧时，可几乎同时用左右臂上举格挡对方的双侧进攻。

d. 双臂交叉上架法：当对方用拳或用腿自上而下大力下劈时，迅速前腿弓步，两臂交叉自下而上架挡来拳或来腿。

② 中段防守

中段防守是保护锁骨以下至髋关节的技术。

a. 单臂格挡法：当对方的拳或脚攻向自己中段部位时，用左臂向内或向外格挡对方的来拳或来脚。

b. 按掌格挡法：当对方攻击自己中段下部时，自己重心迅速稍作后移，同时前手变掌屈肘，向内向下快速按，阻挡对手的拳或脚的攻击。

c. 双臂外格法：前脚迈出，同时两臂屈肘交叉置于胸前，拳心向内；弓步落地后，两臂迅速由胸前向左右两侧分开阻挡来拳或来腿。由内向外格挡时，两臂分开的距离以肩宽为度，两臂外旋，手心向前。

③ 下段防守

保护髋关节以下的技术方法。

a. 单臂下挡法：前脚向后成弓步，同时，后臂由屈到伸向斜下外截，用手腕格挡；前手变拳置于腰间。

b. 两臂交叉格挡法：后脚前迈成弓步，两臂体前屈肘交叉，手心向内；成弓步时，两臂自胸前向下交叉推击，阻挡对方的低腿进攻。格挡时身体下沉，以增加下截的力量。

3. 腿法

跆拳道以其变幻莫测、优美潇洒的腿区别于其他格斗。跆拳道的腿法讲究变化多端和灵活多样，对人体的柔韧性、大脑反应的灵敏性、身体运动的稳定性都有很高的要求，是对人体机能和体能的综合考验。跆拳道的基本腿法很多，这里介绍几种基本进攻技术。

① 前踢（见图 15-11）

准备姿势开始。右脚蹬地，髋关节向左旋转，双手握拳置于体侧；同时，右腿以髋关节为轴屈膝上提。当大腿抬至水平或稍高时，髋关节向前送，向前顶，小腿以膝关节为轴向前上方踢出，力达脚尖，整条腿踹直。踢击后迅速放松，右腿沿原路线弹回，将右脚放置在左脚前面成实战姿势。

动作要领：膝关节夹紧，小腿放松，要有弹性；髋往前送，高踢时髋往上送；小腿回收与前踢的速度一样快。主要攻击部位有面部、下颏、腹部、裆部。前踢亦可用于防守。将前踢发力部位由脚尖改换为脚跟时，前踢动作就变为前蹬动作，动作要领相同。

② 侧踢（见图 15-12）

准备姿势开始。右脚蹬地，右腿以髋关节为轴屈膝提起，两手握拳置于体侧；随即左脚以前脚掌为轴外旋 180°，髋关节向左旋转，右腿以膝关节为轴向前蹬伸。右脚快速向右前上方直线踢出，力点在脚跟。发力后沿起腿路线收腿、放松、落下（原处或向前均可），再次准备实战姿势。

图 15-11　前踢　　　　　　　　　　　　图 15-12　侧踢

动作要领：起腿时大小腿、膝关节夹紧；踢出发力时头、肩、腰、髋、膝、腿和踝成一直线；大小腿直线踢出，原路线收回。侧踢动作的主要攻击部位有膝部、腹部、肋部、胸部和头面部。

大学体育与健康

③ 后踢（见图 15-13）

准备姿势开始。转身后腿后撤，背对对方。重心后移至左脚，右脚蹬地后屈膝提起，右脚贴近左大腿。随即左脚蹬地，右脚自左大腿内侧向后方直线踢出，力达脚跟。踢击后右脚沿原路线快速收回，成准备姿势。

动作要领：起腿后上体和大小腿折叠收紧；后踢时动作延伸要长，用力延伸；转身、提腿、出脚动作连续一次性完成，不能停顿；击打目标在正后方偏右。后踢动作的主要攻击部位有膝部、腹部、裆部、胸部和头面部。

④ 劈腿（见图 15-14）

准备姿势开始。右脚蹬地，重心前移至左脚；同时，右腿以髋关节为轴屈膝上提，随即充分送髋，上提膝关节至胸部，右小腿以膝关节为轴向上伸直，将右腿伸直举于体前，右脚过头。然后向下以右脚后跟（或脚掌）为力点劈击，一直到地面，成准备姿势。

动作要领：腿尽量往高，要向上送髋，重心往高起；脚放松往前落，落地要控制；起腿要快速、果断；踝关节要放松。劈腿的主要攻击部位有头顶、脸部和锁骨。

图 15-13　后踢　　　　　　　　　　　图 15-14　劈腿

⑤ 摆踢（见图 15-15）

准备姿势开始。右脚蹬地重心前移，右腿以髋关节为轴屈膝上提，两手握拳置于体侧；左脚以前脚掌为轴外旋 180°，右腿以膝关节为轴继续向前上方伸成直线，顺势右脚掌用力向右侧屈膝鞭打，顺鞭打的势上体右转，右腿屈膝回收，右脚落回原处，成准备姿势。

动作要领：提膝、伸直、右侧屈膝鞭打动作要连贯快速，没有停顿；击打点在体前偏右侧，以腿掌为击打点；左脚旋转支撑要保持平衡，踹击后迅速将腿收回。摆踢攻击的主要部位是头部和腹胸部。

图 15-15　摆踢

⑥ 后旋踢（见图 15-16）

准备姿势开始。两脚以两脚掌为轴内旋约 180°，身体随即右转约 90°，两拳置于胸前。上体右转，与双腿拧成一定角度。右脚蹬地将蹬地的力量与上体拧转的力量合在一起，将右腿向后上以髋关节为轴直腿摆起，右脚继续向右后旋摆鞭打，同时上体向右转，带动右腿弧形摆至身体右侧，右腿屈膝回收；右脚落到右后成准备姿势。

动作要领：转身、旋转、踢腿连贯进行，一气呵成，中间没有停顿；击打点应在正前方、呈水平弧形；屈膝起腿的旋转速度要快；重心在原地旋转 360°。后旋踢攻击的主要部位有面额和胸部。

图 15-16 后旋踢

⑦ 推踢（见图 15-17）

准备姿势开始。右脚蹬地，重心前移，右脚以髋关节为轴提膝前蹬，用右脚掌向前蹬推，力点在脚掌，推力向正前方。

动作要领：提膝后尽量收紧膝关节；重心往前移，利用身体的重量和力量；推的时候腿往前伸展、送髋；推的路线水平往前。推踢的主要攻击目标是腹部。

⑧ 横踢（见图 15-18）

准备姿势开始。右脚蹬地，重心前移至左脚，右脚屈膝上提，两拳置于胸前；左前脚掌碾地内旋，髋关节左转，左膝内扣；随即左脚掌继续内旋至 180°，左腿膝关节向前抬至水平状态，小腿快速向左前横向踢出；击打目标后迅速放松收回小腿。右腿落回原地成准备姿势。

动作要领：膝关节夹紧，向前提膝走直线；支撑脚外旋 180°；髋关节往前顺，身体与大小腿成直线；严格注意击打的力点在正脚背；踝关节放松，击打的感觉是"面团""鞭梢"。横踢攻击的主要部位有头部、胸部、腹部和肋部。

图 15-17 推踢　　　　　　　　　　　　图 15-18 横踢

⑨ 旋风踢（见图 15-19）

准备姿势开始。攻方左脚向左侧前方跨一步，左脚内扣落地，身体向右旋转约 180°；左脚落地的同时右腿随身体继续右转向右后摆起，此时身体已转动 180°，左脚起跳，在空中用左横踢腿击对方腹部或头部，右脚落地支撑。

图 15-19 旋风踢

动作要领：攻方上步转体动作要迅速果断，左脚内扣落地时脚跟对敌；左脚随身体右转向后侧摆起时不要过高，以能带动身体旋转起跳为宜；左脚蹬地起跳，身体腾空，不过膝，目的是快速旋转出腿；左腿横踢时，右腿向下落地，要快落站稳，即横踢目标的同时右脚落地。

⑩ 双飞踢

准备姿势开始。先用右横踢攻击对方右肋部，同时，左脚蹬地起跳，身体腾空右转，腾空高度在膝关节以上，但不宜过高；左脚起跳后在空中用左横踢迅速踢击对方胸部或腹部；左右脚交换，右脚落地支撑，左脚横踢目标后迅速前落，成准备姿势。

动作要领：右腿横踢目标的同时，左脚蹬地起跳。左脚起跳后迅速随身体右转横踢目标。两腿在空中交换，右脚先落地。

15.1.2　跆拳道比赛基本规则

（1）比赛场地：平坦、无障碍物的正方形场地。

（2）运动员：需遵守比赛规则和礼仪。

（3）体重级别：根据运动员的体重划分不同级别进行比赛。

（4）比赛局数和时间：每场比赛分为 3 局，每局比赛时间为 3 分钟，局间休息 1 分钟；青年锦标赛每场比赛为 3 局，每局比赛时间为 2 分钟，局间休息 1 分钟。

（5）允许攻击的部位：髋骨以上至锁骨以下以及两肋部，可攻击背部，头部只允许用腿法攻击。

（6）得分方式：使用允许的技术，准确有力地击中有效得分部位可得分。击头得 3 分，旋转踢和后踢得 2 分，其他技术得 1 分。主裁判读秒不加分。一个技术动作的最高得分为 3 分。

（7）犯规动作：包括逃避比赛（背对着对手）；往后撤 2 步以上不起动作；双方不进攻，5 秒提示进攻手势，10 秒单一方消极则扣分，双方消极则双方扣分；低于对手腰部且没接有效动作，或抬腿在空中超过 3 秒；抓、推对方，用手击打对方头部。另外，不可以在裁判喊停的时候继续进攻，不可以在对方倒地的时候继续进攻，不可以用膝盖防守，不可以踝关节过胯不进攻超过 3 秒。单方推完之后没有动作的属于犯规，双方相互推并没有动作则双方扣分；单方推完之后有动作的不属于犯规。两人相贴不进攻则 3～5 秒后分开。

（8）判定输赢：比赛有 KO、失格、弃权、犯规导致分差、裁判宣判胜等多种获胜方式。在第二局结束或第三局任何时段，若分差达到 20 分，比赛将结束。每一次犯规对方得 1 分（没有警告），累积 10 次犯规，就被判输掉比赛。

15.2　散打

散打，又称散手，古称"相搏""手搏""白打"，形成于春秋时期，兴盛于宋元时期。散打是两人按照一定的规则，运用传统武术中的踢、打、摔等攻防技法制服对方的徒手对抗格斗项目，它是武术的重要形式。现代散打就是常见的以冲拳、搜拳、抄拳、鞭拳、蹬腿、踹腿、摔法等技法组成的攻防技术。散打没有套路，只有单招和组合，见招拆招。随着练习散打的人数日益增多，世界各地的散打比赛也逐渐增多。

15.2.1　散打的锻炼价值

（1）增强体质、改善心肺功能。散打能够发展人的力量、耐力、柔韧性、灵敏性等素质。坚持散打训练，可强筋骨、壮体魄。散打有利于加快机体的新陈代谢，改善心肺功能。

（2）提高柔韧性及力量。散打是一种腿部动作运用较多的运动，除多种腿法的运用以外，也需要有非常快的动作转换，这就对髋关节灵活性及膝关节后侧韧带的伸展性提出了较高要求。在散打训练时经常做一些有利于攻防转化的练习，也发展了髋关节的灵活性。

（3）促进心智发展。散打绝不是凭蛮力，而是要讲究方法技巧，要灵活机动地运用战略战术，是一项以巧取胜的格斗技术。武术中"以小胜大""四两拨千斤"等技击法则，始终是散打追求的最高境界。因此，散打训练能有效地提高人的反应与应变能力，发展思维的敏捷性与灵活性，尤其可以培养人在危难之际保持一种冷静而又从容应对的心理智能，克服胆怯犹豫、紧张鲁莽等不良心理反应。

（4）锤炼意志。散打能培养练习者勇敢顽强、机智果断等优秀品质，有效缓解由学习带来的紧张情绪和压力。

15.2.2　散打的基本技术

1．拳法技术

（1）左冲拳（见图 15-20）

在预备势下，右脚微蹬地面，重心微压前脚，同时出左拳向前鼻尖方向直线出击，腕直，力达拳峰。直线回收，回到预备势。

要点：

① 冲拳时，上体不可前俯，应中正，腰胯略向右转。

② 拳面领先，大臂催前臂，臂微内旋，肘微屈，击到时保持击点、拳峰、鼻尖三点一线。

③ 左拳快出快收，切勿停顿，右手动作不受影响，迅速回到预备势。

易犯错误及纠正方法：

① 冲拳时肘先于拳而动，会形成撩拳。应以拳领先，勿先动肘，可在同伴帮助下一手拉拳、一手按肘，慢慢体会要领。

② 先动前臂，冲拳时以肘关节为轴，只是前臂屈伸。同伴两拳前后放，与练习者左拳共成一线，运行路线要求三点成一线。

用法：左冲拳是一种直线进攻型拳法，属于中近距离动作，特点是距离对手较近，易起动，预动小，灵活性强，可主动进攻，也可防守反击，一般与其他动作配合运用效果更好。

（2）右冲拳（见图 15-21）

在预备势下，右脚微蹬地并向内扣转，转腰送肩的同时，右拳直线向前冲出，力达拳峰，左拳回收至左腮旁。

要点：

① 右冲拳的发力顺序是起动于右脚，传送到腰、肩、肘，最后达于拳面。但动作不应有明显先后次序，以免动作脱节。

图 15-20　左冲拳　　　图 15-21　右冲拳

② 上体向左转动，以加大冲拳力量。

③ 还原时以腰带肘，主动回收。

易犯错误及纠正方法：

① 上体前倾，冲拳时上体向前移动过多，腰未向左拧转。多体会腰绕纵轴方向拧转带动冲拳的要领，克服俯身动作。

② 冲拳时前臂、肘关节先动外翻，形成撩拳。由同伴帮助，规定运行轨迹并多对镜练习。

③ 后引拉拳，预兆明显。先练转身送肩，然后拳肩同出。

用法：右冲拳是主要的正面进攻动作之一，攻击距离长、杀伤力大，是中距离得分的重要手法。

（3）左掼拳（见图 15-22）

在预备势下，上体微向右转，同时左拳向外（约 45°）向前微抬，再向里横掼，臂微屈，拳心朝下，力达拳面或拳心，也可力达掌根（以适应较远距离并增加杀伤力），右拳护于腮旁。

图 15-22　左掼拳

要点：

① 力从腰发，腰绕纵轴向右转动。

② 掼拳发力时，臂微屈，肘尖抬至肩平。

易犯错误及纠正方法：

① 掼拳幅度过大。面对镜子或在同伴帮助下，先放松，慢速走对动作路线，后逐渐加大力量与速度。

② 翻肘过早，出现甩拳动作。同伴一手抬拳、一手按肘，克服翻肘错误。

③ 向前探身。体会向右转腰发力的要领，或请同伴帮助控制身体前探。

用法：左掼拳是中近距离侧面进攻动作。

（4）右掼拳（见图 15-23）

在预备势下，右脚微蹬地并向内扣转，合胯并向左转腰，同时右拳向外（约 45°）向前微抬，再向里横掼，力达拳面或拳眼侧，也可用食指根节为击点，左拳回收至左腮前。

图 15-23　右掼拳

要点：

① 右脚内扣、合胯转腰与掼拳发力要协调一致。

② 掼拳发力时肘尖微抬，使肩、肘、腕基本水平。

易犯错误及纠正方法：

① 掼拳幅度过大（参考左掼拳）。

② 翻肘过早，出现甩拳动作（参考左掼拳）。

③ 向前探身（参考左掼拳）。

④ 发力脱节。右脚蹬转腰时，注意右肩微内压，注意肩臂的间夹角。

用法：右掼拳是侧面进攻动作，能充分借助右脚蹬地转腰的力量，杀伤力大，但进攻路线长。此拳法多用于与其他动作组合连续进攻或防守反击。

（5）左抄拳（见图 15-24）

在预备势下，重心略下沉，上体微左转，左拳由下向前上方勾起，大小臂夹角在 90°～110°，拳心朝里，力达拳峰。

图 15-24　左抄拳

要点：

① 重心略下沉，以更好地利用前脚蹬地扭转的反作用力，加大抄拳力量，动作要连贯，顺达，用力要由下至上，腰向右转动，发力短促。

② 抄拳时臂先微内旋再外旋，拳呈螺旋形运行。

③ 大小臂夹角应根据与对手的距离而定。

易犯错误及纠正方法：

① 左拳向外绕行。面对镜子，不过分追求用力，重点体会拳的运行路线。

② 抄拳发力时上体后仰，挺腹。体会蹬地转腰要领及内力运用。

③ 重心上提，歪胯。同伴一手按头、一手夹胯，边练边提示。

用法：左抄拳属上下进攻型动作，适合近距离正面攻击对手的胸、腹或下颌。

（6）右抄拳

在预备势下，右脚蹬地，扣膝合胯，微向右转腰的同时，右拳由下向前向上抄起，大小臂夹角在 90°～110°，拳心朝里，力达拳峰，左手回收至左肩内侧。

要点：

① 借右脚踏地、扣膝、合胯、转腰的力量，发力由下至上，协调顺达。

② 抄拳时右臂先微内旋再外旋，螺旋形运行。

易犯错误及纠正方法：

①练习者想加大动作力量以致出现预摆，右拳后拉。应消除只想用劲的心理，着重体会动作路线和全身协调。

② 身体向上立起，未体会合胯转腰用力方法，过分追求蹬地送髋。同伴协助控制重心起伏，如一手按头一手给靶，体会力从腰发力的要领。

用法：右抄拳属近距离上下进攻型动作，主要进攻对手的胸、腹、下颌等部位。

（7）鞭拳（见图 15-25）

以右鞭拳为例。在预备势下，重心微前压，右脚提膝右摆转身 180°，同步右拳反臂向右侧横向鞭打，拳眼朝上，力达拳背式或拳心朝下。

要点：

① 转体要快，甩头领先，压重心转体。

② 鞭拳时，以腰带肩，肩领大臂，大臂带动前臂，前臂鞭打甩拳。

图 15-25　鞭拳

易犯错误及纠正方法：

① 转体停顿，站立不稳。可先作原地转体练习，再慢速组合到正常速度。

② 前臂无动作，形成直臂轮打。可原地练习鞭拳，体会甩的顺序与发力要领。

用法：鞭拳是侧面进攻型动作之一，能借助转体惯性，动作幅度大、路线长、杀伤力强，用于退守反击时隐蔽且突然。

2. 腿法技术

（1）左蹬腿（见图 15-26）

在预备势下，右腿直立或稍屈，左腿提膝勾脚，以脚跟领先向前蹬出，力达脚跟，也可送髋，脚掌下压，力达前脚掌。

要点：屈膝高抬，借助惯性，爆发用力，快速连贯。

（2）右蹬腿（见图 15-27）

在预备势下，身体重心前移，左腿直立或稍屈，身体略左转，右腿屈膝前抬，勾脚尖，以脚跟领先向前蹬出，力达脚跟，也可送髋，脚掌下压，力达前脚掌。

图 15-26　左蹬腿

易犯错误：提膝未过腰，髋、踝关节松懈，力不顺达。

纠正方法：

① 身体直立，多做提膝靠胸练习和左右转换的蹬腿练习。

② 注意挺髋并稍前送，可多做蹬墙壁、树干、沙包、靶等练习，体会发力和着力点。

图 15-27　右蹬腿

（3）左踹腿（见图 15-28）

在预备势下，右腿略屈支撑保持弹性，左腿屈膝抬起靠近胸，大小腿夹紧，脚尖勾起，小腿外摆，脚掌正对攻击目标，展髋、挺胸向前踹出，力达脚掌，上体可适当侧倾。

（4）右踹腿（见图 15-29）

在预备势下，左腿稍屈支撑，身体向左转 180°，同时右腿屈膝前抬，膝靠前胸，大小腿夹紧，小腿外提，脚尖勾起，脚掌正对攻击目标，用力向前踹出，力达脚掌，上体可适当侧倾。

图 15-28　左踹腿

图 15-29　右踹腿

要点：踹腿时，上体、大腿、小腿、脚掌应成一条直线；踹出时，要以大腿推动小腿，直线向前发力。

易犯错误：收腹、展髋、撅臀及上体与腿不能成一条直线，打击距离短，速度慢，力量小等。

纠正：手扶肋木或其他支撑物，一腿抬起形成三叠状（胸腹与大腿叠，小腿与大腿叠，腿背与胫骨叠），目视击点，由慢到快反复踹腿，动作自然放松。

（5）左鞭腿（见图 15-30）

在预备势下，右腿直立或稍屈支撑，上体稍向右侧倾，同时左腿屈膝向右摆动，扣膝绷脚背，随即挺膝向前踢小腿，力达脚背或小腿前端。

要点：脚背紧张用力，膝内扣，大腿带动小腿，甩髋干脆，快速有力。

易犯错误：脚背放松，膝不内扣，力点不准，运行路线不圆滑，发力不整。

纠正：按动作要领多做慢速低鞭腿练习，在鞭打沙包、脚靶时多体会击打触点和发力过程，注意动作的整体性和协调。

（6）右鞭腿（见图 15-31）

在预备势下左腿直立或稍屈支撑，上体左转 180°，稍向左侧倾，同时右腿屈膝前摆，甩髋，大腿带动小腿，绷脚背，随即挺膝向前弹踢小腿，力达脚背或小腿前端，整个过程成鞭打状发力。

（7）左转身后扫腿（见图 15-32）

在预备势下，右脚向左脚前上步，脚尖内扣，微屈独立支撑，以头领身，左后转身 360°，随转体上体稍侧倾，左腿向前横扫，脚面绷平，力达脚掌，目视击点。

要点：转体时，以头领先，借助惯性，腰背发力，展髋，挺膝，绷脚背。

图 15-30　左鞭腿　　　　图 15-31　右鞭腿　　　　图 15-32　左转身后扫腿

易犯错误：弯腰、低头，收腹屈髋，转体不圆滑，无力，击打不到位。

纠正：多体会以头领身的转体，然后多感觉慢速横扫腿的运行路线与发力，再逐渐加速，到沙包与脚靶上去体会动作要领。

（8）右转身后扫腿（见图 15-33）

在预备势下，身体向右后转 360°，以头领身，随转体右腿直腿由后向前横扫，脚背绷紧，力达脚掌，目视击点。

（9）扶地后扫腿（见图 15-34）

在预备势下，左腿屈膝全蹲，脚前掌为轴，两手右后方扶地，上体向右后方转体一周，展髋，带动右腿向左后方弧线擦地直腿后扫，脚掌内扣并勾紧，力达脚后跟至小腿下端。

（10）倒地前扫腿（见图 15-35）

在预备势下，左腿下蹲，身体左转，两手侧倒向左后方拍地，同时展髋起右脚，右腿向左前方弧线擦地直腿前扫勾踢，脚掌内勾，力达踝关节。

图 15-33　右转身后扫腿

图 15-34　扶地后扫腿　　　　　图 15-35　倒地前扫腿

要点：低身与转体、倒地要快速连贯，借以带动扫腿，加快动作速度，增强力度。

易犯错误：扫腿弯曲，脚掌离地，倒地太硬，上下脱节，转体与扫腿不连贯。

纠正：多做转体倒地扫腿配合练习，做到倒扫同步完成，再做侧倒练习。

3. 摔法

摔法作为散打运动独特的技术动作，融合了中国式摔跤中的许多动作，如拿、绊、别、推等，主要动作包括勾、别、涮、搂、推、拨、挑、绊、背、扛等。相较于其他运动中的摔法，散打中的摔法更突出"快"这一特点。由于散打规则的限制，摔法必须在几秒内完成。在做摔法动作时不能犹豫，每一个动作要准确到位，保证动作的连贯和完整。

散打摔法对摔的时机要求较高。什么时机主动采取摔法和被动采取摔法需要明确分析和判断。散打比赛中运动员佩戴拳套，这限制了运动员的抓握，使得散打摔法相对较难掌握。这也是在散打教学中摔法技术不同于其他基本技术动作的主要原因。

通常，摔法分为贴身摔和接招摔两大类，各有特点，各有利弊。根据对手做出的动作和选择的时机不同，效果会有所不同。这两种摔法只是技术动作上的不同，没有本质上的优劣之分。运用时需选择恰当的方式摔倒对手。当然，可以使用在获得相同的把位情况下，可以使用多种不同的摔法。在学习中，可按照由简到难的顺序，逐步掌握多种摔法，然后根据自身特点学习最适合自己的摔法。

大学生在学习过程中，可根据对手身体位置的不同和所用技术动作的不同进行区分，明确在什么样的时间和位置可以采取贴身摔或接招摔。例如，接腿摔就有很多种摔法，如腿别、手别、插挡等。

15.2.3　注意事项

1. 要做好充分的准备活动

散打是综合性较强的项目。练习前，不可忽视准备环节，如跑步、跳绳、游戏等；各关节要充分活动开来，例如做压腿、提腿练习。训练中应集中精神，一走神不仅要领记不住，而且易受伤。训练最后要放松，这样肌肉恢复时间能够缩短，有利于下一次训练。

2. 练习要循序渐进

散打运动不可操之过急，初学者切勿为了动作潇洒、飘逸而急于求成。以压腿为例，应由轻到重、循序渐进进行练习，不能用力过猛。

3. 技术动作训练中应注意的问题

注意加强薄弱环节部位的练习和肌肉放松。腰部是最容易受伤的部位，但又是关键发力轴点，许多技术的发力由腰部带动，所以在准备活动和练习中特别要注意腰部力量训练。在力量练习结束后，为使肌肉松弛，以免发僵，应加一些辅助练习，如冲刺跑、快速空击或沙袋练习等，以发挥力量练习效果。训练结束后两人应相互做肌肉按摩放松 10 分钟。

4. 实战训练中应注意的问题

注意反应练习和心理锻炼。初次实战前，应加强反应练习，再进行实战。实战时选择与自己实力相当的对手，有利于培养信心；若对手过强，容易产生畏惧心理。实战时要戴好护具，没有护具的部位不要重击，切忌开玩笑、斗气或有意伤人，要讲武德。练习后应做调整活动，如慢走、扩胸、转腰、按摩肌肉等，以消除疲劳。实战后不要马上游泳或躺在潮湿地面，也不要在风口处久留，避免大量饮水。

15.2.4 散打比赛规则与裁判

1. 比赛规则简介

（1）比赛种类

分为团体比赛和个人比赛两种。

（2）比赛办法

① 赛制安排：根据运动员体重分为若干等级，通常采用循环赛、淘汰赛。每场比赛采用三局两胜制，每局 2 分钟，局间休息 1 分钟。

② 参赛资格：成年运动员参赛年龄限 18～35 周岁，且须携带《运动员注册证》。

（3）得分与判罚

① 得分部位：有效攻击对方头部、躯干、大腿和小腿可得分，其中腿法只能攻击腰带以上躯干部位。攻击对手拳套和手臂不得分。攻击得分部位需有明显效果。

② 禁击部位：后脑、颈部和裆部。若运动员有意进攻对方禁击部位，或无意击中造成伤害，裁判给予警告处分，扣 2 分。

③ 得分情况。

a. 得 1 分：除击倒以外，对方倒地（两脚以外任何部位支撑比赛台面即算倒地，若双方都倒地则都得分）。

b. 得 2 分：使用拳法或腿法干脆利落地击倒对方。若夹杂推、拉、搂抱则不得 2 分。

④ 犯规判罚：比赛中使用犯规动作会被扣分；一方犯规被取消资格时，对方获胜。

（4）胜负判定

① 优势胜利。

a. 实力相差悬殊时，为保护运动员，裁判员经裁判长同意后可宣告占优势的一方获胜。

b. 一方受重击倒地，10 秒内不能继续比赛，或站起后明显丧失比赛能力，另一方获胜。

c. 一方被 3 次强制读秒后，另一方获胜。

d. 一方出现伤病，经医务监督诊断不宜继续比赛时，另一方获胜。

e. 一方犯规被取消资格时，另一方获胜。

f. 因对方弃权获胜。

② 分数获胜：非优势胜利情况下，比赛得分决定胜负。运动员得分由技术得分和对方犯

规分组成。

2. 裁判简介

（1）裁判员组成：包括场上裁判员、边裁判员、记分员等。

（2）裁判判分原则：每名裁判员独立判分。如散打王争霸赛，采用五局总分制，每局边裁判员记录分数，由场上裁判员交给记分员。全部五局结束，由记分员统计每位边裁判员的记录，被多数边裁判员判为胜方的运动员即为获胜方。

本章小结

　　本章从技术体系、基本规则等方面进行系统阐述，旨在让大学生掌握跆拳道的前踢、横踢等基础腿法，以及散打的拳法、腿法等基本技术。

思考与练习

1. 跆拳道的基本技术包含哪些内容?
2. 散打的基本技术包含哪些内容?
3. 简述散打的锻炼价值。

第16章

户外休闲

在广阔的天地之间，轮滑的风驰电掣，定向越野的探索未知，户外拓展的团队协作，共同构成了丰富多彩的户外休闲运动世界。它们不仅是身体的挑战，更是心灵的释放。轮滑，让我们感受速度与激情；定向越野，引领我们在大自然中寻找方向；户外拓展，培养团队精神与个人意志。让我们一同走进这个充满活力与挑战的领域，开启一段难忘的户外之旅。

学习目标	了解轮滑、定向越野户外拓展的基本技术，了解常见户外拓展项目。
能力目标	掌握轮滑、定向越野的练习方法，能够积极参与户外拓展项目。
素养目标	培养户外休闲的兴趣和技能，增强团队意识，热爱自然。

16.1 轮滑

轮滑俗称"滑旱冰"，是一项历史悠久、开展广泛的运动项目，包括速度轮滑、花样轮滑、轮滑球、单排轮滑和双排轮滑等。轮滑能锻炼身体、增强体质、消除疲劳，还能调节精神，在世界各地有着广泛的群众基础和深厚的文化底蕴，深受世界各国人民的喜爱。本节基于速度轮滑讲解轮滑的基本技术。

16.1.1 轮滑的健康益处

（1）提高身体素质。轮滑是灵活变换重心、维持动态平衡的运动，能有效提高平衡能力。轮滑主要依靠下肢承重，能增强两腿及两脚肌肉力量，且身体各部位肌肉协同用力，可发展协调性，开展轮滑球还能锻炼臂力和全身力量，使人身体素质全面发展。

（2）改善心血管和呼吸系统机能。轮滑运动量和运动强度大，对心肺功能要求高。经常锻炼，可使心脏肌肉发达，搏动有力且缓慢。此外，户外轮滑能呼吸新鲜空气，改善氧供应，提高呼吸系统工作能力。

（3）提升意志力。初学轮滑易摔跤，要不怕摔并掌握技巧，这能锻炼意志品质。提高技术的过程也需要长期练习，如长距离滑跑、高速下冲等。参加比赛时面对输赢能否正确对待，考验心理素质。

16.1.2 轮滑的基本技术

1. 直道滑行技术

直道滑行技术包括身体姿势、蹬地、收腿、着地、惯性支撑滑行、摆臂及整体动作配合等。

（1）身体姿势

速度轮滑要减少空气阻力、快速滑跑的目的，必须采取特殊的身体姿势。正确的身体姿势对正确完成动作、有效地使用技术及发挥身体潜能都有重要作用。因此，正确的身体姿势是滑行的基础。速度轮滑直道滑跑采用上体前倾的半蹲式姿势，髋、膝、踝三关节成屈的状态。上体放松，两手放于背后，头微抬起，目视前进方向 30～40 米处。滑行中身体重心落在脚心处为宜。髋关节的角度为 90°～100°，膝关节的角度为 110°～120°，踝关节的角度为 65°～70°，如图 16-1 所示。这种特殊的身体姿势的优点是减少空气阻力，能够提高速度、节省体力。重心相对较低有利于滑行平稳和控制身体平衡，两腿的弯曲能加大动作幅度，有效延长滑行距离，加强蹬地效果。

图 16-1　身体姿势

　　根据三关节弯曲角度的不同，可将身体姿势分为高姿势、低姿势两种。高姿势有利于提高滑跑频率，减轻内脏器官的压力，体能消耗较小，但是空气阻力较大，蹬地距离短，这对维持身体平衡有影响。低姿势易于控制身体平衡，蹬地距离长，易形成良好的蹬地角，有助于发力，但体力消耗大，易疲劳。身体姿势要根据个人水平、参加项目、技战术及自然条件等因素决定。一般情况下，力量强的选手或短距离项目采用低姿势，力量弱的选手或长距离项目采用高姿势。

　　（2）蹬地

　　蹬地是推动运动员向前滑行的动力来源。蹬地的效果取决于运动员蹬地用力的方式、角度、方向、力量、速度等技术细节。蹬地是速度轮滑的核心技术。蹬地动作由开始蹬地、用力蹬地和结束蹬地 3 个阶段构成，合理的蹬地顺序是：展髋的同时伸髋，再伸膝，最后伸踝。

　　① 蹬地用力的方式。速度轮滑的蹬地方式具有快速用力和逐渐增加速度的特点。在蹬地的开始阶段，由于身体重心位置的变化，运动员未形成良好的蹬地角，蹬地腿所处的关节角度也不是有利的，因此，开始阶段的蹬地速度稍慢。在蹬地的最大用力阶段，运动员形成了良好的蹬地角，蹬地腿的各关节角度都处在最有利的状态下，此时，需要加速用力蹬地。

　　② 蹬地角。在速度轮滑中，蹬地角可以决定蹬地的力量效果，但前提必须是全力蹬地。理想的蹬地角为 40°～45°，此时蹬地力量最大。在滑行的过程中，蹬地角并非固定，从蹬地动作开始到蹬地动作结束，蹬地角不断变化，其角度逐渐减小，到结束蹬地时变成固定，其变化值为 90°～100°（轮子着地至蹬地结束）。长距离滑行及直道滑行的蹬地角较大，弯道滑行的蹬地角较小。

　　③ 蹬地力量、速度和幅度。滑行的速度依赖蹬地对地面的作用力，作用力与滑行速度成正比，作用力取决于肌肉收缩所做的功和功率（除利用体重蹬地等其他因素外）。功率与蹬地力量、蹬地速度及做功的距离有关，蹬地过程中要想获得较大的功率，就要加大蹬地力量并提高蹬地速度。在轮滑过程中，由于轮子与地面咬合有脱滑现象，因此，蹬地动作幅度不要过大，膝关节不要完全伸直。

　　④ 蹬地方向。在相对静止的条件下，凡是向前的滑行动作，运动员只有向支点后方施以作用力，才能产生推动身体向前的反作用力。速度轮滑中的起跑阶段向后蹬地，在疾跑阶段，由于速度逐渐增加，蹬地的方向就要由后逐渐转向侧边，当达到一定的滑跑速度时，蹬地方向应与滑行方向垂直。在滑速较快时，必须向侧边蹬地的原因有二：首先，这是由向前滑行速度大于蹬地速度所决定的；其次，这是由人体下肢形态结构与单排轮的几何形态特点所决定的。

　　⑤ 利用体重蹬地。蹬地时将身体重心控制在蹬地腿上，借助身体重量对地面的作用力来增加蹬地的力量。速度轮滑的用力很讲究利用体重，在破坏平衡后的蹬地过程中，要使重心始终落在蹬地腿上。相关研究发现，蹬地产生的力量大约是体重的 30%。

　　⑥ 蹬地的用力顺序及时机。蹬地的用力顺序指下肢各关节伸展的顺序，它对提高速度有很大的作用。合理的伸展顺序是先伸展髋关节，然后迅速伸膝、伸踝，这样易形成快速有力的蹬地动作。蹬地的时机是针对蹬地腿开始蹬地动作与浮腿着地动作之间的时间关系而言的。提倡早蹬地，但必须有适宜的蹬地角度。蹬地晚的含义是蹬地过程中，浮腿轮过早着地，甚

大学体育与健康

至承担体重后蹬地腿才蹬地。较好的蹬地时机是在蹬地腿蹬地的过程中，达到最大用力阶段时，浮腿轮刚着地。

（3）收腿

当蹬地腿完成蹬地动作后，浮腿抬离地面至再次着地前的过程称为收腿。收腿的任务是连接蹬地与着地动作，配合身体重心的转换、保持平衡及放松等。另外，浮腿积极地摆动也有助于蹬地腿发挥蹬地力量。收腿的动作方法是：浮腿的大腿带动小腿以最短的路线拉回，使浮腿的膝关节靠近支撑腿。收腿时髋关节内收、膝关节弯曲形成自然的钟摆动作。

（4）着地

着地指从收腿动作结束至滑轮落地的动作阶段。着地包括两个动作阶段：一是向前摆腿，二是滑轮着地。着地动作以屈大腿的动作为主，从后向前提拉，后轮领先在靠近蹬地腿内侧的前方着地。着地技术很重要，它直接影响惯性滑进和蹬地质量。着地时小腿要有明显的积极前送下落动作，并使浮腿充分放松，浮腿轮着地的角度不要过大，在浮腿轮着地瞬间，浮腿暂不承担体重，当蹬地腿蹬地结束时才迅速承担体重。

（5）惯性滑进

惯性滑进是指一条腿从滑轮着地后的支撑滑行至开始蹬地的动作阶段。惯性滑进时，除尽量保持已获得的速度外，还要为下次蹬地做好准备。惯性滑进动作持续的时间与项目的类别有关，其技术动作也有区别。长距离滑跑时，惯性滑进持续时间比短距离滑跑长，一般为一个单步幅的二分之一；而短距离滑跑时惯性滑进的持续时间则占一个单步幅的三分之一或四分之一。在惯性滑进过程中，最好利用滑轮正面支撑，减少轴向用力，避免轴承压力过大造成速度损失。

（6）摆臂

摆臂（见图16-2）是配合蹬地获得速度的重要因素，短距离项目和长距离项目都要摆臂。摆臂可以调节身体平衡和加强蹬地力量，有利于协调整个身体运动和达到战术目的。短距离项目采用双摆臂，长距离项目较多采用单摆臂。单摆臂通常摆动右臂，有时在长距离项目的后程也采用双摆臂。摆臂动作的幅度相对较小，摆动时，两臂以肩关节为轴，辅以屈伸肘关节动作完成前后自然摆动。双手可以半握拳或保持微屈状态，前摆到颌下，后摆至与躯干平行。摆臂的方向以与躯干的纵轴线之间成40°为宜。摆臂动作的节奏要与蹬地腿保持一致，臂与腿的动作配合是蹬地腿的同侧臂向前、异侧臂向后摆动。

图16-2 摆臂

（7）整体动作配合

整体动作配合在滑跑过程中主要起到动作之间相互协调、促进、带动和节能的重要作用，同时有利于发挥战术。整体动作配合大体由两个方面构成，即两腿间的动作配合、臂与腿的动作配合。

2. 弯道滑行技术

弯道滑行技术是轮滑最重要的技术，既要保持高速滑行，又要保持平衡。在弯道滑行的区段也是体现战术意图的重点区域。弯道滑行的基本动作由弯道滑行的基本姿势、蹬地、收腿、着地、摆臂及全身动作配合构成，该动作中没有单脚支撑自由滑行阶段。

（1）身体姿势

弯道滑行时，身体姿势如图16-3所示：上体前倾，支撑腿的髋、膝、踝三关节保持屈的状态。在弯道滑行过程中，身体始终向圆心倾斜，并保持鼻与支撑腿的膝关节、前轮都处在同一纵轴平面上，倾斜的幅度较

图16-3 身体姿势

大，蹬地角为 40°～45°。单臂或双臂前后自然摆动，身体重心以落在轮子的中部位置为宜。

（2）蹬地

在弯道滑行过程中，需要一定向心力，弯道滑行技术动作与直道滑行技术动作相比有明显不同。以左转为例（下文同），身体重心投影点始终在身体的左侧，形成了为了维持身体平衡使身体重心沿弧线方向运动的规律，这样也自然形成了左脚轮外侧和右脚侧轮内交替、连续、快速向右侧蹬地的动作技术。

蹬地动作：在弯道滑行过程中，两腿的蹬地动作有所不同，参与蹬地动作做功的肌群也不同。右腿的蹬地动作以伸髋、展髋、伸膝的动作为主，伸踝动作为辅；左腿的蹬地动作以伸髋、内收髋关节、伸膝的动作为主。

（3）收腿

收腿动作是弯道滑行动作周期的一个阶段，指蹬地腿轮离开地面时，将浮腿收至支撑腿左侧某一点的过程，它在滑行过程中起到放松肌肉、调节身体平衡及协调配合蹬地腿的蹬伸等作用。

收腿动作：为适应弯道滑行的特性，两腿的收腿动作不一致。右腿的收腿动作以内收、屈髋、屈膝关节的动作为主，以伸踝关节动作为辅，膝关节领先，滑轮贴近地面向左侧平移，跨过左腿和左脚滑轮至左脚滑轮左侧稍偏前的适宜位置。左腿的收腿动作为膝关节领先，以伸踝关节动作为辅，使左脚踝保持放松状态，轮子贴近地面向左上方做提拉腿的动作，将左腿收至支撑腿左侧较适宜的位置。

（4）着地

弯道滑行的滑轮着地动作过程只是滑轮着地的瞬间动作。着地技术由着地方向、着地时机、着地部位和位置等组成。着地在滑行中起到确定滑行方向、调节蹬地时机、协调配合蹬地动作、建立和保持平衡等作用。

着地动作：右腿滑轮的着地动作为右腿收腿动作结束后，利用右脚伸踝关节的动作，使滑轮的正面后轮在支撑腿（左腿）的前内侧较适宜的位置轻轻着地。左腿滑轮的着地动作为左腿的收腿动作结束后，左脚踝关节伸，使前轮稍稍翘起，滑轮外侧后部在右脚滑轮的前内侧较适宜的位置轻轻着地。

（5）摆臂

弯道滑行时，摆臂的重要任务是调节身体平衡，配合蹬地动作，提高蹬地频率，有利于战术发挥。摆臂时，右臂的摆动幅度与直道摆动基本相同，摆动的方向可稍向外侧，摆动的动作以肩关节屈伸摆动为主。

（6）全身动作配合

全身动作配合在弯道滑行过程中起着相互协调、带动和促进作用，有利于在滑行中节省体能以及发挥各环节的技术和战术。弯道滑行过程中，全身动作配合由两腿间的动作配合及臂与腿的动作配合构成。

① 两腿间的动作配合

以一侧腿的动作为例，其动作顺序是：蹬地—收腿—着地。两腿间的动作配合为：右腿开始蹬地，左腿开始收腿；右腿蹬地最大用力后，左腿着地；左腿开始蹬地，右腿开始收腿；左腿蹬地最大用力后，右腿着地。

② 臂与腿的动作配合

两臂的摆动与腿部动作相配合。蹬地腿的同侧臂向前摆动，异侧臂向后摆动，两臂摆至前后最高点时，蹬地腿蹬地动作结束，浮腿着地，两臂前后交替摆动配合。

3. 制动技术

（1）连续转弯减速法

在轮滑转弯过程中，除弯道压步外，其余的各种转弯方法都会对滑行速度产生一定的降

大学体育与健康

低作用，因此在需要减速或停止的时候，可做连续的惯性转弯或短步转弯动作来降低滑行速度，逐渐减速，达到制动的目的。这种方法容易掌握、稳定性强且不易摔倒，适合各种场地和轮滑鞋，但其减速距离长、制动慢。

（2）脚跟停止法（见图 16-4）

在慢速滑行时将脚前伸，脚尖抬起使脚跟着地，并用适当力量压地，使脚跟处的滑轮与地面摩擦，逐渐减速而停止。

图 16-4　脚跟停止法

（3）A 形制动法

在滑行中需要减速或停止时，两脚与肩同宽或稍宽于肩，两膝微屈内扣，以滑轮的内刃着地，两脚尖内扣呈 A 形，重心落在两脚中间略偏脚跟处，脚跟向外用力压地面，利用滑轮的内刃与地面的摩擦来起到减速制动的作用。此方法可在直线上进行制动而无须转弯，但减速距离较长，制动速度较慢。如图 16-5 所示。

（4）T 形制动法

当左脚支撑滑行时，上体抬起直立，右脚外翻并横放在左脚后面，两脚成 T 形，使右脚的滑轮横向与地面摩擦。两脚弯曲，重心下降并逐渐移向右脚，以加大摩擦，使之减速而制动。如图 16-6 所示。

图 16-5　A 形制动法

（5）双脚制动停止法

在快速滑行时，双脚略靠近，身体迅速转体 90°，同时带动两脚转体 90°，重心快速降低，腿弯曲，用双脚的滑轮与地面摩擦从而减速制动。使用这种方法可在很短的时间内制动，但它有较高的难度，一般不易掌握，且对滑行场地的平整和光滑度也有很高的要求，因而初学者运用时一定要注意安全、循序渐进。

4．轮滑练习的注意事项

（1）练习轮滑前，应先做好准备活动，尤其是手腕和下肢各关节及韧带要充分活动。

图 16-6　T 形制动法

（2）如有可能，应戴一些防护用具，如轮滑专用的护腕、护肘、护膝及头盔等。

（3）练习前要检查轮滑鞋的螺丝等紧固部件，以免滑行中因轮滑鞋出问题而受伤。

（4）初学者应在初学场内或规定范围内练习，或尽可能在人少的地方练习，不要任意滑行。初次学习轮滑时，最好有滑行熟练的同伴或教练员进行辅导。

（5）禁止做危险或妨碍他人的动作，特别是在人多的公共轮滑场内，不要几人拉手滑行，不要在速滑跑道上逆行或与大家滑行方向相反，不要乱蹦乱跳，不要在场内横冲乱窜、追逐打闹、突然停止等。

（6）学会在摔跤时做自我保护。

16.2　定向越野

定向越野（Orienteering）是一种借助地图和指北针，按规定顺序到访地图上所指示的各个点标，以最短时间完成比赛为目标的运动，它将智力与体力挑战融为一体，既考验参与者的地图阅读能力、方向判断能力，也需要参与者具备良好的奔跑耐力和应变能力。

16.2.1 定向越野概述

1. 起源与发展

定向越野起源于 19 世纪末的瑞典。当时，为了提高军队在野外的行进和作战能力，军队中开展了利用地图和指北针进行按方位行进的训练。1897 年，在挪威奥斯陆举行了第一场正式的定向比赛，这被认为是定向运动的雏形。

20 世纪初，定向运动逐渐在民间普及，成为一项大众喜爱的户外运动。1961 年，国际定向运动联合会（IOF）在丹麦哥本哈根成立，标志着定向运动进入了规范化、国际化的发展阶段。此后，定向越野在全球范围内迅速推广，比赛种类和形式也日益丰富。

2. 比赛类型

（1）按比赛场地

① 山地定向：在地形起伏较大、植被复杂的山地开展，对参赛者的体力和越野技能要求较高。

② 公园定向：通常在城市公园或绿地中开展，地形相对平坦，路线设计较为灵活，适合初学者和家庭参与。

③ 校园定向：以学校校园为比赛场地，利用校园内的建筑物、道路、绿化等设置点标，具有趣味性，能培养学生的团队合作精神和方向感。

（2）按比赛形式

① 个人赛：参赛者独立完成比赛，根据到达终点的时间排名。

② 接力赛：由多名队员组成接力队，每名队员完成一段赛程，以接力队的总用时确定比赛成绩。

③ 团体赛：每个参赛队由若干名队员组成，根据各队所有队员的成绩总和来评定团体名次。

3. 基本装备

（1）地图：定向越野专用地图是比赛的重要工具，它详细标注了地形、地貌、地物等信息，比例尺一般为 1∶10000 或 1∶15000。

（2）指北针：用于确定方向，帮助参赛者在野外准确判断行进路线。常见的指北针有磁针式和电子式两种。

（3）打卡器：用于记录参赛者到访点标的时间和顺序，确保比赛成绩的准确性。现代定向越野比赛多采用电子打卡系统。

（4）服装和鞋子：应选择轻便、透气、耐磨的运动服装和适合越野的运动鞋，以提高运动的舒适性和效率。

4. 技能要点

（1）地图阅读：能够准确识别地图上的各种符号和标识，了解地形地貌的变化，确定自己的位置和行进方向。

（2）方向判断：运用指北针和地图，结合太阳、星星等自然标志物，准确判断方向，选择最佳的行进路线。

（3）路线选择：根据比赛的地形、距离、难度等因素，合理选择行进路线，既要考虑路程的长短，也要考虑地形的难易程度和自己的体力状况。

（4）奔跑技巧：在不同的地形条件下，采用合适的奔跑姿势和节奏，提高奔跑效率，节省体力。

5. 价值与意义

（1）锻炼身体：定向越野是一项全身性的运动，能有效提高参与者的心肺功能、肌肉力

大学体育与健康

量和耐力，增强身体素质。

（2）培养能力：有助于培养参与者的独立思考能力、应变能力、团队合作精神和野外生存技能。

（3）亲近自然：让参与者走进大自然，感受大自然的美丽和魅力，增强环保意识。

（4）社交互动：为参与者提供了一个交流和互动的平台，促进人际关系的发展。

16.2.2　定向越野的基本技术

1. 地图与指北针的使用技术

（1）地图

① 比例尺识别：不同比例尺的地图所呈现的地形信息详略程度不同。比如，1∶10000比例尺地图比1∶15000比例尺地图显示的地形更细致。在选择路线时，需依据比例尺准确判断距离和地形。

② 符号理解：地图上有众多符号代表不同地形和地物，例如蓝色表示水系，棕色表示等高线（反映地形起伏），绿色表示植被等。只有准确理解这些符号，才能在实际环境中对应找到相关地点。

③ 标定地图：将地图的方向与实地的方向一致。可利用直长地物（如道路、沟渠等），使地图上的地物符号与实地地物对立；也可借助明显地形点，通过对照地图和实地地形点的位置关系来标定地图。

（2）指北针

① 持针方法：平持指北针，使磁针能自由转动，且刻度盘上的零刻度线与磁针的红色端重合，此时刻度盘上的方向就是实际的方向。

② 确定方向：将指北针的定向箭头指向目标方向，转动身体使磁针的红色端与刻度盘上的定向箭头重合，此时身体朝向的就是目标方向。

③ 辅助地图定向：把指北针的长边与地图上的磁北线重合，转动地图使磁针的红色端与指北针的定向箭头重合，地图就被标定好了。

2. 实地定向技术

（1）利用自然特征定向

① 太阳定向：上午太阳在东方，下午在西方。可以根据时间和太阳的位置大致确定方向。例如，当地时间12时左右，太阳在正南方向。

② 星星定向：在晴朗的夜晚，可利用北极星确定北方。先找到北斗七星，将北斗七星勺口的两颗星连线，向勺口方向延长约5倍距离，就能找到北极星。

（2）利用地形地物定向

① 地貌特征：山的向阳面植被一般比背阴面茂盛；山谷中通常会有溪流，水流方向一般是从高处流向低处。

② 人工地物：道路、桥梁、房屋等人工地物的分布和走向也可以帮助确定方向。例如，道路通常会连接不同的地点，沿着道路可以找到目标方向。

3. 路线选择技术

（1）原则

① 安全第一：避免选择过于危险的路线，如陡峭的山坡、容易滑倒的湿地、有野兽出没的区域等。

② 效率优先：在保证安全的前提下，选择路程短、地形相对平坦、容易通行的路线，以节省时间和体力。

（2）具体方法

①　"有路不越野"：在有道路可走的情况下，优先选择道路行进，因为道路通常比较好走，速度快。例如，沿着林间小路、乡村公路等行进。

②　"走高不走低"：在山地地形中，尽量选择在高处行进，这样视野开阔，容易辨别方向，也能避免在山谷中受到积水、植被等的阻碍。

③　"提前绕行"：当遇到无法直接通过的障碍物，如湖泊、悬崖、大片密林等时，要提前规划好绕行路线，避免浪费时间。

4. 奔跑技术

（1）不同地形的奔跑技巧

①　平坦地形：保持较快的速度和稳定的节奏，步伐适中，身体微微前倾，手臂自然摆动，以提高奔跑效率。

②　上坡地形：降低重心，步幅减小，频率加快，身体向前上方倾斜，利用腿部和腰部的力量向上攀登。

③　下坡地形：身体微微后仰，步幅适当加大，控制好速度，防止滑倒或摔倒，可利用前脚掌的缓冲来减轻腿部的压力。

（2）体力分配

①　合理规划：根据比赛的距离和难度，合理分配体力。在比赛初期，不要跑得过快，要保持稳定的速度，节省体力；在接近终点时，根据自己的体力情况，适时加速冲刺。

②　途中调整：在奔跑过程中，要根据实际情况调整体力分配。如果遇到困难路段或体力下降，可以适当放慢速度，调整呼吸，恢复体力后再继续前进。

5. 点标捕捉技术

（1）接近点标

①　提前预判：在接近点标前，要根据地图上的信息，提前判断点标的大致位置和周围的地形特征。例如，如果点标在一个小土丘上，要注意观察周围是否有明显的土丘。

②　利用辅助特征：借助点标周围的地物、地貌等辅助特征来确定点标的位置。比如，点标可能在一棵树的旁边、一块岩石的后面等。

（2）确认点标

①　仔细核对：到达疑似点标位置后，要仔细核对地图上的点标符号和实地的点标是否一致，确保找到正确的点标。

②　打卡验证：使用打卡器在点标上打卡，以确认自己已经到达该点标，并记录打卡时间。

16.3　户外拓展

户外拓展是一种以自然为场景、以体验为核心的综合训练模式，通过团队协作完成挑战性任务，激发个人潜能并提升团队效能。

16.3.1　户外拓展的核心特点

1. 体验式学习

（1）做中学：通过实践触发反思，非理论灌输。

（2）反思闭环：活动→体验→总结→应用，形成认知升级。

大学体育与健康

2. 团队熔炉效应

在陌生环境中，成员需打破隔阂，依靠信任与分工完成任务。快速暴露沟通短板，倒逼问题解决。

3. 自然挑战性

利用野外环境的不确定性（天气、地形）模拟真实压力，锻炼应变能力。

16.3.2 户外拓展的健康益处

户外拓展具有诸多健康益处，主要包括以下几个方面。

（1）身体锻炼：有助于增强心肺功能、提高肌肉力量和耐力、改善身体的柔韧性和协调性。例如，徒步、攀岩、骑行等活动能够充分调动身体各个部位，使身体得到全面的锻炼。

（2）心理健康：能减轻压力、焦虑和抑郁情绪。身处大自然中，人们可以放松身心，远离日常的喧嚣和烦恼，从而获得内心的平静和愉悦感，增强心理韧性和应对挑战的能力。

（3）增强免疫力：新鲜的空气和阳光有助于身体合成维生素 D，增强免疫系统，降低患病的风险。

（4）促进社交：在户外拓展活动中，人们通常需要与他人合作和交流，这有助于建立和加强人际关系，提高社交技能和团队协作能力，增强自信心和归属感。

（5）提升认知能力：接触自然环境可以激发创造力和思维能力，增强注意力和记忆力。

（6）培养冒险精神：尝试新的户外活动和挑战，能够培养勇敢和冒险的精神，让人们更加自信地面对生活中的各种困难和不确定性。

16.3.3 常见户外拓展项目

（1）"珠行万里"：所有队员排成一列，每个队员手拿一根球槽，将乒乓球连续传动（滚动）到下一个队员的球槽中，并迅速地排到队伍的末端，继续传送前方队员传来的乒乓球，直到乒乓球安全地到达指定的目的地为止。此项目可培养团队成员的协作能力和专注力。

（2）"齐眉棍"：全体分为两队，相向站立，共同用手指将一根棍子放到地上，手离开棍子即失败，这是一个考察团队是否同心协力的项目。

（3）"无敌风火轮"：利用报纸和胶带制作一个可以行进的履带式圆环，团队成员站在圆环内，共同推动圆环前进，培养团队的组织计划与协调能力。

（4）"驿站传书"：在不说话的情况下，通过在后背写字等方式将信息从队伍的一端传递到另一端，考验团队的沟通技巧和创新思维。

（5）"盲人方阵"：团队成员蒙上眼睛，在规定时间内，将一根绳子围成一个尽可能大的正方形，培养团队成员的领导能力和沟通能力。

（6）"信任背摔"：一名队员站在高处，背向队友，直体向后倒，队友在其身后用双手做保护，锻炼队员之间的信任和勇气。

（7）"袋鼠跳"：队员们将双脚装进袋子里，像袋鼠一样跳跃前进，进行接力比赛，能增强腿部力量和身体协调性。

（8）"水果蹲"：将队员分成不同的小组，每个小组代表一种水果，被叫到的小组蹲下并喊出下一个小组代表的水果名称，锻炼反应能力和团队配合。

极限飞盘　户外滑板

（9）"寻宝游戏"：在特定区域内隐藏一些"宝物"，让学生通过线索寻找，培养观察能力和解决问题的能力。

（10）"集体跳绳"：多人一起跳绳，需要良好的节奏感和团队协作。

本章小结

　　轮滑、定向越野和户外拓展，这 3 项户外休闲运动各具魅力。轮滑展现了自由与灵动，让人们畅享速度的快感；定向越野充满探索的乐趣，培养方向感和决策力；户外拓展强调团队协作，增进人际交流；它们共同构成了丰富多元的户外体验。无论是追求个人挑战，还是团队合作的成就，都能在这些运动中找到满足。

思考与练习

1. 简述轮滑的健康益处。
2. 定向越野的基本技术有哪些?
3. 常见的户外拓展项目有哪些?

第五部分 大学生体质健康

第17章

大学生体质健康标准及锻炼方法

《国家学生体质健康标准》（以下简称《标准》）是国家学校教育工作的基础性指导文件和教育质量基本标准，是评价学生综合素质、评估学校工作和衡量各地教育发展的重要依据。《标准》是促进学生体质健康发展、激励学生积极进行身体锻炼的教育手段，是国家学生发展核心素养体系和学业质量标准的重要组成部分，是学生体质健康的个体评价标准。《标准》也适用于普通高等学校的在校学生，目的在于通过体质健康的测试和评价，促进学生体质健康发展、激励学生积极进行身体锻炼，养成经常锻炼的习惯，提高自我保健能力和体质健康水平。因此《标准》既是学生体质健康的个体评价标准，也是学生毕业的基本条件。

学习目标	深入了解《标准》的测评内容与锻炼方法，掌握科学提升体质健康的知识。
能力目标	能够熟练运用《标准》测试的操作方法，准确评估自身体质状况，制定合理有效的锻炼计划。
素养目标	培养重视健康、坚持锻炼的良好习惯，增强自我管理和自我提升的能力，提升健康素养和综合素质。

17.1 大学生体质健康标准

《标准》力图全面准确地评价学生的体质健康水平，也是动态监测学生体质变化的重要指标。大学生每年必须参加一次体质健康测试。大学部分的测试内容包含多项指标，了解这些测试指标并对照自身的差距有针对性地加强体育锻炼，是实施《标准》的重要目的。

17.1.1 《标准》的测试项目

《标准》从身体形态、身体机能、身体素质等方面综合评定学生的体质健康状况。《标准》按百分制记分。大学各年级合计需要测试 8 个项目，均为必测项目，具体项目为体重指数、肺活量、坐位体前屈、立定跳远、50 米跑、男生引体向上和女生一分钟仰卧起坐、男生 1000

米跑和女生 800 米跑。

　　高校每学年对学生进行一次测试，学年总分由标准分与附加分之和构成，满分为 120 分。标准分由各单项指标得分与权重乘积之和组成，满分为 100 分。附加分根据实测成绩确定，即对成绩超过 100 分的加分指标进行加分，满分为 20 分；大学的加分指标为男生引体向上、1000 米跑和女生一分钟仰卧起坐、800 米跑，各指标加分幅度均为 10 分。根据学生学年总分评定等级：90.0 分及以上为优秀，80.0—89.9 分为良好，60.0—79.9 分为及格，59.9 分及以下为不及格。

　　每个学生每学年评定一次学生体质健康标准成绩，记入《〈国家学生体质健康标准〉登记卡》。特殊学制的学校，在填写登记卡时可以按规定和需求相应地增减栏目。学生毕业时的成绩和等级，按毕业当年学年总分的 50% 与其他学年总分平均得分的 50% 之和进行评定。学生测试成绩评定达到良好及以上者，方可参加评优与评奖；成绩达到优秀者，方可获体育奖学分。测试成绩评定不及格者，在本学年度准予补测一次，补测仍不及格，则学年成绩评定为不及格。普通高等学校学生毕业时，《标准》测试的成绩达不到 50 分者按结业或肄业处理。

17.1.2　《标准》的测试指标

　　（1）体重指数（BMI）。体重指数指身高与体重两者的比例，反映人体的围度、宽度、厚度和密度。体重指数是国际上常用的评价人体形态发育水平和营养状况及身体匀称度的重要指标。它可以间接地反映人体的身体成分，计算方法为体重指数（BMI）= 体重/身高 ^{2}，单位是千克/米 ^{2}。如果所测得的体重指数数值小于或大于正常范围，就说明身体的匀称度欠佳，需要通过调整饮食结构或积极参加体育运动来增加肌肉组织或减少体内多余的脂肪。

　　（2）肺活量。肺活量是评价人体呼吸系统机能状况的一个重要指标。肺活量的大小与体重、身高、胸围等因素有着密切的关系。

　　（3）50 米跑。50 米跑成绩可综合反映速度、神经过程的灵活性、身体的协调性、关节和肌肉的柔韧性以及肌肉的力量和耐力。

　　（4）立定跳远。立定跳远主要测量向前跳跃时下肢肌肉的爆发力。爆发力在体育运动和日常生活中都是非常重要的身体素质。腿部的爆发力以腿部的力量为基础，没有力量就谈不上爆发力，也谈不上肌肉的耐力。

　　（5）引体向上。测试学生的上肢肌肉力量和耐力的发展水平。该项目被单独列为男生的一个测试项目。

　　（6）仰卧起坐。仰卧起坐是评价力量和耐力的方法之一。由于它能比较安全地测试肌肉的力量和耐力，同时在做仰卧起坐时主要是腹肌在起作用，髋部肌肉也参与工作，因此这种测试既评价人体腹肌的耐力，也反映髋部的耐力。仰卧起坐被单独列为女生的一个测试项目。

　　（7）坐位体前屈。坐位体前屈反映的是关节和肌肉的柔韧性。柔韧性指身体各个关节的活动幅度以及跨过关节的韧带、肌腱、肌肉、皮肤和其他组织的弹性和伸展能力，是一个重要的体能成分。

　　（8）耐力跑（男生 1000 米、女生 800 米）。经常参加耐力跑等有氧代谢运动，可以提高心血管系统的机能水平。耐力跑可以测试学生耐力素质的发展水平，特别是心血管系统和呼吸系统的机能及肌肉耐力。

17.2 大学生体质健康标准锻炼方法

17.2.1 800米跑（女生）/1000米跑（男生）

1. 训练思路

一是可以采用长时间、低强度的跑步训练，如持续跑和法特莱克跑，增强心肺功能，提高基础耐力。有氧训练是基础，为高强度训练打下坚实的基础。二是结合短时间、高强度的间歇跑训练和力量训练，如重复冲刺和重量训练，提高跑步效率和爆发力。合理安排间歇跑训练的强度和时间，以及力量训练的类型和负荷，是提升成绩的关键。三是通过技术训练改善跑步姿势和步频，提高能量利用效率。技术训练可以提高跑步的经济性和效率，减少能量消耗，从而提升整体运动表现。

2. 具体训练安排

间歇跑训练：例如，400米×8次，每次间隔休息2~3分钟。合理安排间歇跑训练的强度和休息时间，可以有效提升无氧耐力和速度。

长跑训练：例如，每周至少一次60~80分钟的持续跑。长跑训练是提高有氧耐力的关键，应合理安排长跑训练的强度和频率。

力量训练：包括深蹲、硬拉和核心力量训练。合理安排力量训练的负荷和频率，可以有效提升力量和爆发力，从而改善运动表现。

表17-1是800米跑/1000米跑训练计划示例。

表 17-1　800米跑/1000米跑训练计划示例

阶段	周次	频率/时长	训练内容
基础耐力	前2周	每周3~4次，每次30~40分钟	慢跑：连续跑15~20分钟（能边跑边说话的速度） 跑走结合：跑3分钟+快走1分钟，循环6组
速度提升	第3~4周	每周3~4次，每次30~40分钟	间歇跑：快跑400米（操场1圈）+慢走/慢跑2分钟，重复4~6组 上下坡跑：找斜坡，冲刺上坡10秒+慢跑下坡，重复8组
考前冲刺	最后1周	每周3~4次（推测），时长不定	模拟测试：按考试要求全力跑1次，记录时间 心理暗示：跑步时默念"坚持住，我能行！"

3. 注意事项

训练中的安全：避免过度训练和运动损伤，注意跑鞋和跑步路面的选择。热身和拉伸是预防运动损伤的关键，应合理安排训练计划，避免过度疲劳。

恢复措施：强调适当的休息和恢复手段，如睡眠、营养和拉伸。合理的恢复措施可以提高训练效果，预防运动损伤，更快地恢复体力。

17.2.2 50米跑

1. 训练思路

一是加速训练：采用起跑技术和加速跑训练，提高起跑速度和加速能力。合理安排加速训练的强度和频率，可以有效提升加速能力。二是反应训练和敏捷性训练：通过反应训练和敏捷性练习，提高反应速度和灵活性。三是爆发力与敏捷性训练结合：结合爆发力训练和敏捷性训练，提高整体运动表现。

2．具体训练安排

加速训练：例如，30 米×6 次，每次间隔休息 1 分钟。合理安排加速训练的强度和休息时间，可以有效提升速度和爆发力。

爆发力训练：如跳深、蛙跳和药球投掷。合理安排爆发力训练的负荷和频率，可以有效提升爆发力和力量输出能力。

敏捷性训练：包括敏捷梯训练和变向跑训练。合理安排敏捷性训练的强度和频率，可以有效提升运动员的敏捷性和反应速度。

表 17-2 是 50 米跑训练计划示例。

表 17-2　50 米跑训练计划示例

训练类别	频率/时长	训练内容
起跑专项	每周 2～3 次，每次 20 分钟	听口令起跑：同伴喊"预备，跑！"练反应，10 次×3 组 斜坡冲刺：找 5°斜坡，冲 10 米×5 组（增强爆发力）
速度维持	每周 2～3 次，每次 20 分钟	阻力训练：腰系弹力带冲刺 30 米×6 组（练后程不掉速） 惯性跑：加速跑 30 米+放松惯性跑 20 米（体会高速感觉）

3．注意事项

热身的重要性：强调充分热身，预防运动损伤。合理的热身活动可以提高训练效果，预防运动损伤。

恢复措施：适当拉伸和按摩，帮助肌肉恢复。合理的恢复措施可以提高训练效果，预防运动损伤，更快地恢复体力。

17.2.3　立定跳远

1．训练思路

一是下肢力量训练：通过深蹲、跳箱和单腿跳等训练，增强下肢力量。二是爆发力训练：采用跳跃练习，如立定跳远、深跳和跳远训练，提高爆发力。三是提高跳跃能力：结合技术和力量训练，提高立定跳远成绩。

2．具体训练安排

深蹲训练：例如，3 组×10 次，重量适中。合理安排深蹲训练的负荷和次数，可以有效提升下肢力量和爆发力。

跳箱训练：例如，3 组×10 次，逐渐增加高度。合理安排跳箱训练的负荷和频率，可以有效提升爆发力和力量输出能力。

跳跃练习：包括起跳、腾空和落地技术的反复练习。合理安排跳跃训练的强度和频率，可以有效提升跳跃能力和成绩。

表 17-3 是立定跳远训练计划示例。

表 17-3　立定跳远训练计划示例

训练类别	频率/时长	训练内容
跳远动作分解	每周 3 次，每次 15 分钟	预摆练习：双手后摆+向前甩臂跳，10 次×3 组（找发力节奏）
		半蹲跳：膝盖微屈快速起跳，15 次×3 组（练爆发力）
辅助训练	每周 3 次，每次 15 分钟	跳台阶：找 20 厘米台阶，连续跳上跳下，10 次×4 组
		蛙跳：连续蛙跳，10 米×5 组（提升协调性）

3. 注意事项

动作标准性：确保动作的准确性和规范性，避免错误动作。合理的技术训练可以提高动作的标准性和规范性，从而提升运动表现。

安全防范：注意训练中的安全措施，合理安排训练计划避免过度疲劳和受伤。

17.2.4 肺活量

1. 训练思路

一是呼吸训练：采用深呼吸、腹式呼吸和呼吸控制练习，提高肺活量。二是有氧运动：通过游泳、跑步和骑自行车等有氧运动，增强肺部功能和耐力。

2. 具体训练安排

游泳训练：每周 2 次，每次 30~45 分钟。合理安排游泳训练的强度和频率，可以有效提升肺部功能和耐力。

跑步训练：每周 3 次，每次 30~40 分钟。合理安排跑步训练的强度和频率，可以有效提升整体运动表现和耐力。

其他呼吸训练：包括深呼吸、腹式呼吸和呼吸控制训练。合理安排呼吸训练的强度和频率，可以有效提升肺部功能和呼吸效率。

表 17-4 是肺活量训练计划示例。

表 17-4 肺活量训练计划示例

类别	内容	具体方法
简单训练法	每天 5 分钟训练	吹气球：深吸气后一次性吹爆气球，3 次×2 组
		慢跑唱歌：边慢跑边唱快节奏歌曲（练持续呼气）
		深呼吸练习：鼻子吸气 4 秒+憋气 4 秒+嘟嘴吐气 6 秒，重复 10 次
小技巧	测试前准备	做 3 次深呼吸，吹气时弯腰成"虾米状"（挤压肺部）
	平时增强心肺功能	多游泳或骑自行车

3. 注意事项

呼吸节奏：注意训练中的呼吸节奏和深度，避免浅呼吸。合理的呼吸训练可以提高呼吸节奏和深度，从而提升运动表现。

避免过度疲劳：注意训练的强度和频率，合理安排训练计划，避免过度疲劳和运动损伤。

17.2.5 仰卧起坐（女生）/引体向上（男生）

1. 训练思路

腹部肌肉训练：通过仰卧起坐、平板支撑和腹部卷曲等练习，增强腹部肌肉力量。

上肢肌肉训练：采用引体向上、俯卧撑和哑铃训练，提高上肢和背肌力量。

2. 具体训练安排

仰卧起坐训练：例如，3 组×20 次，逐渐增加次数。合理安排仰卧起坐训练的负荷和次数，可以有效提升腹部肌肉力量和核心力量。

平板支撑训练：例如，3 组×1 分钟，逐渐增加时间。合理安排平板支撑训练的负荷和时间，可以有效提升核心力量和耐力。

引体向上训练：例如，3 组×最大次数，逐渐增加次数。合理安排引体向上训练的负荷和次数，可以有效提升上肢肌肉力量和背肌力量。

表 17-5 是仰卧起坐训练计划示例。

表 17-5　仰卧起坐训练计划示例

类别	训练内容	具体方法
基础版	卷腹	躺地屈膝，手摸膝盖，起落时肩膀离地，20 个×3 组
	仰卧举腿	躺地直腿抬高 45°，慢放不下地，15 次×2 组
进阶版	计时训练	1 分钟内全力仰卧起坐，休息 2 分钟，重复 3 组
	斜板卷腹	脚垫高（如放椅子上），增加难度，15 次×3 组
注意事项	手部位置	双手虚放耳边，别抱头
	呼吸方法	起身时呼气，下落时吸气

表 17-6 是引体向上训练计划示例。

表 17-6　引体向上训练计划示例

阶段	训练内容	具体方法
第一阶段（0～1 个）	弹力带辅助	脚踩弹力带，借力向上拉，8 次×4 组
	悬挂练习	抓住单杠悬垂，坚持 30 秒×5 组（练握力）
第二阶段（2～5 个）	离心训练	跳上单杠，缓慢下降（5 秒），5 次×3 组
	高位下拉	健身房器械或弹力带模拟，12 次×4 组
第三阶段（5 个以上）	分组突破	每组做到力竭，休息 1 分钟，重复 5 组
	负重训练	背书包装水瓶（2～5kg），做引体向上
技巧提示	发力方式	上拉时想象"胸部去贴单杠"，别只用胳膊发力
	握杠与身体姿势	握杠略比肩宽，身体保持稳定别晃

3．注意事项

动作标准性：确保动作的标准性和规范性，避免错误动作。合理的动作指导和技术训练可以提高动作的标准性和规范性，从而提升运动表现。

循序渐进：逐步增加训练强度和难度。合理安排训练计划，逐步提高训练强度和难度，避免过度疲劳和受伤，确保安全和健康。

17.2.6　坐位体前屈

1．训练思路

为了提高坐位体前屈的成绩，训练应聚焦增强下肢和躯干的柔韧性。这包括定期的静态和动态拉伸练习，以及针对性的柔韧性训练。静态拉伸可以帮助增加肌肉的伸展性，动态拉伸能够提高肌肉在运动中的灵活性和反应速度。除了柔韧性训练外，还应结合力量和耐力训练，以全面提升身体素质。例如，通过深蹲、硬拉等力量训练，增强下肢和背部肌肉的力量，从而间接提高坐位体前屈的表现。同时，耐力训练如长跑、游泳等可以提升整体体能水平。

2．具体训练安排

（1）训练动作

正压腿：面对墙壁或栏杆站立，一腿抬起脚尖放在墙上或栏杆上，身体前倾，尽量用胸部贴近大腿，保持 15～30 秒，换腿重复。

侧压腿：侧对墙壁或栏杆站立，一腿抬起脚尖放在墙上或栏杆上，身体侧倾，尽量用头部贴近膝盖，保持 15～30 秒，换腿重复。

坐姿前屈：坐在地面上，双腿伸直并拢，脚尖向上，缓慢向前弯腰，尽量用手触及脚尖，保持 15～30 秒。

动态腿摆：站立，双手扶墙或栏杆，抬起一腿，向前、向后摆动，尽量增加摆动幅度，换腿重复。

（2）强度与频率

每周至少进行 3 次柔韧性训练，每次训练应包括热身、拉伸和放松 3 个部分。每次训练持续 20～30 分钟，其中拉伸部分占主要时间。

（3）时间安排

建议将柔韧性训练安排在每天的体育活动或课后锻炼时间进行。应避免饭后立即训练，最好在饭后 1～2 小时进行。

3. 注意事项

在进行任何柔韧性训练之前，必须进行充分的热身活动，如慢跑、跳绳等，以提升身体温度和血液循环，减少受伤风险。在拉伸时，应保持正确的姿势，避免过度拉伸或使用爆发力。拉伸时应感到肌肉有轻微的拉伸感，但不应感到疼痛。考虑到个体差异，训练计划应根据个人的柔韧性和体能水平适当调整。若柔韧性较差，可以先从简单的拉伸动作开始，逐渐增加难度。柔韧性训练需要持续进行，避免间断以确保效果。即使在体测结束后，也应继续进行柔韧性训练，以维持和提高身体的柔韧性水平。

4 周期训练计划
模板

本章小结

本章主要围绕大学生体质健康展开。首先介绍了《国家学生体质健康标准》的测试项目，并详细讲解了各个项目具体的锻炼方法，最后给出了 4 周周期训练计划模板，为大学生提升体质健康提供了全面而系统的指导。

思考与练习

1. 简述《国家学生体质健康标准》各项测试指标的意义。
2. 试根据自身的体身体状况，制订一个旨在提高体质健康水平的训练计划。